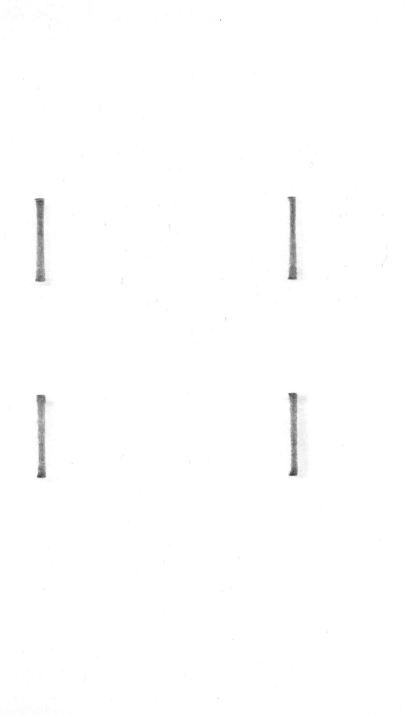

蔣叔南遊記

蔣叔南 著
盧禮陽 編校
潘德寶 校

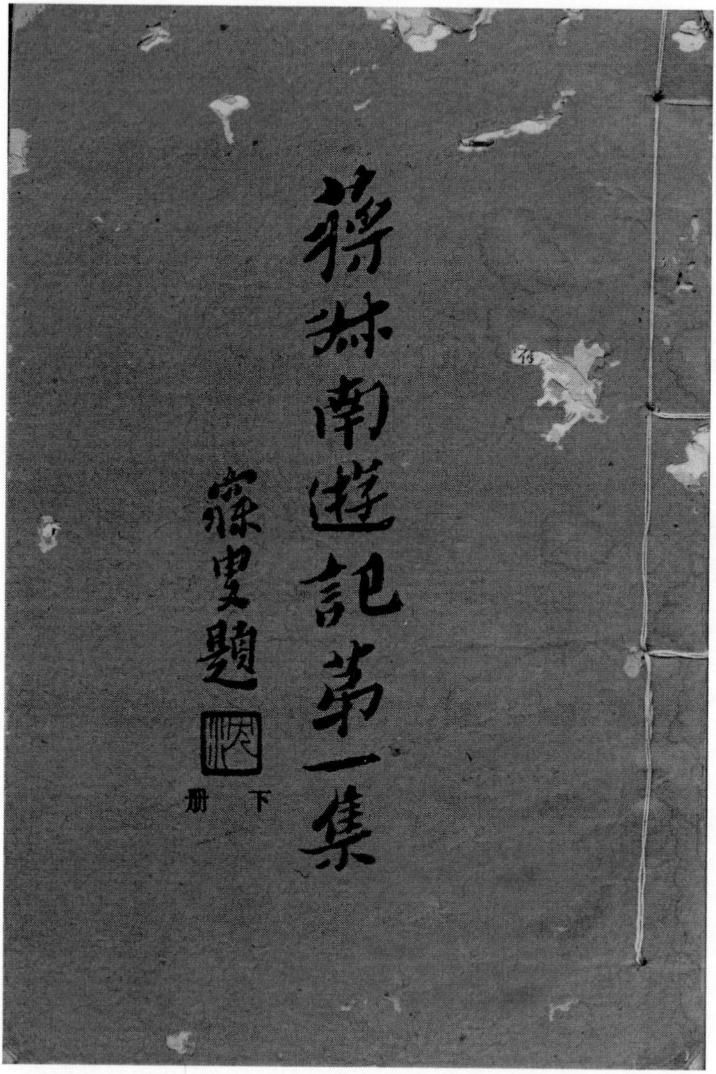
瀛洲南遊記第一集
寐叟題
下冊

莊序

庚申之春，予與梁君伯強、張君民傭、屈君伯剛，約為天台、雁蕩之遊。先期函約蔣君叔南為之導，獲其允乃行。自京過濟，君襆被來同車焉。自是風雨晦明相偕者四十日。君居雁蕩之大荊村，余等過其家如歸也。凡所遊覽，皆君為預計表而說明之；登高臨深，君扶之掖之，無須臾暇。君豪於飲，興酣言論搖五嶽。時或舟行客眠，而君方獨醒防盜；余等或醒而起，君乃解衣當風而鼾。

君之生有胆略，胸無城府，蓋如此生今之世，可縱可橫，顧不屑與赳赳者儔，獨放浪其形骸，遍為山深林密之探。其君子待時耶，抑逸民遺世耶？余不得而測矣。

其冬，君以書來，謂所積遊記共得十五萬言，異地知交，日相函索，將付印以餉同嗜，屬為弁言。予因草此答之，知叔南之不予陋也。武進莊蘊寬。

梁序

「江山清空我塵土，雖有去路尋無緣。」東坡詩也。

「人生難得秋前雨，乞與虛堂一夜眠。」石帚詩也。

處此炎濁媷惱中逝將去汝，自憩於世相不染之境，悠然與自然為侶。雖然，此何容易，既已不獲，借人羽翰，種我業緣，抑亦慰情聊勝也。每讀叔南遊記，吾不復知此身之在炎濁媷惱中也。一刹那之神會，無始無明，忽爾崩落，具廣長舌者何必諸佛哉？

吾夙字叔南以徐霞客第二。霞客遊跡度流沙，登雪嶺，與我本師佛接謦欬矣。叔南儻有意耶？

辛酉五月，梁啟超。

自序（一九二一年五月六日）

余性喜動而又愛逸。惟逸宜靜，惟動多勞，二者相背似不得兼。寓逸於動，其惟遊乎？遊亦多術：上焉者以神遊，莊子所謂乘長風御六龍，遊乎四海之外者，放然自得，不以遊為遊者也。余之遊拘泥區域，流連風景，以遊為遊，遊亦下矣。遊中作記，按日計程，遇物即書，繁委瑣碎，如家常雜賬，油鹽柴米，隨手拈來，非能藉眼底山川，抒胸中邱壑也。

余自丙辰之秋解甲歸雁蕩，丁巳冬日始遊天台，雜書聞見，偶爾遣興，初非有意為記也。下山菰滬，檢點得數十頁，乃印送佰冊，異地知交，謬相稱許。嗣後遊蹤所及，益試為之；而友朋之索記者，亦遂與遊俱進，應付既窮，補檢尤苦。爰以歷年所積，依時間次先後，都為《第一集》，以問諸世。所幸身家累少，腰脚頑強，天假我年，當賡續成他集，或供嗜痂之需，或遭覆醬之叱，則余所不計也。

民國十年辛酉立夏日，雁蕩亦澹蕩人叔南蔣希召自序於屏霞廬。

目次

天台山遊記

弁言

希召遊天台，苦未逢詳悉風景之人以為導引，又乏明細記載之書可資參考，如瞽無相，舉足亂走。途中旬餘，經歷頗多，雙屐所到，隨手記錄，歸途檢點，得數十頁，自信此行尚少紆回掛漏之處，乃滙為一卷，印成皕部，分郵天台山各寺和尚及友朋之曾遊天台及其有志欲遊天台者。幸指其誤謬而糾正之，奚啻希召之受賜也耶？

丁巳十月下浣，雁蕩亦澹蕩人叔南蔣希召。

浙東名山盛稱天台、雁蕩，雁蕩去余家咫尺，年來經營，是吾家山，其奇秀靈怪，知之獨詳，搜之靡遺，每以自喜；而天台未嘗寓目，蓋夢想迄今，近二十年矣。十月初旬，小陽時候，天氣晴明，乃往遊天台。於海門整裝，以月之五日午刻乘小輪抵臨海，是為余遊台行程之發軔也。

內地交通未便，行旅艱難，遊客對於携帶物件亦當煞費斟酌，日用各物備帶則困於搬運，少携尤覺其不便。於海門出發時，整飭臥具、食料、寒衣、盥漱器、文具而外，並携李白詩一部，台州府之

《水陸道里記》兩本，十二倍遠鏡一付，携帶照相機一架，紫竹簫一支，雨衣一襲，芒鞋三雙，白蘭地兩瓶，皆余之旅行中所必不可缺者。一肩行李，幸尚不覺十分繁重也。

舟抵臨海之江下街，台州鹽稅局長陳君守庸遣价來迓。余在海門曾以天台之行電告守庸，乃寄居守庸寓所，其家人皆出見，兒女環呼伯伯，同鄉周汀如、黃叔篪、茅芝生諸君皆來會晤。他鄉遇故知，其樂何如！飯後往遊東湖。東湖在臨海城東，湖雖不大而彷彿南海之瀛台，背山倚城，形勢絕佳。湖側為樂育堂，湖心為飛丹閣，清太守劉璈所建築，廳上懸一聯云：「好水好山，出郭門不半里而至；宜晴宜雨，比西湖第一樓何如？」俞曲園先生手筆也。餘聯額極多，大概皆劉蘭洲作。飛丹閣之中層懸一聯云：「鳶飛魚躍，上下察也；霞蒼露白，溯洄從之。」余愛誦焉。由東湖回，晤新軍團長陳君魯珍，警察所長張君叔玉，而台友楊梓青先生及王君鯉門皆來相見，挽余在臨海徘徊數日。余急欲往天台，且天時難得，毋能久留，殊抱歉也。

六日。早六時，乘肩輿上天台大道，同行者為郴州李君子雲、平鎮陸君復初。余貪看風景，將輿布撤去，見者皆目笑之。臨海距天台約百里程，沿始豐溪行，路旁兩山夾峙，下為溪流，溪畔林樹繁盛，蒼松翠竹密佈，兩岸牧童牛背，漁子船頭時出沒於林間，益以霜葉如染，吾意造化小兒不知費卻幾許胭脂，淡描濃抹，著意設色，掩映松竹，美麗無倫，竟日行來，是一絕豔極長之手卷展向眼底也。

行六十里，至百步村之紫雲道院。院住有警備隊，在隊中午餐。此處向為土匪出沒之所，光緒中世天台邑宰某上任，經此為匪所截，乃派兵駐守焉。自此再十五里至杜潭，抵天台縣界，經橫山嶺，十里沙洋，達天台縣，宿於西門外清溪鎮之信行寺，警備隊管帶李少雲處。少雲因公早日下鄉，其公子寶康年方十二，應對有序。【1】天台縣警佐屠君馥如，與余別已四年，晚飯後訪之。余以孑身突來天台，馥如頗訝異，乃以遊山告之，並請為我覓《天台山志》及《方外志》。時同座有地紳王君舜生【2】，為余遣人四處尋覓不得，後得一《天台山全圖》，陋劣不堪寓目；及訪《天台縣志》，據云僅有兩部，一存縣署，一為某君家藏，取攜頗費事。旋與馥如侈談別後事及地方情形。十時回信行寺，聞李世兄言，《天台山志》舊本有無不得而知，昔年曾有人倡議修輯，旋作旋輟，未告厥成也。天台齊巨山先生之《天台遊記》自以為極其詳盡，而台人展轉抄傳，視為鴻秘，不肯輕易示人。余此行在臨海得之，以主者之囑託為守秘密，然觀覽一過，並無何等秘事記載在內，且攜有《水陸道里記》兩相參照，慰情聊勝，明日入山以當羅盤，尚不至茫無把握耳。

七日。五更已過，余即披衣起，匆匆出門，沿城西散步數十分時，回房靜坐。今日登山，辭輿步行，馥如派一巡警為嚮道，乃飭行李先至國清寺，余乃向赤城進發。沿赭溪西北折不半里，赤城山在望矣，曉日暄映，如宮牆渥丹，層層整列，其左肩一角斜坡陡下，絕類危城之蜒蜿於山阿，頂上浮屠高聳，自山麓仰盼，直干重霄，約七里許已達山腰之紫雲洞，亦曰洞天第六，號稱紫玉清平之天，洞闊而淺，洞頂危崖稍突凹，為覆簷之狀，其色如赭，其質似石非石，似土非土，且間有小石，大如梅子，若鑲嵌然【3】。崖間有「赤城霞」三字，是畫蛇添足也。洞內構屋三椽，一龐姓老者居之。展問居址，余告之，彼即轉詢雁蕩洞府情形，畧談即行出洞。自左側危崖上升，石級皆成梯形，逐級盤旋，頗峻險，約三百餘步抵玉京洞，狀如紫雲而較淺小，其階前有金錢池碑，池失所在矣。其北轉側為洗腸井，相傳為曇猷尊者洗腸處。右為岳王廟，寂無人居。更上右側一洞若斗大，上塑魁星像，額懸

「天開文運」四字，文運果開於擎足聳額之偶像乎？其旁有「丹樓如霞」石刻，以白石為之[4]，日光正照，題者姓氏不能明察。赤城雖極挺拔，實似樓而不似城也。更西小徑折上百餘步而至餐霞洞，甫及洞口，舉頭即見洞之左壁嵌有「秋霜比潔」石刻，係民國四年大總統獎給節婦孫天祚之妻齊氏者。聞孫氏世居城內，二十歲即寡，苦節撫孤子，既長，子罹神經病，墜於國清寺前之豐干橋以死，氏乃葬其夫於洞中，壙式怪異，光滑如磨，皆其手作，而厝其子於其旁，自作小樓，靜居三十七年，足不出洞門一步，今已七十六歲矣。節婦素能書畫，遭變後已絕筆不復作。聞余語聲，探首觀望，其窗如竇。余乃詢其身世，亦歷舉以告，不勝今昔之感也。山頂浮屠為梁岳王妃所建，相傳藏舍利二十八顆，不可獲見，乃折回山下，取便道由山徑歷西塘山後村而達國清，計程約七里強。

四山環繞，萬木葱蘢，山麓一浮圖高插雲表，下有七寶如來整列溪畔。一路亭依溪而建，亭內古木參天，路平如砥，不數十步一橋如虹橫跨雙澗，橋盡處琳宮梵宇，璨璀叢開，是即國清寺之入口也。

進寺，至客堂少坐，昭宣和尚、梅開和尚皆來招待，詢別後起居。午飯畢，梅開導余列觀蓮船室、羅漢堂、藏經閣、大徹堂、香積廚各處，此普通叢林之建築，大概如斯。蓮船室側壁嵌大鵝字碑，云係右軍所書，未知然否。方丈堂旁有三賢堂，內塑寒山、拾得、豐干三大師像。香積廚前有漏沙鍋，室內貯大鐵鍋一口，徑約丈餘，底有一孔。相傳釋迦牟尼說法，文殊普賢行台，觀音大士執爨，五百羅漢故難大士，以砂和米中，大士即以杖觸破鍋底，沙漏米存，水亦不洩，乃留此聖蹟，殆未可盡信也。方丈堂前有額曰「晉唐古方丈」，儀徵阮文達手筆也。時已亭午，匆匆飯畢，辭梅開。由寺側渡澗北上金地嶺，不數步而李子雲、少雲昆仲及其世兄乘馬自後趕至，連袂登山，此行為不寂寞矣。

國清寺開始於陳，門額「國清寺」三字秀勁無兩，相傳為魏王宏書。寺前一塔厥形六角，九級，高十餘丈，為隋煬帝建。塔下可通，惟不能上升，自下仰望，頂透一孔，天如星點，於此想見井觀天者之景象焉。國清最初名天台寺，後改今名。天台為佛教一宗，創於智顗，隋煬帝賜號曰智者大師，蓋自北齊慧文禪師悟龍樹之旨，以授南嶽慧思，思傳之智者，其道大顯，正宗法華，故又稱法華宗，旁及餘經，建立三止、三觀、六即、十乘等法，為後學津梁。其著述有三大五小等部，展轉演暢，不可具述。每春間放戒，清眾數常千人。寺之左右，靈禽祥雲，靈芝八桂暎霞，五峯環繞，其形狀亦平常，尖山各無異殊之點，惟氣象雄厚，深藏不露，所以能廣開道場歟。國清之左右多勝蹟，余欲趕往高明寺住宿，不及遍觀，以俟重來。

金地嶺下寒流淙淙，溪底石質光滑，蜒蜿東行，其源從塔頭坑而來，嶺頂有路亭，係新建尚未落成者。自國清至此已行十里，步步上升，形若長蛇。自半嶺回視國清，浮屠尚高聳有致。遠觀始豐溪及天台縣城，亦一覽無餘。東岡上兩岩突起，作開闔之狀，曰招手岩。昔智者大師夢登金地嶺，有僧立此岩上招之，覺悟，僧狀為定光佛，乃於其下建定光庵，今已毀圮，僅存故址，而岩亦以得名。更東岡上為繫船岩。自此東南折五里下嶺，渡幽溪，抵高明寺。

智者大師居佛壟，講淨名經，經忽為風捲，飄颺空中，乃追蹤至此，愛其山巒秀發，清溪當前，乃就其地以營淨居，號淨名寺，不知何時改為今名，以其後倚高明山也。寺亦屢經盛衰，今住持定融和尚極力振作之。右為翻經堂，左為不瞬堂。堂前為西方殿，殿壁嵌有董思白書《楞嚴海三昧儀壇碑記》。記為虞淳熙撰，玄奧古樸，耐人玩讀。萬曆時無盡燈大師重興此寺，於天台宗中特起高明一派，可謂高明極盛時代。此碑即為無盡燈楞嚴道場作也。寺左不數十步，有大石曰般若石，相傳智者嘗修真於此，石為黑色，頂一圓徑約尺餘，作白色，云即智者趺坐處。石側一石壁立，高約二丈，上題「松風閣」及「伏虎」，字大尺餘，皆無姓氏。北首石壁上有大佛字摩崖，大徑二丈，筆亦豐健。右為圓通洞，無盡燈大師曾在此洞註《圓通疏》，因以得名。洞係四大石疊成，向北石縫僅可容身，即洞門也，洞大約丈餘南向。洞門有二古松，夭矯從石縫隙挺出。倚松下瞰，深澗千尺，蒼翠欲滴。洞內一僧靜修於此，法號霞義，係四川人，來自峨眉。余乃與言金頂佛光之勝，霞義能避穀二十餘日，日夜不睡，惟靜坐耳。詢其所持，係《金剛經》也。洞下仄徑攀扶而上，一石橫亙，大可丈餘，上「看雲」二大字，下款「無盡燈」。更上，石壁有「幽谿」摩崖，字大約一尺，結構端勁。據定融云，相傳係智者大師手筆，始於前年發現者也。自此西折上訪筆塚，回視圓通洞，松從石出，石從壁起，與黃山風景中之清涼臺頗相類，出照相機欲攝一影，惜已暮色蒼涼，鏡內光線暗晦，擬俟明日補作也。再數十步達筆塚，上豎一塔，高約三尺，題曰「明玉大德」。筆塚下有殘碑，題為《明玉禪師寫經筆塚銘》。齊巨山記云：無盡大師輯《台山方外志》告成，而筆亦老禿就死，以一坏土葬焉。蓋亦相傳之誤，而未見其題記也。自此度清涼橋回寺晚飧。月色當階，皓潔如水，乃攜洞簫至清涼橋度曲玩月而歸。

夜半展轉不能昧，蓋夢魂已往螺溪矣。晨鐘初鳴，披衣而起，飽看曉色。定融引余至大殿，觀三世尊像。像係鐵鑄，高丈餘，相傳募自廣東，沈沒於海門海濱者，幾近百年，後運至國清，以太重不能舉，旋經禱祝，乃得搬運來高明。訪石經幢，已湮沒多時矣。殿下左右二井，深闊二尺，水滿其沿，水旱不增減，名龍眼珠。寺左鐘樓突立，高約四丈，登其上觀塔頭山脈盤蟠包圍，蒼蒼莽莽，氣象雄厚。樓中藏經板甚多，半屬殘佚，皆無盡燈大師作也。無盡大師受法於百松大師，為四明大師再傳弟子，道力高深，著作極富，多至七十餘種，實為高明派鼻祖智者以後一人而已。鐘鑄於萬曆，下有碑記，為寒山居士陳函輝書，結構秀潤。陳公字木叔，台之章安人，官江蘇某縣尹，明末殉難，文章氣節彪炳一時，著有文集。旋觀智者遺物：紫金缽、龍袈裟並貝葉經。缽製平庸，徑約尺餘，其實銅也；袈裟之繡頗精彩，相傳為隋煬帝賜物；余觀貝葉經，此為第二次，昔年在嵊縣北鄉普安寺所見貝葉經，與此畧異，彼處貝葉長方整飭，寺僧設案焚香，恭敬捧持，裹以黃緞，夾以紫檀，此貝葉邊多殘破，每頁各以檀木夾之，長約一尺二寸，寬約二寸五分，為數則同為十九，質如竹箬，較為光滑，厥色淡黃，梵文縱橫，惜無目力讀之耳。早飯已畢，即出寺，東向過聚龍岡下嶺，於崎嶇中遇砂石一段，甚難著足，約三里餘達水堆坑。坑前幽溪與螺溪匯流，乃北折沿螺溪行，始得舉足，望西山有髻頭岩，溪上亂石參差，或俯如牛，或伏如羊，或屈如拳，或圓如頭，溪行彳亍，並無樵徑可尋，兩山夾峙，頗類雁蕩之南坑。溪盡處覓徑上山，鳥道盤屈，下臨深溪，幸荊棘叢生，遮蔽眼簾，故雖有懸崖僅容半足，從者亦得勇往直前。自水堆坑至石門坎約行七里，石門坎危石開闢，僅容一人可通，遵此折下，已達釣艇，溪流曲屈，下為絕壁，一石約高二十丈，當前矗立，此即八大景之一「螺溪釣艇」是也。

「螺溪釣艇」，齊《記》極其稱許，云可與「石梁瓊臺」齊觀者，以余觀之：石雖挺拔而破裂不秀，瀑布來源雖大，而自其瀑口下窺，不能見底；自溪下仰觀，又為釣艇所掩而不克全覩，風景極平常。據定融云，昔日瀑流係繞艇而出，今已改觀，山川亦有變改，不勝感慨。自釣艇左上，有道可通華頂，余評螺溪無可覽觀，同行子雲、定融皆為掃興。余招一樵夫引導，更上危坡百級，時正路工興作，隔斷多處，不克前進，乃由千尺危崖攀籐，俯瞰螺獅潭，潭可半畝，澄碧鑑人，上有小石梁，亦約略見之。偶一審顧，則余身已臨潭心，所持籐葛粗不指若，乃急返，在石門坎攝一影片，匆匆歸高明。時日正亭午，天氣融和，兩山畫眉與水聲相和，恍然琴瑟鐘鼓一齊並奏，頗增興趣。

抵寺午飯，余偕李子雲赴華頂，少雲派兵三人為隨護，分道珍重而別。過清涼橋，上嶺五里則入銀地嶺矣。西折入塔頭寺。塔頭寺即真覺寺，智者大師骨塔在焉。智者大師示寂於新昌城南之南明山大佛寺，歸葬於此，因名塔頭。竹籬曲屈，萬綠參天。門口一聯云：「登峯始識天台寺；入室還尋智者龕。」大殿內築石塔，供佛像甚多，金碧輝煌，智者肉身即葬其內。殿外一額曰「震旦祖廷」，為陳璚書。前殿有一額曰「妙明圓覺」，為李鴻章書。寺門外有甘泉井。左折禮隋慧瑫，唐圓通、總持、圓達、全真，明覺明真穩六大師塔。寺之東崗，大石嵯峨，名為佛壟。佛壟石壁上有「普賢境界」四大字，相傳智者書；又有「佛壟」「天台山」諸摩崖，皆指堂所書。案：指堂，宋時名僧，名志南，與朱晦翁頗相善。更東為太平寺址，則無盡大師塔在焉。自此折回北上，山勢綿連，五里達寒風闕，有風或天陰時過此，則寒風徹骨，因以得名。闕下有一大石，厥形如蛙，神態生動。過此山田平曠，崗阜棋布，上戴磊磊之巨石，而天空蔚藍，淨無片雲，神怡心曠，俗塵盡脫。過龍王堂村，即漢高察所居處，村中有國民學校，學生二十餘人。自此折東華頂。峯頭之拜經臺已在眼前，沿山盤屈上升，更十五里而達華頂寺。暮靄四垂，外間景物不能觀覽矣。

入寺晚飯，余以天氣晴明且逢月夜，決上拜經臺止宿，以便明晨觀日。永慧和尚為導，步月五里而達拜經臺，即華頂峯之絕頂。智者在此拜經，故名。月光如水，眾山俯伏，仰視明月，似較接近，乃以遠鏡窺之，較在山下明澈數倍。月下久坐，出洞簫度曲，遊山得此，雖非天上，亦已不是人間矣。拜經臺有茅菴一座，從者叩門許久，閉而不納。此間向無秉燭夜遊者，彼誠詫為奇事也。永慧由門外告以來意，乃開門納客，其圍牆堅厚，儼若城垣，自遠望之，如古式望臺之矗立山頂者。內室清潔，無塵俗氣，住持定華靜穆可親，茶水極清冽。定華謂居此已二十餘年，從未有客夜登拜經臺者，余此行足以自豪矣。坐談時許，相辭安息，時已鐘鳴十一時，書一律並敘大畧，留與永慧。

丁巳十月初八之夜，偕郴州李君子雲自華頂上拜經臺玩月，永慧和尚為導，從者王文初等襆被相隨，碧天如水，風定月明，下瞰滄溟，約畧可見，月下久坐，去天咫尺，隔俗萬千，余吹短笛一曲，泠泠然便欲仙去，乃就宿定華和尚茅菴中，誠第一峯頭第一快事也。余久疎吟詠，不耐推敲，然此情此境，亦何可無詩以紀之耶？

天台高萬八千丈，《天台志》稱天台山高一萬八千丈，亦未測算，今仍其說。難得晴空面面開。為欲侵晨觀日出，相攜踏月上山來。直攀星斗無多路，俯瞰滄溟等一杯。可笑青蓮猶是俗，夢魂何不到斯臺？【5】

拜經臺上居僧六七，皆苦行真修，夜半即禮佛，余聞聲驚起，不復安睡。鐘鳴四下，披衣出門，罡風刺骨，星河耿耿，幾乎舉手可捫，視東方已有魚白，光線從海底浮起，極遠處有燈光，乍明乍暗，想係海中過舟也。返室盥沐，並促子雲等皆起，時已四時四十分，東方白色漸起微黃，橫亙約數百里之長。旋成杏黃而微紅而深赤，下方黑暗如墨，而我輩相視已能辨別眉目。時五時二十分矣。須臾，紅色漸淡，海面波光乃益分明，島嶼瀠迴，【6】以遠鏡窺之甚晰。至四十分，紅光之橫長漸次縮短，而中心濃度逐增，成為團形光線，瞬息之間諸色頓滅，海東盡處一極頑豔深紅之大琥珀球搖盪上升，余即拍手大叫，眾皆驚喜如狂，庵內僧眾亦各聞聲奔出，知已一輪日上，然所見尚僅為上弧一線。待上升至半輪之度，上方忽為鋸齒形，余正注視間，下方忽為橢圓形，斯時海水皆作金光色，日輪已完全上升，變態萬狀，忽而下方現一小尖形如桃子然，忽而左右膨脹如南瓜然，忽而下左右方稍削如鉢盂然，忽而邊沿上下左右倏凹倏凸如橡皮球之受氣然，盪心駭目，莫可名狀，其輪徑以臆度之，約在三四丈以外，收之遠鏡中，紅光觸目，不可逼視，時已六時十五分，山腰以上皆金光籠罩。自是日輪漸小，赤色漸淡，光燄漸漸射目，而下方之人亦知東方之既白矣。余顧子雲曰：日出之景有如是哉？蓋其勝處直不可以言語形容，難為未經目覩者道也。定華曰：「先生眼福，天作之合。」余頗怪之。定華乃詳言其故，云：「拜經臺上，每年之間如此空明天氣，實所罕見。有時山下清明，而自山上望之，仍為空氣或海邊雲霧所蔽，且現在時在小雪，日之升處漸漸移向東南方，為此山東向最空闊之處。非在此時嘗為海山所掩，雖有其天氣而無其出處，亦不能得此奇觀也。」伊居山上近三十年，如此現象實為初見，同行之永慧則居華頂寺已二十年，亦是破題第一，誠以近廟欺神，彼輩初未留意耳。余昔逢天台人，皆云天台拜經臺於每年之十月初一日拂曉，可見日月並出之奇，因舉以詢定華。定華云，傳說如是，未之見也。每逢十月一日，因此來者，亦偶有其人，然獨日亦往往不得見，安見所謂日月並行哉？此遊也，誠已目空天下矣。迴想昨宵月下不過清曠絕俗，與曉景固不可同日語也。

返茅庵早餐畢，歷觀降魔塔、黃經洞、龍眼井諸勝，重上拜經臺。登其牆頂，用鏡遠瞭，四明、會稽、金華、括蒼諸山皆落脚底，而臨海、新昌、嵊縣之城俱在眼前，岡陵起伏如波濤綿亘，如蜂窠攢聚，時起時伏，頂禮羅拜，上天下地，惟我獨尊，舉目四顧，神氣一旺，余漸覺手心疼痛，喉音乾澀，旋悟觀日時拍手大叫，不覺其力用之過猛也。自拜經臺東北下嶺七十里而至澄深寺，為天台北路入山第一寺。民國二年余禁煙紹屬，冒雪查勘，曾宿於寺中，題一律云：「澄深寺外碧潺潺，翠竹萬竿水一灣。彊界我來窮越國，佛仙路近接台山。煙霞深處便為客，雨雪霏時未放閒。不及老僧清且寂，白雲終日鎖禪關。」[7]並追志之，以補茲游。

時已九時，乃下嶺，經太白書堂，有潘衍桐書「唐李太白讀書處」碑，餘無可觀也。太白在此讀書，諒屬附會之詞。更里許抵藥師菴，有臥佛樓、琉璃界諸勝。旋觀玉印、金缽。印碧色，三寸，正方，上鐫雙獅鈕，文曰：「天台名山藥師如來應世寶印。」金缽為紫銅製，有龍紋旋迴，外方極精緻，間有金質，斑駁奪目，腹鐫「唐貞觀十三年製」七字，口廣五寸。余秤之，得三十兩，叩之菴僧，不知所自來也。向日深鎖佛廚，不肯輕易示人焉。出菴南折約二里入天柱峯，峯固有名無實也。松林中有永慶寺，其入口處風景絕佳，余為攝一影。北有入定禪林，為宋時入定居故址，咸豐時罹於火，僧所勳重興之。額曰「永明入定」，為四明主人張嘉祿書，旁述緣起，書法頗秀勁。自此東下十里有天封寺，現屋破僧亡，境尚幽寂，乃北轉回華頂寺。

華頂開始於晉天福元年，德昭大師所建，亦曰善興寺，智者大師曾坐禪於此。迭經興廢，光緒九年、二十七年及民國三年三遭火劫，今方丈華載和尚重興之，其規模壯麗。階下一井，水色渾濁，為王右軍墨池。昔池旁樹一碑，今已損毀，僅存其址。然右軍何有墨池在此耶？寺前有拈花室、伏虎壇。寺之左右，茅蓬甚多，為數八十餘處，分東西兩類，東茅蓬最佳者為藥師菴，西茅蓬最佳者為蓮峯菴，大概為退院僧所居，上覆厚茅以避氷雪，其中建設皆極華麗清潔，一茅蓬之建築，每需千元，

「茅蓬」二字特其代名詞耳。在寺午飯，即赴上方廣寺，途程十五里，不二小時即達。

上方廣開始於晉曇猷尊者，寺址沿金溪之畔，眾山環繞，流水當門，隔岸楓林渥丹，雜以翠竹，幽靜清麗，各擅其勝。入寺少坐，以石梁近在咫尺，急欲前去一晤，乃偕子雲出寺門北行。寺中糾察和尚明恩為導，度溪橋三處，不半里程而名震寰宇之石梁橋已觸我眼簾。石梁之瀑即寺前金溪之下流，合大興坑西來之流至此滙為一川，向東直奔，流隨岩折，分為四級，逐層下降，級各寬丈餘，層各高二三尺不等，旋傾斜漸陡，瀉為瀑布，而石梁正當其前，其高度與瀑之出口畧相齊，相距約二丈，而瀑流其下，此誠天造地設，竭神工鬼斧之能。雁蕩東外谷之仙人橋望塵莫及矣。瀑側為中方廣寺。自寺門階級下降數十步，即達橋之南端。橋脊如弧，上銳下豐，其形如一大鯉，屈身斂尾，橫亙崖端，又似大鵝之頭，自北伸頸向南崖啄物者。此種形狀，曾過石梁者當可想像，不以余為過於刻畫也。狹處約五寸，闊亦未逾一尺，長約二丈，厚逾一丈，其下方弧形，寬倍於背，其弧形下沿距瀑之高未及一丈，橋之北端石坡上一銅殿矗立，高約四尺，廣約二尺，中鐫五百應尊像，其階下橫書「皇明天啟元年辛酉中秋吉旦，欽差提督九門太監徐貴等喜施助成金殿，永遠供奉天台勝境石梁橋首清涼山後，沙學門如璧募建」五十二字，書法娟整，其側壁皆助捐人之題名也。銅殿前石坡寬廣，可容四人，立橋頭內外顧，內方之高，以瀑布下流處石坡傾斜，高不過四五丈，外方則下臨深溪，高約三十餘丈，遊石梁者每欲通過石梁，以試膽力。從者掉臂欲行，余與子雲不可。非不能行也，可不必行也。石梁有橋之實際，無橋之實用，北端之銅庭，在南端已一覽無餘，何必再度此橋？不然，若有他種風景，非過此橋不能望見者，則雖下臨萬丈，亦當前進，冒此無謂之險，誠可不必，此則余欲與後之來石梁者一商榷也。余擬攝一影，而苦無適當架鏡之處。江弢叔詠雁蕩龍湫云，「欲畫龍湫難下筆」，此則難為下鏡矣。乃下溪至瀑布之端，跨瀑而坐。明恩言大水之時，瀑之濆湧直駕橋而出，我輩立足之處皆水深數尺。余忽發遐思，天何不速下大雨，以飽我眼福。繼而自懺曰：「甚矣子之貪也。晨間觀日，既恐不晴明開朗，至於徹夜不寐，乃相隔十小時，又嫌其未淋漓盡致，難矣哉為天也。」俄夕陽西下，霜葉亂飛，乃遍觀石梁左右摩崖，如「萬山關鍵」「神龍掉尾」「棲真金界」「懸梁飛瀑」，皆為乾隆時人書，豈以前並無文人墨士至此點綴名勝耶？下方廣之游，俟以明日。沿溪返寺，寺中之羅漢樓建築甚佳，逾於國清，畧一觀覽。飯罷即息。

齊巨山足跡遍五嶽，其記石梁曰：「遊天台者，可以不必再遊他山；遊天台而到石梁者，可以不必再遊他處。」其稱許石梁，蔑以加矣。然而各處風景，各有其特殊之況，亦未可一概抹殺也。枕上迴思日間所身經目覩者，石梁奇則奇矣，無論何時可以觀覽，若拜經臺之日出及遠景，則非天假之緣，雖裹糧坐守，亦不得一面。況其雄偉變幻，誠足以空天下之奇觀乎？吾友黃溯初之言曰：「雁蕩出人意表，不可想像，山之奇俠也；天台至高無上，包羅萬有，山之聖人也。」余於今日益信。[8]

南柯夢醒，東方已明，即披裘出觀曉景。隨意行來，又到石梁橋畔矣。旋抵下方廣寺，山門尚關閉未啟，乃由右側竹林中穿至溪畔，朝露溼襪履，涼風撲衣袖，亦忘其寒凜也。轉折至潭側，一泓深碧，廣可畝許，已抵石梁外方，仰觀梁已懸空，可通天光，瀑布從橋下瀉出，其意態類我樂清縣後山之水。飛瀑布梁側，中方廣寺新建一樓，將梁之天空映去大半，殊失玲瓏透剔之致矣。未免煞風景也。[9]回寺飯畢，至中方廣寺，登其新樓，下瞰石梁，如已置身瀑上也。自寺東南折不十數步，壁上有篆書「蓋竹洞天」四字，嘉泰壬戌春王月知天台縣事晉陵丁大榮書，所謂三十六洞天之一。相傳為五百應真棲身之所，實則摩崖之壁後僅一石罅，何足稱為洞耶？折回至下方廣寺，訪王龜齡碑不可得。登羅漢樓，觀中方廣黃牆一帶繚繞於竹梢，其後山葱翠，撲人眉宇，瀑聲震耳，風景如畫。余擬踞石梁攝影，而苦無開鏡之人。旋至溪下及仙筏橋上攝影數片，乃為銅壺滴漏之行。時尚十一時三十分也。

由蓋竹洞天折南上嶺，行十里即抵銅壺滴漏。余由崖端觀覽一周，不知其名義之所在。昔人皆謂銅壺滴漏係潭水自缺瀉出，出口之處如一壺嘴噴水之狀，故以得名。余初到時，向外驟覩，其說頗似，而孰知此處景狀之險怪，竟有出人意想之外者。按此溪發源於華頂之北，自柏樹嶺蜒蜿而來，至此處溪中大石堆積，余即假定此處為此景之初步，以下逐漸說明，以求免語無倫次之病，誠以一支筆不能說兩面話，況此種風景又非筆墨所能述其真相者乎？

亂石堆中有兩大石，夾溪而峙，溪流其下，為出水之第一節。溪流至此，岩門驟束，形如剖玦，寬約六七尺。由玦口折下，則為第二節。斂口廣腹，寬約一丈，形如仰缽，又如大水瓢。水由瓢尾形之凹處下瀉，削為懸崖，潰為瀑布，而落於潭，則為第三節矣。壁之高約四十丈，潭之廣二畝，其邊直上為荷葉瓣狀之直筒狀，其向東處顯一裂痕，寬約三尺，水又從此下流矣。崖端所見如是，而石質之光滑，更似人工琢磨者然。李君子雲至此，止不復行。余乃挈從者王文初，從崖端沿小徑向左折下，約里許再出溪口。又有巨岩五六，高五六丈不等，聚於溪中，分溪流為二，旋合為一，溪底色白質滑，亦分三級，小潭盤旋而下，崖端壁立，高可三十丈，畧帶傾度，乃灑為水珠簾。流水之右方，忽凹下二三尺，寬亦如之，如剖竹節挂於壁頂，蜒蜿而下，長可二丈，名龍游澗。投大石於其上口，筊忽之間滑至谷底，發為巨聲，亦一快也。更右折小徑至於谷底，亦一里程，則可見水珠簾之正面。水由傾崖漸漸下落，誠有珠箔高懸之狀。去此南上里許，有斷橋坑。斷橋積雪，原為天台勝處，係兩石夾坑而峙，相去丈許。相傳昔有老樹生於石上，大雪之時樹枝被壓，聯為橋形，今樹已枯損，即在雪後，無復舊觀矣。沿來路而登，余欲一探銅壺滴漏下方之形狀是否一嘴突出，其情形究竟何等，乃由龍游澗溯溪而上，為石所阻，不得行，乃從溪邊荊棘中攢行，方數十步面手刺傷數處，下窺溪底畧平，乃下溪上行。既抵崖前，怪石當道，仰首探望，孰知此處與自上下窺時所見之第三節尚相隔一重也，乃擬登石上一探究竟，乃此石光滑異常，未二三步手足俱滑下，鼓勇上登，此石雖高而離崖尚遠，第三節之裂痕及出口已能見及，石之右外方澄潭，大可四畝，內方崖壁高可六丈，亘約十丈，其中央又如大圓筒裂，其一方水從此下，余無以名之，名之曰銅壺滴漏之第四節耳。踞石久坐，目覩懸崖並無可以上升之處，然心殊未饜。下石抵崖下，擇其稍傾者，手足俱用，仍無所試。幸崖旁一小樹斜出，舉手攀之，僅及其下垂之葉，舉踵及其枝，攀附而上，足既踏於小枝，旋又攀其上方之鄰枝，上升二丈許，得傾度漸大，竭力前進，乃抵潭畔。第三節之水自縫中潰出，及此潭面，時高可五丈，縫旁兩石壁高可五十丈，直豎此巨潭之上，欲窮第三節之勝，非飛仙不能再進矣。潭之寬廣可四十丈，余所上升之崖端稍立為門閾之狀，而缺其中央焉。自此石闉漸傾向內，離闉六七丈處尚可見底。自此至瀑下皆為深綠之色，莫察其深至若干，氣象森陰，毛骨悚然，然既已到此，經盡艱辛，不便即行別去。觀覽一周，由溪左攀附而升，從兵慮余迷路，在山上發聲招呼，里許達舊路至李君所止溪畔，余已汗出如漿，額炙於火，倒臥石上小憩，飲所攜白蘭地一杯，精神漸漸舒暢。余思此處風景絕類雁蕩之湖南潭而規模較大，龍游梘之勝，則不及湖南潭之龍溜；而其溪流屈曲，不若湖南潭之立於對山，可以完全觀覽者，徐霞客亦嫌其未能一望盡收，然何為以銅壺滴漏名之，比擬不倫，且向來遊客亦未道及，齊巨山已抵斷橋，於此景並未記載，想亦當面失之，而歷來遊踪甚罕，即有至者，亦不過崖端一立，窺見半面皮毛，早已目眩心駭，筋疲力盡，而漫以銅壺名之歟？余意此處之景可刪去龍游梘之名，自第一節之崖端至龍游梘，直可以名之龍游澗，而以水珠簾為附屬品。夫石梁橋不過奇耳，龍游澗乃近於怪矣。

自龍游澗返至石梁橋下少坐，招明恩至，余擬題十字於瀑之左壁，曰「是奇書古畫，不厭百回讀」，囑為雇匠興工，並指點其處所。乃返寺信宿。明日早起，遍觀寺內匾額，如阮芸臺之「當作金聲」，翁松禪之「方丈」，俞曲園之「禪心自得」，皆足錄也。寺後三聖殿高踞山半，松竹聳翠，空明軒敞，為文果和尚所建，能善占形勢矣。

八時，子雲返縣城，余擬獨身為萬年之行。明恩謂欲便遊寒明岩，則以兵護從，可防不虞。子雲亦堅欲派兵隨我。實則呵殿遊山，有傷風雅，然亦無可如何耳。余乃揖石梁，珍重道別。過臻福禪院，下大嶺，跨至公坪，計十五里而達萬年寺。萬年寺居萬年山之麓，羣峯環繞，局度開展，氣魄雄邁，以國清華頂與之較，實有超絕羣倫之概。寺前羅漢松，其實杉也，數共七株，大可四五合抱不等，高各十餘丈，囷輪盤鬱，【10】拔地參天，令人悠然起故國喬木之思。寺亦創始於曇猷尊者，迭經興廢，殿壁嵌有萬歷御製聖母印施佛藏經序及勅建萬年寺諭，相傳初建之時，寺屋共計有五千另四十八間，現已傾圮過半。寺僧明通、同鑑迎來道故，導余觀金沙井、七星橋、羅漢田諸勝，又有九曲湖，已泥土滿塞矣。其藏經樓原為萬曆所賜，惜已殘缺不全，樓中供奉四面觀音一尊，下有「親到堂」額，為米萬鐘書，「令法久住」額，為王文治書。七星橋畔有伏虎亭。亭前一古杉，大與寺前之七株絕相類，其巨根駕橋而過。余顧謂同鑑，若將橋石拆去，僅露此根為一橋，則亦別格之石梁也。

自此南行，度羅漢嶺。嶺之高約五里，嶺上為鐵船窩，乃一大谷，凹為船形，因以得名。我輩正從船舷上行，及窩之半，過種德橋，自此西折一小徑，可達桐柏山，以從者皆不識徑，乃仍東南走。崗巒重疊，頗似諸暨之琴絃崗。西上里許，有圓通庵，更約十五里而達龍王堂村。前日登華頂，亦由此東折焉。更南出寒風闕，五里達陳田垟。西折沿崗行，達公界嶺頂，由此直下，約八里而達嶺下。溪邊有一古柏，大可三抱，詢之土人，知為桐柏山裏嶴村。更二里至桐柏前嶴，即至桐柏宮。時正夕陽在山，已四時四十分也。

桐柏宮之氣象，不亞於萬年寺，而開闊更過之。不知其在山上也。四圍九峯，有玉霄、香琳、華琳、蓮華、玉泉、紫微、臥龍、翠微、玉女之名。門前溪流曰女梭溪。溪上舊有花橋，右為印岩，左為劍山。在天台之西部，當以此處為最。宮闢於葛仙，或云是即王子晉所居之金庭。余足跡所至，王子晉之居處未免太多，豈神仙果有分身術耶？一笑。宋熙寧時台州人張百端，字年叔，號紫陽真人，悽真於此，旋改名白雲觀，又曰崇道觀。觀前田中有碑矗立，刊乾道二年、四年、六年尚書省牒白雲昌壽觀文。觀中有一亭，樹勅建崇道觀碑文，雍正十三年三月十八日御筆，書法珠圓玉潤，文則平平耳。瓦礫堆中之礎，大逾尋常六七倍，周圍鐫以龍文，可見當時之盛，現惟紫陽樓尚巍然獨存，兩旁別為東西道院，惟東院尚完好，道人居者十餘人，袁理仁為之主，院中菊花盛開，紅白黃紫各色雜陳，尚多秋意。余即於院中下榻焉。

飯後月色當空，余急欲去瓊臺一觀夜月。道人言瓊臺夜間萬不能行，且盛言三井坑龍潭之勝，在女梭溪流下，即福聖觀瀑布之上源也。余乃攜一道童踏月往觀。約行三里，山坡急峻而月為雲掩，乃踏坡而下。坡為水漬，日久生苔，其滑異常，益之以手，忽手足俱滑，幸未下墜潭底也。余乃脫去襪履，赤足而前；道童前導，亦復時躓蛇行。數十步石壁愈陡，岩門聳夾，不過丈餘，幸天晴水源不大，至門石忽陷下如溝，闊不盈尺，月光黯淡，深淺不得見。余等乃踏溝而過，更右折，重上一石坡，已臨第一潭之側壁，水由石溝兩折而下，畧似龍游澗之初步。至第三節時，一大石直當其口，闊僅丈餘，長可五丈，分此潭為二。余輩所立足處假定之為內方，厥形如龍游梘，屈為五節而達於溪；其外方之潭寬可二丈，長約十丈，其岩下之深殊不可測。更前行約四十丈，溪又疊為二節，下為第二潭，又下為第三潭，潭面畧小而圓，其下則絕壁千仞，直抵山下，無路可通，由他道下山，約三里可抵福興觀，現已殘壞不堪。其旁有餐霞洞。自此外望，平疇甚廣，天台縣之西門畧約可見。道童云，大水之時，此瀑布最為奇觀。余察其流水痕跡，一種雄偉澎湃之態，實過石梁數倍。時月色忽明忽暗，陰風襲人，乃從此上山，欲覓較易之路以歸桐柏。乃正在披荊攀茅間，余畧一舉首，覺有二人影出於山崗上，離余約十丈之地，正注視間，忽沒其一。余以告道童，童曰樹也。余決其為人，乃呼問為誰，許久不應，文初及一隨兵踵至，趕上始知為過路之山民，聞人聲發於潭畔，甚為驚訝，蓋從未有敢夜間來龍井坑者，呼之不應，則其用心良險矣。東折達山腰，下嶺而歸，覺右脚筋痛，想係滑足時所傷，乃以白蘭地摩擦之。

西道院有殿三楹，祀伯夷、叔齊像，旁供司馬子微像。夷、齊像為文石所製，刻雕頗精，背後腰部篆文橫書「伯夷」「叔齊」各二字，伯夷昂首向天，有睥睨一世之概，徐霞客稱之為唐以前物，上有額曰「百世師」。夷、齊何為而為道者祀奉，余聞見寡陋，不明其故。壁上刊有張廷臣碑記，可資考證。茲錄於下：

伯夷、叔齊，餓於首陽之下，夫子稱之曰：古之賢人也。司馬子長作傳，文詞閎博，學者類能誦習。然思見夷、齊而不可得其祠，特祀於孤竹故墟，列郡罕聞。天台縣舊有桐柏宮，夙擅神秀，余守台三年始至。崇山峻嶺，蒼翠環矗，觀宇就荒，其中門置二石像，後篆刻「伯夷」「叔齊」，字甚古。詢所由來，無知之者。考赤城舊志，載夷、齊沒為九天僕射，治天台山，宋紹興間建祠於茲，或其遺歟？嗟乎名賢委地，土木神像，享丹雘之崇，瞻玩太息，徘徊移時不忍去，乃縱步廊側，有廳宇軒廠，了無夙設，若有待者。及至縣，以語方令惟一。令曰：「是誠不可已也。」遂卜吉庀工，畧加修葺，移二賢像而崇祀之，廟貌有翼，氣象惟新。雖清風高節，不視此為輕重，然表先賢，勵末學，實守令事也。嗟乎瓊臺雙闕，【三】岩壑奇觀，孝先子微，棲息沖舉，遊桐柏者能道之，豈知夷、齊芳躅涼涼乎高並峻嶒，敻出羽化耶？昔記嚴陵祠云，廉頑立懦，大有功於名教，夷、齊為百世之師，奚但桐江垂綸已哉，鐫記歲祀，以詔諸後，或諒余心之不愧夷、齊，當有聞而興起者。隆慶六年五月初吉，前進士番禺張廷臣撰。

嗚呼！舉世滔滔，誰能無愧於夷、齊，秉獨摹錄，爔淚四傾，予亦涕不可抑焉。

次日早起，向觀中道士購香燭，禮拜夷、齊畢，道童宗庭出扇頁索書。余本不善書，念其昨宵引導之勞，乃錄拜經臺玩月詩付之。觀中舊有葛翁煉丹臺等勝，皆沒瓦礫中，無足觀者。余換短衣持杖，仍以道童前導，往觀瓊臺。出觀北折，登一小嶺，過藕田塘址，上瓊臺廟。過一高岡，東折沿崖行，路極窄狹，其下懸崖數百丈，名百丈坑。山隈行盡，共約四里許，達一石岡，寬可三丈許，長亘約三十餘丈，兩面仍是絕壁，而所謂瓊臺者，不遠矣。余欲寫瓊臺，筆窘墨乾，不得不借一物以狀之。自此石岡盡處，而抵瓊臺，絕類一駱駝之伏於谷中，不過其高大太覺不倫耳。石岡盡處，一駱駝之背也。我輩從駝背行來，有石矗立當前，石壁刊「秀甲台山」四字，字大七寸，「雍正九年鄭世德」，又「唐元和十四年九月甲子」，其他字跡不可得讀矣。駝駱之頸傾斜陡下而醜劣異常，【12】幸利用其嵯峨巑岏之點，得容足底。最可慮者，此駝背頸之石質鬆而不堅，日炙風吹，半為流沙，着足欲滑，間有小松，亦斷不可借重，致有危險。此徐霞客所謂削石流沙趾無所着者也。余乃脫履下降，足不能用，繼之以手，手無所施，繼之以臀。臀可為登山之具，聞者勿疑我言也。此駝頸之石坡陡下，每逾一足之長，俯身而助之以手，又慮其傾度不易分明，乃轉身向外，雖下臨深谷而觀察較便，助以臀部，乃得徐徐下降，如此約三十丈而達駝頸之曲處，更向駝之腦後上升，至此則全用手力，沙礫觸之，疼痛異常。又高約二十餘丈，而達駝額。孰知所謂瓊臺者，乃在駝之鼻下也。再下降可十餘丈，有二大石堅立，高可丈四五尺，中通一縫，寬可容人。其上有一石，形如馬鞍，橫駕其上，即為瓊臺。由瓊臺左轉丈許，有三小石疊立。其下之一石形如剖桃，其空心處縱可一尺五寸，橫可四尺餘，其高可六尺，而左方如椅靠迴抱，試坐其上，適容一人；斜倚之，則右側之凹痕可容一足，而右肩正着於椅靠上，舒適異常，風韻水聲，山光雲影，四面奔來，耳目一清，所謂仙人座也，實已環境了無塵俗矣。惟其下懸崖百仞，深潭澄碧，無可再下。右折數十丈，大石之上印有足痕，寬可三寸，長可九寸，深約五分，如人足之印於泥塗，指蹠宛然，云仙人足跡。相傳有仙人來此，自對山岡越過，乃留此痕，故對山岡上亦有足跡，則余不能再觀之矣。對岡一坑，兩山夾峙，名曰雙闕。瓊臺之下有題名二，曰「天和子」，曰「安沖和」。瓊臺之上欲上不得，乃投一銀幣於其上，循故道而歸。余思瓊臺之勝，在天台與石梁齊名，以余觀於雁蕩，則險不如石船坑，秀不如伉月凹，惟仙人座及仙人跡頗為奇異，遊瓊臺者幸勿當面失之。折西下柏樹嶺，嶺高約六里，嶺下曰百丈嶴，前為百丈溪。沿溪口北折，過萬年嶺而至寶相村，十里而達桃源坑，內即桃源洞山也。

余在萬年寺時，原欲先至桃源，以達護國寺嶺。寺僧皆謂桃源無路可入，知其路者惟桐柏宮之老道人為最。故昨夜抵桐柏，即詢桃源情形。據一老道云，桃源之勝尚不及瓊臺，費盡艱深，不過能窺見壁上半規形之一洞，其他均無所見，且桃源坑形勢與百丈坑絕相類者，觀瓊臺可不必再觀桃源矣。余抵桃源坑口，擬循桃溪而上進桃花塢，所謂劉阮食桃之處，以鏡遠瞭，知道者之言為不謬。桃溪亦曰惆悵溪，取劉阮惜別之義。舊有金潭橋，溪上有遊嶺廟，塑一男一女像，中有一額，曰「英豔桃源」，為明天啟四年工部侍郎張文郁題，而無碑記可考。一般書生幼時熟讀陶靖節之《桃花源記》，桃源之勝深印腦筋，漢劉阮之入桃源事實荒唐，欲遊桃源者皆豔於劉阮故事耳，宋景祐時僧明照見金橋跨水光彩眩目，二女未笄戲於水上。此種野狐禪，由欲生妄，由妄生幻，是着魔也，豈遇仙耶？余俗骨撐天，即有仙姝尚在，亦當遭彼白眼也。乃由遊嶺廟北行里許，有墓門在路右側，上書「宋駙馬會稽郡王神道」，中立一碑，高可丈餘，字如斗大，曰「會稽郡錢王墓」，右旁書「南京尚寶司卿高呂柟為武肅十九世孫德洪」十八字，以下殘缺；左書「浙江提學僉事莆田林雲同偕天台縣知事周振立」；石壙前橫石，文曰「宋故駙馬都尉晉贈太師會稽郡主暨秦魯國賢穆懿明大長公主之墓」，上書

「大宋紹興十四年九月賜祭葬，清道光五年後裔重修」云。案錢氏子孫現居嵊縣長樂，武肅鉄券亦在該處族中，余在剡溪曾目覩焉。自此里許達護國寺。

護國寺亦開山於德昭大師，本名般若寺，後周四年改為今名。現已破壞，一僧居之。寺前有雙塔矗立，厥形正方，寺之周圍，有雲塘、高塘、箬塘、西坑塘，綠水一方，大各三四十丈不等。出寺門，田間有碑屹立，上篆天台山護國寺銘，餘均磨滅，惟「大宋天聖九年」為其紀年，尚可辨認耳；碑高一丈二尺，寬約五尺，厚約一尺五寸，碑陰有正書五行，字大約六寸，文曰「會稽郡王十三世孫餘姚德洪率台縣○楞謁○○此，時嘉靖辛卯端陽」。自此繞道北行二里至白岩洞，下有白岩寺址，厥狀如赤城之紫雲洞而畧狹小，石色亦赭。何為以「白岩」名之，不可解也。

自此西行五里而達山茅市，度清溪，天姥峯在其北，巍然可見。自此西行，窄徑數條，縱橫交錯。余此次西行，本擬先為寒明岩之遊，而後達廣嚴寺，原定今夜投宿於平頭潭市，乃沿途問徑，告者多誤，不向西南而轉向西北，約行七八里，詢知前村為小，余已離平頭潭二十餘里矣。時一肩輿迎面來，詢之，云來自廣嚴寺。問廣嚴寺離此幾許，云僅十餘里。乃奮足兼程，決定夜宿廣嚴。行三里許至金筻嶺路亭，止於亭者甚眾，詢廣嚴之程途，或云廿里餘，或云十餘里，議論紛紛。余意既已至此，只好前行，且時尚三勾鐘餘，當不至投宿無門也。五里至洞橋市，由市之東南西折過聖武橋，直西過下湖溪橋及風浴亭，而至後村，度後村溪橋，復經永慶亭而達烏霧村，詢知廣嚴已近，在五六里間，而洞橋市至此已行十餘里矣。由烏霧西北望羣山聳拔，岡巒起伏，知已山龍結局之處。上五百嶺，嶺側有五百畧村，而廣嚴在望矣。抵廣嚴，天已昏黑。

廣嚴舊名長壟，為天台西部第一大寺，唐時有雄羅漢棲真於此，圓寂之後肉身不壞，因以裝塑金像，頗著靈異。自康熙時燬于火，同治時又以近村張徐兩姓各爭施主，結訟至十三年之久，知府劉蘭洲以為不祥，舉火焚之，而寺內之雄羅漢肉身及貧婆鐘皆葬火穴中，碑刻亦均殘毀不可復覓。旋由僧靜修重建之，尚整飭可愛。嗣又衰壞不堪，久無僧居。今住持式宗和尚，昨初自華頂之藥師菴來，發願重振之。余來也，幸在三日之後，否則今夜將與從者坐守荒寺，飽餐風月耳。飯後有禮佛者來，詢之，徐姓，係近村人，云雄羅漢肉身雖已被焚，不過外層稍傷，今所存於殿中者，乃重加裝塑，惜已無復舊觀，然靈跡顯著，近村之人皆呼之為活佛，每夜祈夢求籤者為數甚眾，前雖無僧居而香火頗盛。余更與言貧婆鐘，其取義不得而知，鐘仍為銅製，被火後殘去者幾三分之二，現尚有一角遺置殿右。乃秉燭察之，此鐘之破片高可齊人，其年月尚可得見，為「萬曆四十五年正月元旦」鑄造，叩之亦淵淵發聲，佳製也。夜大風以雨。早起，雨聲乍作乍止，余出外觀察天氣，濃雲四合，心甚焦急。乃冒雨寺外觀蟹眼峯，岡上二石突立，頗形似；寺右有徐氏宗祠，中供唐金紫光祿大夫徐賂之位。入寺早餐，雨已晴，乃雇一人為導，作寒明岩之遊。

余自廣嚴覓嚮導，幾費周折，始得一人，甚矣不識途徑之苦也。故將路由詳記之，聞者休厭其煩焉。自廣嚴寺南折，過永古橋，經大風廣觀木魚山，約三里出谷口，過塔坑村之東端，折向西行約百餘步，峕山峊屹立山阿，恍如烏紗之頂，頗類雁蕩之寶冠峯。此處有二叉道，向西者，直去街頭市；折南者，過余家山村。繞村南行半里度萬古橋，過後王、前王兩村約里許，折西過一松林，至坎頭村，紫凝山頂，竹林茅舍已可瞭望。紫凝山下有瀑布懸流，現正水涸，無可觀也。更六里至上茅垟村，出村度茅垟橋。復前里許，皆在溪中行。再度小橋，過黃坭塢之西端，桑柘遍野，紅葉滿林。約二百步南折，沿峇山麓西南行，右為峇崮村；四里至下山嶺，嶺右萬松夭矯，聲如洪濤。下嶺沿始豐溪而上，溪畔皆茶圃、柏林，時正茶花盛開，柏子吐白，疑身入香雪海也。二時至嶺根村，上孟湖嶺。嶺之高僅二百步。下嶺度溪橋左折，右側山上諸峯峭立，高可五六十丈不等，為石牌、紗帽諸岩。更前里許，山半有落山獅子洞。洞頗軒爽，惜其中厝柩累累，為煞風景也。更前數十步，至明岩谷口，左側山半一洞，為獅子張口之狀，寬十餘丈，深畧過之，高可丈許，亦名獅子洞。下洞前進，最狹處曰八寸關，進關即至明岩寺矣。明岩谷寬五十丈，深約三倍之，兩旁石壁矗立，凹凸迴環，寺適當谷之中央。寺右一峯高可四十丈，寺左一石大五六丈，厥形如蛙，相傳舊時高峯之上有一巨籐斜亘於石，故名為螳螂捕蟬，今籐枯已久，無復舊觀矣。【13】

由寺後穿竹林而進，至於谷底，有珠簾數道垂下，余意此谷已窮其境，乃岩忽內凹如迴廊之狀，高僅容人，亘可五十丈。自此右轉，中見天空形如三角之小旗，左側一巨岩倚於壁上，名合掌岩。由岩下小徑彳亍攀登，彷彿雁蕩梯雲谷。自此折下，已至竹林之側面矣。左上有一洞，曰朝陽，有摩崖「日光」二字，為齊息園書。壁上多斧鑿方孔，想係昔時建屋處。更左為初來洞，洞口一碑為勾章行素居士劉憲寵書，其他均殘破，不能摩讀。洞之左壁有摩崖「高大」二大字，亦息園手筆也。此洞亦名達摩洞，內有達摩影。自此下寺，見蟬岩之上有摩崖四行，覓梯登摩為「嘉靖癸巳臘月，晉陵周振、進士余璟、徵君潘瑊同遊」二十字。乃在寺中午餐。餐畢，至谷口攝一影。出溪畔望南一峯，高出山巔，有飛鳳展翼之致。詢之土人，知係天鵝餵子峯也。乃從前道返至張家弄村。村後石屏開闔為二，有一小徑可達明岩之背。左為明岩，右則為寒岩。折而東南約行三里，溪畔一石下銳上豊，形如靈芝，水色澄碧，映石益形秀麗。所謂靈芝石也。其上列屏千尺，萬狀千形，如馬振鬣，如獅怒目，如象垂鼻，詭異雜陳，紅紫相間，斜日煊映，燦爛奪目。此寒岩夕照之所以名也。上兩石並峙，高可齊人，名曰雀橋，則余無取焉。下有石突起丈餘，壁有白色圓形，名石洞蛇。自此折北數百步，度一溪橋，達寒岩寺口。橋西一碑書「大界相」三大字。寒岩寺內殘破不堪，寂無人居。從寺後上登，達寒岩洞，為寒山子棲真之所。洞與明岩之獅子洞相似，其大幾十倍之。自洞底外觀，狀如一扁，葫蘆洞壁摩崖曰「寒岩洞天」，亦齊息園筆也；曰「清涼」，為古越呂嵒氏題。此洞舊傳有米南宮書「潛真洞」三字，則已遍索不獲矣。洞之東山相距約四里，有洞在半山，厥形如月，曰新婦洞，有一道者居焉。洞之左側有一岩，形如伏兔，目光炯然。[14]自此取道度始豐溪，至後岸過大山嶺，十里而達街頭市。

自市西望，一山高聳，其頂平而體方，蒼翠撲人。詢知為方山，相距僅十餘里。余乃止諸從者，賈我餘勇，振衣獨行。由市西溪橋度折北行，即登方山之大道，約十里而達其半，萬松如海，落葉滿途，着足如綿。更里許有雙井夾路，清澈可掬。再上半里而達方山之頂。此山均係土質，其結構特異。頂上廣可七十丈，縱約四倍之，削為長方形，四壁下削，高可四五十丈不等，惟東西畧傾為坡度，鑿為嶺級，即余之來處及西行一通路。胡公廟峙於其中。後為竹林，繞以松柏。前方則平田數十畝，眼界極開，東望華頂，隱約於雲霧中見之；南則凝紫、盤龍諸山；西則麒麟、雷馬諸山，皆羅拜拱揖其下。又有千尺石屏，如展圖畫，峙於下方，是即寒明兩山也。北方則竹木蔭翳，眼界稍阻。而大西鄉之平野百里，烟火萬家，始豐溪屈曲東流，如數掌上螺紋，皆可灼見。是直華頂之具體而微者也。廟內有僧居之，殿上匾額累累，皆「有求必應」「保我黎民」之類。訪朱北環所書「天一方」額不得，詢之寺僧，亦茫無所知。僧出紙筆，余為書「小華頂」三字付之。時松濤洶湧，暮靄蒼茫，欲留不得，乃策杖下嶺。至嶺下，風定雲開，一輪月出，投宿於街頭市警備隊營中。哨長王郁文招待甚殷。警隊駐紮之處為曹氏宗祠。祠外一帶楓林大小百數十株，厥色如染。余於次晨早起，步入林中，詠「霜葉紅於二月花」之句，不覺身親其境，特在早晚不同耳。

天台山位於天台縣之北方，亦稱北山，余既由北而西，而西部之遊亦復告竣，乃乘輿東歸，此為通天台之大道，不若昨前兩日之問津無由也。十里至茅垟，二十里至平鎮，遠望一山，形與峇山岊畢肖者，曰青山岊。天台共有三岊，峇山、青山岊及赤城山是也。三十里至龍山，訪龍山寺址。田間石屏一帶，長可五丈，高約一丈三四尺，以大石九塊合成，中書「觀自在菩薩」五字，字大八尺，旁款：「沙彌定和朝拜南海引書，住持印拱、印友、定福、定和建，時乾隆四十七年歲次壬寅四月初八日也。」自屏內以至山脚，基地約數百畝，石柱縱橫，【15】想見當年建築之壯麗，可為台山各寺首屈一指。基中豐碑屹立，高可二丈，係乾隆三十四年革除檀越侵牟霸佔滋生事端之上諭。天台山為佛教開宗之地，道場林立，興廢無常。其原因則由近村有不肖士民互爭檀越，僧難安居，寺遂毀損，惜煌煌明詔，無人奉行，可深慨哉！自此過西山庵下老鼠嶺，經玉湖清溪鎮，二十里而達信行寺，仍止於李君子雲營中，時十四日下午三時也。

三時二十分，往訪屠君馥如，與言台山之勝。旋馥如有客來頗眾，余乃與子雲昆仲往觀神桂。神桂產於天台縣公署內，即馥如辦公室之門口也。桂老幹蟠曲，枝葉繁茂，相傳植於唐代，明天啟時縣宰陸命毅題「可封」二字嵌於牆壁，道光時邑宰趙鵬程為立一碑，題「神桂」二字，且為《神桂記》，禁人攀折。桂蔭半畝。民國三年之冬，天台縣署被匪劫焚，桂旁房屋盡皆燬去，而桂獨未傷一枝焦一葉，亦可異已。神桂之北有一廳，內有一缸，以紅布覆之，呼曰「神缸」。缸之來歷無可稽考。相傳天台若有大變異，則此缸懸空示兆，或云此缸自海中沿溪浮至，中供五福神像，故尊祀之，未知然否。又說其下有井，明代鼎革，投井而死者不乏其人，故以缸罩之。此則稍近事理。近代惟阮芸臺先生督學過此，一觀其異，所見何物，亦不得而知。缸之外圍以欄，頗堅固，缸製極平常，廣腹斂底，大約二尺餘，高約四尺許，而合邑之人尊之曰神，記之以碑。余匆匆過客，不獲一發其覆，殊悶悶也。置缸之廳為官舍之最後進，兩遭火警，皆不撲自熄，豈真有神附耶?

觀缸既畢，王君舜生導余等往謁齊息園先生祠。祠名忠節，祀先生始祖齊汪，明兵部尚書，正統時隨駕被難者，于忠肅贈額曰「氣壯河山」，乾隆賜額曰「玉尺冰壺」。而先生即附祠焉。先生名召南，亦號次峯，晚年乃號息園，博聞強識，聰穎絕倫，舉博學鴻儒，與竇光鼐並名，有「南齊北竇」之稱。清乾隆帝稱之曰「齊書廚」，言其博洽也。官至禮部侍郎。著作極富，《水道提綱》其最著者也。距祠不百步廣場中古樹頹然，下有老屋五楹，門榜曰「學士第」，即先生故居。先生有從弟曰周華，字巨山，狂蕩不羈。嘗以事忤先生，被斥銜恨，因以「齊家不齊，禮部無禮」八字羅織多事，呈控先生。先生遂因是籍沒。厥後巨山因奏保呂晚村及於難，難發之時，書一聯於門曰：「惡刦難逃，早知不得其死；斯文未喪，庶幾無忝所生。」又書一聯曰：「頭經刀割頭方貴；屍不泥封屍亦香。」讀其聯可想見其人。著有《名山藏》，副本亦為秘抄之物，壁首卷多記游之作，[16]余愛誦之，惜世少流傳也。祠壁有「忠節」二大字，係巨山筆，欵曰「十二世孫周華書」，一種縱橫恣肆倜儻

排奡之態，撲人眉宇。此天台歷史上之奇異人物也。【17】

李君少雲晚間設晏欵我，席次得晤天台士紳陳君柳生、曹君仙甫、裘君友三，縣知事張君輔庭及許君瓊英。晚餐既畢，高明寺僧定融亦自山間來訪。正高談風月間，而寧波獨立之耗已由一電傳來。嗚呼！又是一番新氣象，原來幾個舊東西。人皆如此，國將奈何？天遣我閑，且莫管他！決定明日重復入山，再游國清寺，以探討其近旁之勝蹟焉。

十五日。上午九時李君子雲偕余乘馬赴國清，而許君瓊英亦挈李世兄同行，以為遊伴。自信行寺沿赭溪北行二里餘，過鎮龍庵，復里許至萬松徑。相傳舊時此處萬松夾道，直亙國清，故路旁石上有「萬松徑」摩崖三字，大六尺許，下款亦署「指堂」二字。更前百餘步，過宋中奉大安姜君福墓道，更前里許為萬松廟，更里許為下松門，與國清相去僅數百步也。暫別重逢，欣慰無似。觀寺前七塔如來，為天順七年四月八日立。入寺，梅開和尚、指南和尚皆笑語相迎。指南導余等自寺側陟寺後岡上，約數百步至一崖下，觀古摩崖，其一為「枕石」，字大二尺，下敘「晦翁」；枕石之左上方，其第一行為「寒山詩」三字，其下三行為「重岩我卜居，鳥道絕人跡。庭際何所有，白雲抱幽石。」《寒山詩集》第一首之前四句也，下無欵署，觀其筆致，大類山谷老人。寒山詩之下，為「大中國清之寺」六字，「大」字之右上稍缺，「清」字之水字亦不甚分明，字大約一尺五寸，旁署「柳公權」三字，字大三寸餘，銀鈎鐵畫，端鍊高華。更左上方為「秀岩」二字，字大約二尺五寸，下署「米芾」。此處摩崖相傳甚久，自明時即不得其處，云已無可考，故數百年來無復有知之者。指南和尚去歲以三閱月之工始得發現而摩讀之，俾後之來者得飽眼福，厥功甚偉。聞柳公權尚有「天台佛」三字摩崖，則不可得見矣。乃託梅開為余雇工各拓數紙。自此右折下數十步達皇庭舊址，中豎豐碑，為乾隆元年勅建國清寺碑，朱倫瀚奉勅敬書者也。址側岩罅上有一石，刻「錫杖泉」三字，宋時普明大師坐禪於此，以下澗取水不便，因以錫杖頓地，曰此處當有水，水即湧出，因以命名。訪曹源，不知湮埋何處。出寺，入林中，禮唐一行禪師之墓，一碑屹立，書「唐一行禪師塔」，右旁署欵為「剡上戴澳書」，左旁有楷書多字，苦不得識。碑陰為董思白書「魚樂國」三字，與西湖清漣寺之額絕類。乃返寺午餐。再偕梅開挈水一桶，携刷兩把，洗剔一行塔碑，約二小時始得約畧讀其文。曰：「○當山住持海月○日天曾○戴公塔○別時○成一偈：寂滅長安樂，何○一行禪。○流呈法○，松影逗機緣。真指○○化，璇璣應○宣。遺靈瘞記，今古萬年。」列為五行，書法秀整，不可識別者，尚有十一字焉。摩讀既畢，返寺少息，仍乘馬而回，偕子雲赴屠馥如處晚餐。明日回臨海，而天台之遊告畢。

余遊天台山間九日，晝夜兼行，雖未能搜索靡遺，而所遺者自信諒亦僅矣。人之遊天台也以國清始，而余之遊天台也以國清終，是則可異也夫！天台自孫綽一賦、李白一夢，而天台之名遂以震於寰宇，縈余夢想，今得天假之緣，歷窮勝處，宜其超乎五嶽之外，而與雁蕩齊名。余於歸途遇相識者，即以台、蕩比較相質問，實則台、蕩各有其勝，雁蕩之景散中有聚，聚中有散；天台之拜經臺及石梁自足壓倒一切，其他地域寥闊，風景不聚，自高明寺行三十里僅觀一釣艇，自方廣行二十里僅得一龍游澗，則未免太覺散漫耳。

【1】「少雲因公」起至「有序」，據單行本補。

【2】「地紳」兩字據單行本補。

【3】「其質」起二十三字，據單行本補。

【4】此五字據單行本補。

【5】收入《詩稿》，題《遊天台自華頂寺步月登拜經臺》，略去夾注。

【6】底本作滎，當係「瀠」字之訛，逕改。

【7】收入詩稿，題《癸丑人日冒雪赴竹埠查煙夜宿澄深寺此天台北路入山第一寺也》，作「澄深寺」，而此處所引及上文底本作「澄心寺」，顯係筆誤，逕改。按澄心寺位於安徽橫山南麓。

【8】「吾友黃溯初」至「今日益信」據單行本補。黃溯初（一八八三—一九四五）原名沖，字旭初，後改名羣，字溯初，號朔門，別號小夢，永嘉朔門（今屬溫州市鹿城區）人，原籍平陽鄭樓。溫州近代化事業的先驅者。清末留學日本早稻田大學政治科。歷任浙江都督府代表、國會眾議員、第三區（江浙皖）礦務監督署署長、財政部顧問等。民國初年發起民國公會，隨後成為進步黨和憲法研究會的中堅人物，投身護國運動。抗戰初期策劃「高陶事件」。先後主持上海時事新報館、通易信託公司、溫州旅滬同鄉會等，任甌海醫院董事長，並將鄭樓小學捐出創辦省立溫州師範學校。出資選刊《敬鄉樓叢書》四輯三十八部分送海內外圖書館收藏。《黃羣集》列入《溫州文獻叢書》第二輯出版。

【9】「未免煞風景也」，此六字據單行本補。

【10】底本作困，當係「困」字之形訛，逕改。

【11】「嗟」底本作磋，當係「嗟」字形訛，逕改。

【12】駝駱，單行本作「此駝」。

【13】單行本此處括注：「印務書館（商務印書館）出版《天台山》之明岩即螳螂岩之側面也。」

【14】炯然，單行本作「瑩然」，以下尚有「惜不得其名耳」六字。

【15】底本「石」「畝」互乙，此從單行本。

【16】「壁」字，疑為衍字。

【17】單行本「也」之上尚有「摭拾遺聞，以慰岑寂，亦客途應有之事」。

題詞

蔣君叔南寄贈天台遊記雁蕩新便覽即用東坡次韻周邠寄雁蕩山圖韻二首

奉呈[1]

黃式蘇

頭顱爾許未成翁，共惜閒雲戀洞宮。山水柳州工作記，道場無盡想宗風。天台無盡丈師輯《台山方外志》。狂歌絕頂汝無上，投老殊方我欲東。不待歸來携屐出，早收台蕩入胸中。畢竟虬髯意不同，飄然如鶴出樊籠。談兵肯遂人爭鹿，止酒還教氣吐虹。欲挈峯頭觀日客，來為溪上訪雲翁。武夷早有探奇約，檢取山經付驛筒。叔南書來，欲作九曲之遊，託覔《武夷山志》，因以貽贈。

[1] 此詩收入《慎江草堂詩》卷三，十六葉。

方城山遊記

方城山之名不識始於何時，王右軍之四郡遊記稱臨海之南有方城山，【1】即指此也。唐時改稱王城山，宋時改稱方岩山，近來稱之曰方岩，現且以羊角洞概此山矣。雁蕩朱《志》【2】：方岩亦屬雁蕩，在溫嶺縣境之內，隨處皆能望見。由台州海門取道遊雁蕩者，登隘門嶺時，南望此山，近在咫尺，遠視之其形方整，矗於山阿，儼若城垣，且命名較古，故余仍以方城稱焉。

庚子之歲，余奉父命探親於山下之湖霧村，曾登山半而返。近來屢經山麓，年必數起，意謂此阜然一邱，或無可探討之價值也。冬至節後，家居甚閒，程君馨友家住湖霧，時相過從，屢言其勝，心焉慕之。連日寒沍，堅冰不解，惟向日敲棋，以資消遣。二十二日晨，余至自治辦公處，而馨友又談方城山之勝，余挽馨友及王君淵如，拂衣即走。馨友謂該山遠景甚佳，乃過家攜望遠鏡以偕行焉。

十一時抵湖霧村，過馨友住宅，並往李君文伯處。時日將亭午，文伯謂不如飯後登山，較為從容。乃在文伯處午飯，杯盤狼藉間，而陳君仲寬等來會晤，均欲伴余登山也。

午後一時，由馨友宅後山嶺拾級而登，此為方城山西南一分支，上三井坑之大道也。約二里許抵後山頭村。村僅茅屋數處，其南有懸崖突起，名百丈岩，山下為大球村，村旁有大球寺。由村後山徑南上，又約二里許而達箍桶岩。岩四五方，大六七丈不等，倚於土岡之上，其上有破屋數椽，為箍桶岩寺。又南二里過響拍岩，岩上有一廟巍然，其門封雁蕩東谷之接客僧，廟側右轉，木竹蔭翳，為三井村。三井以龍潭著名，聞其發源之地在一古墓之下，擬窮其處不可得，詢之村中人，亦無知者。乃東折過一岡，更里餘而達三井坑。溪流東西合注於此，向北奔流，岩門騾束，曲折之態彷彿雁蕩之下培坑，其第五折之溪底下窪為深潭，畧帶橢圓之狀，為第一潭。更下三折夾壁豎立，水流至此為高二丈餘之瀑布，下注於第二潭，潭形如釜而兩端稍尖，廣可二丈餘，口旁之岩皆向內方凹進，水色澄碧，深不可測，兩旁崖壁陡下，余攀茅而下達潭口，細察其形狀，較湖南潭為尤奇險，土人呼之曰黑龍潭。祈雨甚驗，每當天旱時，輒有人投此潭而死，則天雨即至，此亦鄉間迷信誤人性命者。此潭口若一滑足，即萬無可以上升之望也。前年有人沈此潭，屍不可得，鄉人以長五丈餘之竹竿向潭中撈屍，竿在水中空無所著，亦可想見其深窈矣。再下四五折，又窪為第三潭，奇險皆遜。此即三井之所以命名也。由此直下，可二里而達螺獅潭之上口，石壁矗立，不能再下，沿坑淺潭數處，形狀詭異，乃折回至龍鳴寺小憩，由寺左石級上升，不數十步即至白龍潭。潭亦窪於石中，大逾三丈，深可丈餘，以其位於黑龍潭之旁，則無人欲觀之矣。返寺，由寺右折北沿山崖而行，俯視三井，為懸崖所掩，未能俯瞰，自此屈曲升降，越數岡約三里而達蓮花洞。

《雁蕩山志》載雙蓮洞亦名蓮花洞，在石門潭東二十里湖霧村東，山石狀如蓮葉，山半有洞，東南向深廣數丈，洞之左右壁各有石脈，高下參差如芙蓉布地，與方岩、南松岩密邇，云即指此洞也。洞內之水從石縫流出，依石為池，清澈可鑑。洞頂有路可達羊角洞，惟甚艱險，乃由洞下行二里達塔山坑，東折而上，此為方城山西南之大嶺也。

在塔坑口舉頭北望，岩下有新屋數椽，曰西芭洞。洞左一石鑛窈然，其外口岩石纍纍。方城山本產磨石，一年之間輸於外鄉，厥數頗鉅。昔年且有販運及新加坡各處者。乙卯之秋，有湖霧村九人於此採石，山石忽崩，共壓於下。其家人雇工六十人，竭二日夜之力挖開崩石，九人皆慶更生而且了無傷毀。九人既出，乃歸功於礦旁洞中之神，而建築其祠宇，香火頓盛，神亦受之不疑，並常作威福，亦太覺荒謬矣。更里許至塔坑。坑畔有寶積寺，俗稱之曰塔坑寺。時已將近四時，乃由寺後山徑上升，半里餘達裏嶴村，北岡上一峯突起，高可五十丈，中脊楞起，削其四面，名曰劍岩，頗形似也。岩東石屏勢若連雲，為方城山之頂，其下宮殿叢開，即羊角洞也。余以遠鏡窺之，牆上有「玉蟾宮」三字，大可三尺也。裏嶴村旁有岡，自羊角洞下蜒蜿而來，曰鼠尾岡。羊腸鳥道盤屈岡脊間，有崖壁頗險峻，高可三里餘，行者已有望而生畏之概。陟岡達大獅岩之下，洞中道者六七人前來迎迓，中一僧人，注視之乃余之小友善權和尚，初自落迦山來也。大獅岩之下一石曰金烏。時已黃昏，急進玉蟾宮止焉。

玉蟾宮位於方城山頂之南崖下，後為羊角洞，上為霞屏峯，下有葉裏桃岩，左為二仙峯、大獅岩、玉兔石、葫蘆岩，右為育仙洞、蝦蟆岩、卓筆峯、朝陽洞，前對玉蟾山香爐峯，而西與雁蕩相拱揖。漢周義山修真於此，道家稱之曰紫庭真人，有紫庭樓以奉之。昔時荒烟蔓草，常如雲封，人跡罕至。清咸豐時道人陳體陽者，號少谷，棄家就道，結庵習靜於羊角洞中。洞之高僅三丈，口廣丈餘，向上銳削，形似羊角，故以得名。嗣後徒眾日盛，香火漸旺，逐次建築紫庭樓、三官殿，而以玉蟾宮為最。新建者高樓三層，傑閣宏開，而羊角洞乃遂為此山之代名詞矣。體陽頗具道力，始於前年蛻化，壽至九十餘，其道徒之數，散處他方者達六百人，可謂盛矣。金烏石之下嶺側有摩崖，曰「兩州奇視」，即體陽手筆。現宮中住持、道眾，皆體陽之再傳弟子也。

廿三日。早四時，南柯夢醒，余瞥見牕外月明，誤為晨光，披衣即起。宮中道眾正在早課誦經之時。余思方城山頂高聳，曉景當有可觀，乃啟門而出。善權和尚聞聲踵至，相攜步月，登二仙峯之頂。峯之高可五十丈，堅氷凝足，寒風刺骨。與善權盤坐峯頂，善權詳言落迦山日出情形，聽之神往。至六時三十分，馨友等皆至。時日尚未出，而天已大明，寒冽更甚，眾皆催歸，余不可。至七時而東方日上，即已光燄觸目，不過其面積較山下觀之稍大耳，此峯與方城頂相距僅十數丈，而高亦相等，自遠望之，固聯於頂者也。回宮盥洗，急進早餐。

余在二仙峯頂觀察此山形勢，頗似覆花，方城之頂即俗稱方岩頂，其花蒂也，一瓣西走達湖霧嶺者，曰奎星山；一瓣南走即三井山；一瓣東南走者達南松岩；一瓣東北走者為桃夏村；其正北之脈則方城山之來幹也。洞中道人盛言南松岩之勝，乃往遊南松岩。道人禮桂為導，善權亦伴而行。

沿大獅岩而東下，為溫嶺縣來方城山之大道。嶺高可三里，嶺下為桃溪發源之處，循溪北折，溪底光滑，闊三丈餘，惜其畧帶傾斜，未能與大錦溪比觀耳。溪中一大石昂立，曰母雞石，尾翼宛然。自此前行更半里，左側絕壁高張，可五十丈，曰釣叟岩，【3】壁間有一穴，相傳為仙人藏犁之處。余以遠鏡窺之，乃枯岩結成屋架之狀，亦可異已。釣叟岩之下溪口突下，高十餘丈，曰滴水崖。崖上之石下窪，亦曰龍井，今為大石所塞，四圍堅冰凝結，同行者百計碎之以為樂焉。自此折回母雞石側，沿東南山徑上升，過一山岡，名曰雙嶼。自此望方城山頂，北面之絕壁均可見及，恍若天上芙蓉城也。升降約五里達松岩寺。

松岩寺開始於宋之大悲和尚，至元時有秋江和尚中興之，世稱之為聖僧。於方城山中此寺較有歷史。山門外一古柏，自溪畔彎屈駕於路側，成一大弧形，覆為捲洞，入寺者進出皆由門，孰本孰枝，驟視之亦不易辨。頂有一新枝突出，盤屈葱翠，耐人賞玩，旁有殘碑，不能摩讀，惟「皇明萬曆」為其紀年，尚可識耳。寺中舊有《藏經》，現僅存《華嚴》一部，每年六月初六為寺中曬經之期，近村來禮佛者亦以此日為最盛。寺之左右岡巒重疊，竹木葱蘢，境極清幽。對山一鳥道摩空，為登羊角洞之捷徑也。

在寺午飯，下嶺半里抵滴水岩，高約五丈，冰箸紛垂，如懸珠箔。相傳岩下為秋江和尚焚化之所，正烟燄騰空間，一聲佛號，秋江已乘鶴飛去矣。自岩下北折，山巒秀發，陽光映於松梢，倍形美麗。谷中有橋曰迴龍橋，俗傳秋江嘗講經寺內，此間谷口有龍居潭中，亦來聽講，僧眾皆震驚。秋江乃築橋於此，示龍不得再進。此較飛升之說更為荒渺，姑妄言之，姑妄聽之可也。再里許達溪口，忽岩壁高聳，闢為一門，左方之岩高可七十丈，名龍開口；右岩之高稍亞之，相距僅二三丈，忽開忽闔，下斂為潭，潭之長廣約五丈許，離潭面丈餘，[4]岩門斂如束甕，所謂龍劈門是也。吾輩自松岩寺來，係向谷口而行，至此門下則彷彿自谷口達於谷底者，駐立潭邊，心往神怡，潭之上流大石亂堆，自石堆上升，夾壁寬僅四五尺，深大約四丈，一瀑自壁縫搗下，即龍劈門龍潭也。潭口右壁有摩崖曰「峻流幽滙」，字可三二尺，下款「搜奇子」。折回至門中，門之右壁，亦有摩崖曰「蔭濯天成」，曰「壺天啟鑰」，其旁又有數字及其款識，以在壁間不能摩讀。自此出門，左壁亘綿數十丈，且作迴抱之勢，壁間題有「僊關」二大字，下款亦湮沒矣。回望谷內峯巒疊翠，惜不得其名而記之；外望則右側為大旗岩，高插天際，下為大仙廟。自此南行六七里則達雁山嶺，皆昔時東甌境而在雁蕩山界以內者也。西折經部瀆村，村後有雙燕石，村前有瑪瑙山，山上產血凍石，質色極佳，逾於青田之產。

鄉人迷於風水之說，公禁採掘，致使天產靈奇終沒山阿焉耳。再西五里度一小嶺達桃夏村，明謝文肅之故居也。村前有岩曰獅子岩，其後為釣叟岩，即早間遊覽處。

過桃夏村，西望一峯，巍然高聳，可與劍岩南北對峙者曰果子岩，岩西一峯秀削稍遜者曰梁椿岩，果子岩下山脈蜒蜿東行，勢若眠龍。吾輩即由此岡盤盤上升，約四里而達梁椿岩之頂側。此處有岔道可達方岩洞，若循大道則上天梯而達方城山之絕頂矣。時已四時，同行者均足力疲乏，羣意登頂則升降甚勞，乃決定經方岩洞繞山崖以達玉蟾宮。乃折西而行，不百步間山徑漸狹，僅可容足，且沙礫滿塞，犖确難行，內方則絕壁連雲，高可六七十丈不等；外方下臨深谷，雖非陡絕，膽怯者早股栗矣。前行二里達方岩洞。洞俯絕壁之下，又名小斗洞，洞高廣二丈，深倍之，中供一佛座，洞底之石窪為釜形，泉水涓涓自石縫流出，滿注其中，洞左絕壁之頂有流泉下瀉，堅冰如琢玉成各種詭異之狀。洞外有屋數楹，雁蕩爽氣撲人眉宇。清道光間道人陳復初修真於此，頗具靈通。復初家岩下，排行第五，世人以岩下五呼之。復初以商人出家，於道書頗有著述，聞溫嶺有存其抄本數種者。方岩洞之南為濟火洞。過洞門而未入，山崖側轉已與劍岩相望，徑側一峯倚壁而立，凌空突起，曰燭岩。自此前行，遇岩壁數處，同行有匍匐以通過者，再三里達玉蟾宮。

廿四日，晴。早飯後由三官殿後沿二仙峯側石級上升三百餘步，即達方城山之絕頂，俗稱之曰方岩頂頭。頂之廣周圍可十里，四邊岩壁矗立，惟南向一路即吾輩來處，玉蟾宮之道人新修之，北向則由天梯而下，餘無升降之處，羊角洞頂為此山最高之處。自此向北漸傾，東南兩方能見玉環、溫嶺諸海山，北及海門，亦可見之，西方眼界為雁蕩阻隔，誠以此處高度尚不及靈峯之頂也。二仙峯旁有白鶴峯，頗形似。方岩頂上凹處中有長蛇谷，長可半里，谷中堅冰數道，由壁頂下垂，高約六丈，闊可三尺，此亦瀑布之別開生面者，雖無懸流飛舞之態，亦足耐人玩賞。更前谷口，石壁內凹，形如葫蘆，冰塊之大徑五六尺，南方之人未曾北遊者，當以此冰為初見焉。沿谷北行，有石駕於谷口，曰仙人橋。自橋下蛇行而前，其下絕壁高可五十丈，滙為深潭，水竹叢生，葱翠紛披。折至雲霄寺，寺不甚大而頗整飭，四圍竹木繁茂，入其門忘其高踞山頂也。出寺北達天梯，梯以木製，倚於絕壁，以便升降，高僅二丈餘耳。下睇果子岩落於半山之下，西折下嶺，過方岩寺，出湖霧嶺，而劍岩轉豎於南岡，秀麗猶是。嶺半多磨石，石上花紋成松竹形，擇採數方，雇一童子負回，以作紀念。

下嶺度溪二里達東瓜岩。岩高約四十丈，前日所經之蓮花洞即在其上山也。由岩側下溪，岩門緊束，特不及龍甥門之秀，然亦一怪壑也。余等由壑中岩石上，竭盡手足之勞，約經半小時始抵螺獅潭之下，三井坑之最下流也。潭位於壁間，形如螺之張口，若用巨索可由上下降焉。抵此壁下高四五丈，壁皆內凹，光滑異常，而潭水瀉下，仍復為潭。有一巨石立於水之出口前，與文伯竭力攀登，岩上石壁下垂，舉手攀之，乃沿行至石嘴，距潭口尚隔二三丈，若有橫木斜駕之，即可前進，然立於岩上翹望潭內，僅見潭面一二尺之水，心甚未饜。此岩之後方，一岩較高大，狀似十間之房舍，其內方為絕壁，乃設法為人梯以文伯登探之。文伯至岩上，不能起立，所見情狀與前石上相同。余以體重不便重同行諸君負荷，以人梯而登，而馨友、仲寬等必欲梯余以上，且有文伯在上可資援手，較為省事，乃登之。此岩外方之傾斜，約在四十度，其脊如刀，不能容一足，稍一滑跌則落谷底，置身冰窟矣。余乃跨而坐之，一轉身間衣褲嗤嗤作響，碎裂數處，旋由岩脊立起，向潭內窺察，已約見潭之半面，水色澄碧，潭旁之光滑較黑龍潭為甚，潭口出水之處亦向內凹，即能架木通過，亦無着足之所，潭之廣約二丈餘，其向左方窪入者為岩門所掩，現當水乾，故可攀援至此。否則，並此岩亦不得上。雖窺半面，亦聊勝矣。下至谷口，見左壁有摩崖曰「霖雨蒼生」，曰「德濟生靈」，皆天啟、萬曆時宰斯土者祈雨之留題也。

出谷三里抵湖霧，仍在文伯家午餐，近三時矣。返家已五時，稚子德中牽裾憨跳，[5]謂阿爺歸自靈岩，問小龍湫之冰箸有無攜歸，資其玩弄耶。

【1】四郡遊記，當作《遊四郡記》。參見《藝文類聚》卷八八木部上。
【2】雁蕩朱《志》，指明朱諫撰《雁山志》，四卷首一卷，胡汝寧重輯本，收入《四庫全書存目叢書》。
【3】鈞，底本作「約」，逕改。
【4】底本作「餘丈」，當係「丈餘」互乙，逕改。
【5】德中，字天駿，蔣叔南次子。以字行。早年就讀於溫州藝文中學，主持學生會。嗣後入上海美術專科學校中國畫系就讀，民國十九年一月畢業。在溫州景賢中學執教期間，與謝印心合作浙江潮歌曲。三十一年二月至七月，任樂清縣立簡易師範學校國文教員。終因吸食鴉片而生活潦倒。後棄教從戎，病歿福建浦城軍次。編有《佟家山兩兄弟》等劇本。善吟詠。

武夷山遊記

丁巳臘月，余游方城山，羊角洞中諸道人盛言武夷山之勝，心甚羨之。歸家未旬日，黃君仲荃自泰寧以《武夷山志》見貽，並附以詩題余之《天台遊記》，有句云，「欲挈峯頭觀日客，來為溪上訪雲翁」，而武夷之行因以決定。道人童理貫、趙理苗與余偕，戊午二月七日共宿雁蕩之北斗洞，八日起行，九日至樂清，十日早晨抵永嘉城。

永嘉為余舊遊之地，一別容易，將近十年。飯後詣籀園謁孫仲容先生祠；[1]至中學校訪劉次饒先生；[2]過師範學校，昔日朋舊星散風流，崔君滌泉招飲於福聚園，同席者皆中、師兩校同事，余行色匆匆，未能久留焉。

武夷山位於福建崇安縣之南鄉，自永嘉前往，有取道平陽、福鼎以達建寧者，水陸並行，紆道甚遠，由福州北上皆係水道，亦極艱難；由處州、龍泉經浦城、崇安，共計水陸千三百餘里，陸行雖較困難，尚按日可達，遂託吳君益生為余雇龍泉舟，[3]益生曾居龍泉，頗悉龍泉來往情形。旋得一船，斷定船夫三人，船價洋十五元，舟中餐飯每客洋三分，飯菜自備。十一日午後三時，在永嘉西門外乘潮上駛，夜半泊溫溪，已行九十里矣。

十二日。早八時由溫溪開行，天氣乍晴乍雨，沿途風物彷彿剡溪，午刻行三十里抵青田縣。青田為木商聚會之處，交易頗盛，西門一帶木排密佈，惟較之昔時已十減六七。民國元年處屬大水，山洪暴發，青田居處屬十縣之下游，適當其衝，被害最烈，房屋生命損失無算。余登其西城，城區一帶觸目荒涼，猶可想見洪水泛濫情形。蓋青田西城，城依溪築，民踞城居，非城也，實壩也。西門城口一碑側欹題曰「明誠意伯劉文成公之故里」，人傑地靈，其信然哉！

縱覽移時，匆匆返船即行，天大雨，伏處蓬下，甚為沉悶。余且述余船中之生活焉。自永嘉往處屬之船，統稱之曰溪船，船之大小均相類，極重，約能載五六千斤，船身之長三丈餘，船腹寬約五尺，前後皆斂，厥形如梭，分三艙，中艙之寬可容六人，余輩三人安鋪於其中，並置雜物，已無隙地；前後兩艙為船夫使船之處，後艙置爐造飯，艙之橫度適各於一人之長臥時，伸首則縮足，伸足則碍首，盤坐較舒展，余未慣席地之風，斷不能為此長時間之打坐，偶一起立，而船蓬之高僅能及肩，跼天蹐地，此之謂也。出篋中所攜《莊子》及《武夷山志》讀之，頓覺心神怡曠。行四十里，夜泊園寮。雨猶未止，路極濘滑，船夫言連日大雨，昨晚看裏山雲勢，明晨恐有大水淹至，則逆水上行甚為難事，蓋沿溪多山，天雨水漲，天氣之變在頃刻間耳，況春日又為雨期乎？半夜展轉，蓬背滴瀝聲猶未止。

十三日天明，西風撲人，天已放晴，溪水驟漲，視昨宵高五六尺，流速倍增，奔湍急馳，船夫視之，咨嗟太息。六時四十分，飯畢開行，逆水反風行一小時，僅達三里，風日清朗，欹蓬縱眺，萬山蒼翠，列隊迎人，且時助船夫持篙打槳，雖前進甚緩，愉快之度，視昨日之枯坐奚啻天淵。九時，西風更緊，舟行甚難，而下水之船聯帆下駛，其疾如飛，以余視彼，順逆絕對相反，不禁起豔羨之心。天下事處順易，處逆難，持之以忍，自視泰然，則逆境之過去亦甚速。李謫仙云「四望青天解人悶」，余亦惟望天解悶耳。十一時抵高沈村。村前一灘甚急，兩船夫下水前後推挽，余偕其一持篙相助，過灘已見石門洞之山。余聞石門洞已近，精神陡振，並勸激船夫努力前上。將及門口，水流甚急，一岩突出，衝激成湍，洄為大渦，狀極危險。余命船夫登石牽纜，而船為流衝仍不得進，乃橫渡對岸，斜上約半里拼力打槳，乃進石門。門之寬可五丈餘，兩石山夾峙，高可三十丈，下滙為潭。門之右側小阜峙焉。大松十餘參天而起，穿松下西行約二十步，見左谷壁頂一瀑懸流於松梢，所謂石門瀑布也。拔足直奔其下，瀑之高約四十丈，其出口之處三折而下，與雁蕩之梅雨潭極相類，以下破壁懸垂，恰逢大雨之後，故奔騰澎湃，極轟雷滾雪之致。瀑下之潭廣可十餘畝，而瀑之下注已掩其半，潭左有洞，以水大不能涉。今日行舟雖艱難，因此而得偉觀，苦樂亦足相償。浙東三瀑，雁蕩之龍湫，天台之石梁，青田之石門並稱，以余觀之，龍湫、石梁相伯仲，石門季也。潭旁樹碑極多，或詠石門，或題瀑布，皆明以後之作，余亦無暇摩摩。劉公祠正對瀑壁，景物絕佳，老屋三楹，頹然欲圮，而老前輩大明國師劉伯溫先生亦神色黯沮，香火淒涼，余不禁為之太息。出祠折至石門寺。寺宇飄搖，住僧庸劣，詢以此間風物，茫然不知所答。寺對石門，有龍虎排闥之勢，相傳劉伯溫先生在此讀書。問船夫以劉國師，蓋無有不知之者。出寺登舟，午餐已熟，餐畢即上水。至下午四時僅行十里，乃泊海口村。上岸散步，湫隘不可涉足，埠頭岩上隱約有字數行，摩讀之，文曰「延祐元年甲寅歲十一月廿一日建築馬道，發揚人陶進六，提領幹〇人劉十一」云。【4】

十四日，晴。水勢稍退，而青天萬里，淨無纖雲，西風甚勁。行六十里，余擬趕至麗水，船夫以過於倦苦泊焉。晚餐畢，一輪明月出於東山，映入荒灘，孤舟之中景象清漠，余焚香靜坐：今夕何夕，此身何世耶？

十五日，陰。午前九時抵麗水。麗水舊為處州府治，溪山環拱，頗占形勝。余捨舟自南明門入，詣郵局投書寄家，乃登西城之萬象山，麗水城區具可眺望。短垣沃丹，踞有宮牆萬仞者，孔聖廟也；塔尖高聳，其下宇舍整飭者，耶蘇堂也。溪邊一浮圖踞於巨石之上，是即余船來處之路老虎頭山也。山腰以上有亭翼然，榜曰「植樹」，其中豎縣知事勸植樹碑，其南十餘步一木牌，標「植樹處」三字，四圍稚松十數株，長未二尺，蕪亂無章，此豈植樹之成績耶？右上為秦淮海先生祠，欲入瞻仰，不得其門。祠前為一覽亭，亭址極勝，亭新構，為樓式，材料簡劣，登其上，一舉足間即有柱折棟撓之虞。旁栝蒼公園，亦徒標一名耳。山頂為萬象寺，佛像頗莊嚴，流覽一周，匆匆下山。剃沐整容，添購雜物，以備船中食用。蓋自此西上均係山谷鄉村，所謂有錢無買處者也。十一時半開行，天雨，三十五里過九龍灘泊焉。

十六日，陰。余自夢中聞雞聲唱曉，喔喔不絕，訝詢船夫，知雞聲出於鄰旁漁舟中也。八時至碧湖，余以船中沈悶，步行數里以舒筋骨，乃束履撩衣，持傘登岸。碧湖市街長可二里，為麗水鄉間一大市集也，市旁園中植梨甚盛，殘花帶雨，憔悴憐人。西行八里抵下堡村，西有分道，北上松陽、遂昌，西行則龍泉大道也。道旁有一石牛臥於草間，製作簡陋，不知其用。十五里渡溪至大江頭，松陽、龍泉之水至此匯流，一溫溪人單姓，設肆村中，見余徘徊，招待頗殷，煮茗相享。余即於肆中待船。單君語余以天雨水漲，龍泉一路灘峻流急，恐有危險，須看察情形，稍侯數日亦無妨碍。伊自幼即以行船龍泉為業，且與余之船夫皆相識，余頗感之。四時抵三條灘。三條灘者：雷公灘，赤鼻灘，西灘。三灘相連，為上龍泉之險灘也，雷公灘高而西灘長，赤鼻灘最急，灘中大石纍纍，或伏如豕，或圓如釜，急流衝之，捲浪如雪，厥聲若雷，對面不聞語聲。余船即從石罅急流中推挽攢上，船夫水皆及腹，而大雨如注，山洪驟漲。五時至石塘泊焉。石塘為雲和縣屬之東境，居民九十餘家，亦可謂此間繁盛之區也。今日共行四十五里。雨徹夜不止，昔人謂「小樓一夜聽春雨」，余則易小樓為小舟矣。

十七日，天雨。溪水視昨夜高約三尺，流速愈急，上水之船皆停泊不行，船夫無所事事，有呼盧喝雉者，有飲酒猜拳者，有拍板狂歌者，此寂寞之灘頭，頓形熱鬧。余至村中間眺，有國民學校踞一石山之上，名曰龍亭，溪流環其後，羣山拱其前，亦佳境也。連日陰雨，此未盈方丈之船艙中水氣充溢，潮濕難受，乃燒炭於爐以驅水分，並畫象棋子局與二道人奕以消遣，舟中光陰從此容易過去。孔子曰：「不有博奕者乎，為之猶賢乎矣。」誠哉其言也。午刻天晴，風自南來，已便舟行，匆促飯畢，掛帆上駛。時有日光露於雲隙，余推蓬將艙中掃除，空氣清新，嵐翠撲人，精神一爽。四時至一灘，船底為石所觸，有水浸入，急以棉布塞之，幸得無事。旅途雇船，船夫須極強健而船身又需堅固，於此種上水之船為尤甚，所不可稍忽者也。六時泊於竹村，行三十里。竹村亦雲和屬。此間一溪流分上雲和，與雲和縣城相距十五里，雲和多產鐵，山間人以舊法掬洗，故溪流渾濁，其自龍泉來者則水甚清潔。村外二水匯流，顯分涇渭，乃移舟竹村之對岸，取水造飯。

十八日。早，山腰以上全為濃霧籠罩，其下山氣極清，知為天晴之兆，不覺欣喜。八時過三望灘，兩岸白杜鵑盛開，置之園圃中，皆佳品也。九時四十分，至緊水灘。緊水與大牛灘為上龍泉最險之灘，灘峻而狹，石多流急，每年覆舟於此者常二三十隻，船夫至此，咸有戒心。余等登岸而行，以減船重，並助船夫牽纜。過大牛時，船為流捲，水已及舷，幸船載甚輕，否則殆矣。過灘午餐，余察二灘形勢，於水乾時將流中大石鑿去，則危險立免，水漲之時不過費力較多耳。今大石纍纍，衝流湧湍，故常捲舟觸石，下水之船或視上水為危，過客地民何不注意及之也?行三十里泊於赤溪。

十九日，晴。早發赤溪。赤溪鄉俗，凡經過船隻開行之時船中人毋得發聲，否則村中人將羣起為難。此種無意識之忌諱，在我國鄉間往往見之，殊不足怪。余輩受船夫之預託，亦只得緘默片時耳。八時過惡星灘，灘亦險峻，余以天晴乃將換出衫褲洗滌清潔，曝之蓬背。過九里潭，至紅灘下，余捨船而步，三里至大石鋪，居民三家以土為牆，上覆杉木之皮而無椽瓦，此為余所初見者也。又里許過一路亭。亭側石上題有「清心泉石」四大字，書亦古樸而無款識。約行十里下船午餐，將沿途所折紅白杜鵑一大束插於船首，風致嫣然。自此西上，入龍泉縣境，兩山松杉極其繁茂。四時至落鳥灘，過灘亦頗費力。余船連日上行，均無伴侶，至此灘頭有船八隻正在用力推挽間，余船過其前，急取攝影器為各船留一影，攜歸以示家人使知行舟難也。五時二十分泊於道太村。今日行四十里，距龍泉尚五十里也。

二十日，晴。今日以欲趕到龍泉，促船夫早起。五時開行，約二十里過天壓潭。前方上水船甚多，皆來自永嘉者，詢之開行已近二十日，則余船又較捷矣。午刻抵五松口，余又捨舟步行，二時抵龍泉縣，往訪警備隊王君海青，招待甚殷。四時船到，乃將行李移置警隊中，海青引余遊覽龍泉各處。

龍泉雖屬山間而市廛頗繁盛，較麗水有過無不及，有東西二大寺頗壯麗，東大寺有鐘橋，高可六丈，可以俯瞰龍泉全縣形勢，其鐘式甚古，惜未能察其製作年代也。龍泉縣署踞北山之麓，後山環拱如堵，署前荷池廣可六畝，氣象清穆，自署前直南約五百步抵東大橋，橋之長可三百步，為十二洞，其上建屋七十二間，亦巨製也。

龍泉以刀劍名於我國，現在製法已不甚精。離大橋南可四里，有劍池湖，深廣不過三四尺，一水泓然，每年端陽節打劍之家均至該處取水，以淬劍胚，則劍自快利，不知其中含何質也。

龍泉市街頗繁盛且清潔，出口之物以杉木、筍乾、窰器、冬菇為大宗，市中營業最盛者則為布商。

廿一日，晴。在龍泉雇一挑夫，去八都計程六十里，每斤計錢九分，本地人雇之或六七文一斤已可，此則我輩過客應分之損失也。七時三十分由龍泉西行，過西大橋，橋亦甚巨，不過較東大橋為稍減耳。十五里至牛頭嶺，更十里上石嶺。嶺之上下可十五里，兩山皆竹林，無一雜木。下嶺抵元坑及沈渠，在沈渠午餐。再西至埠頭，過溪橋西行，經沙溪越坪山嶺高浦村而抵八都，已五時三十分矣。

八都為龍泉西鄉一大鎮，有警察分所在焉。余詣警察所，警長為余安置住宿，雇定挑夫，並找一熟悉武夷路徑之人，詳為詢問，知去崇安須過浦城，否則小路僻徑，多山難行，且恐不妥，不若走浦城以達崇安，較為方便。所雇挑夫至浦城計程一百三十里，每斤計工錢十九文。

廿二日，天陰。六時半自八都北行，過新村橋，十里至大坦村，又十里至木岱口，過五都垟，更十里至五都劉村午膳。出村西上一嶺，可達松溪北行，登嶺為慶元縣境，過鍾村排頭，自排頭行約五里，路旁岩上有摩崖「福建省界」四字，自此百餘步抵花橋村，即浦城縣屬之東鄉，經園邊村，抵仙垟已四時三十分。今日天氣陰爽，行道甚快，自鍾村以西雖屬大路，皆沿山崖之鳥道也。下午亦行三十里，遂宿仙垟客店。

念三日，天陰。以欲趕到浦城，故起程特早。五時二十分拔足西發，過五里亭山路下雙美橋、管莊、桑園諸村，約五十里達富嶺街，午餐。又十五里至募嶺頭路，遇一浦城人王姓，詢余所往。余告以武夷，王君即言自浦城至崇安山嶺極多，雇担頗不易，且值清明節，又春耕在邇，有此諸端，更為費事。王君業藥材，常在崇安來往者。正走之間遇一富嶺人，係王君相識，王君即囑其為余送行李至崇安，每斤價二十文，宿食之費由余津給；今夜從余至浦城住宿，明日遂行。挑夫找定，余心甚安。王君又言，今日浦城為迎賽城隍之期，四年一次，最為熱鬧，沿途所遇婦女老幼極多，皆看會歸來之人，我輩若早到，恐不能入城。又十五里至浦城城中，今日家家客滿，王君邀余去其家，余以萍水相逢不便叨擾，辭之。舉頭見一市招，曰義興館，旁書安寓客商條，即投止焉。一進其門，內容之齷齪乃為余思想所不到者，然天色不早，欲宿無門，只好安住一宵，橫豎是明早即行者，奚暇選擇耶？然此客寓之內容，我一宿之後，深入腦筋不能再忘，畧記之亦可知內地旅行之狀況焉。浦城市街之湫隘為余平生所初見，屋簷相去不能二尺，又皆上遮木板，空氣全無，余無以名之，名之曰「陽間地獄」。余等所宿之客房，直一模範獄室也。房內塵帶之長，無可比倫，四壁板縫，皆可穿指。壁上有一特別裝式品，即中國外科用過揭下之膏藥，大小纍纍，不下數百，其中不知裹有殘膿賸血若干。一念及輒令人作三日嘔。房內有床鋪三，其床上所置之所謂被鋪者，破絮一團，席片數張，與稻草一堆耳。三床之中置一大便桶，以供諸客排泄之用，已滿其沿，溺及於地，余急揮令搬去各物，存鋪一付為挑夫臥用。所幸此館主人尚迷信佛教，對於道人頗敬仰之，一一遵辦，並焚香一束來以驅穢。佈置既妥，草草進膳，余亦倦極思睡，而其女主人終以今日客多，以三付床僅客五人，意猶未饜，而來客之欲染指於我房內者，亦鼓門大嘩，余雖不甚通其語，而詞意之間尚能會到，命挑夫起來，用力將門抵住，擾擾數分鐘，始得無事。而余之間壁左右，頃刻之間，牌聲拳聲小兒哭聲轟然雜作，余之床頭正與其豕圈接近，豕又作聲唔唔然，余閉目止息，堅持一念諸象皆空，此身非我者，然終不能睡。展轉久之，乃身在家中，明牕四啟，靜對南山，案上圖書滿堆，叢蘭盛開，薰風飄拂，香韻倍佳，余正倚於搖椅之上，左對愛妻，右弄嬌子，家室團圞，其樂無極，頓憶跋涉千里來此地獄中過長夜，豈非自討苦吃耶？太息之間乃是南柯夢醒，天已大明，而此館主起床之後餵雞豢豕，備極忙碌，並不為吾輩遄征之人稍為着想。早膳既畢，已過七時。王君復來視余，余亟謝之，匆匆登程西去。

念四日，陰。今日為清明佳節。天有欲雨之勢，旋又放晴而融暖特甚。八時出浦城德星門，為上西鄉大道，直通崇安者也。余以昨宵失睡，步履如恒而精神甚倦。過八里亭、叢樹岡、綿山嶺、水圖村、新嶺、翥嶺，浦人稱之曰珠嶺。約六十里宿於西鄉街之北岸悅來店中，視浦城清潔多多矣。下午天熱，汗出如漿，衣褲皆濕，即在店中洗換。夜大雷電以雨。

念五日，天大雨。以阻雨不得行道，休息於客店中。途中所見，拉雜記之如下：

自龍泉至此數百里間，飯皆以桶炊，菜皆以爐熱，雖四五月亦然，且喜食辣椒。龍泉通用湖北、江南、福建、廣東數省銀角，至閩界則僅用閩、廣銀元，用日本洋、墨洋，中國新造之袁總統幣，亦有數店家可以商量，餘則一概謝絕，元銀呼曰花邊，銅元呼曰片子，鄉村之間則喜製錢而不喜片子，每片易錢八文，客店中每餐計八片子或七片子，担夫特減讓僅六片子已足，以其可以招徠客商。龍泉之語係開口發聲而尾音拖長，余操麗水語尚有相似之處，至浦城則雜閩音，相去甚遠，然浦城之人並非能通閩語者，此閩語指福州語言。浦城西行，多廣信、撫州人來往，語言亦畧變，土語極難懂，普通話亦有能回答者。

西鄉街居民千餘家，為浦城西鄉最大村莊，往崇安者可不過西鄉街，其溪北曰嶴前街，則通崇安之大道也。客店十餘家，西鄉街中客店僅一家，為廣豐人所開設者。

自浦城至崇安縣之路，或曰一百六十里，或曰二百里，或曰一百四十里，並無一定。蓋一百六十里較為確當，惟此一百六十里中，一百里係高山峻嶺，所謂大路者僅六十里耳，其通過之費力，不如行二百里也。

此間居民皆淳樸，盜匪絕蹤，[5]是則旅客之大幸也。

沿途涼亭極多，惟無茶亭，山家居戶可向之乞飲，皆不拒，亦有甚客氣者，特煑茗享客，與以片子，亦不受焉。近浦城之涼亭中有賣茶者，每碗取價一片子，開水可隨意加沖。

沿途所賣點心皆甚粗糲，余於三餐之外惟行路口渴時，稍進茶或涼水，故未注意及之。然自浦城至崇安，不能忍飢者，斷不可不帶乾點，登嶺甚高，飯店未至，飢腸展轉，足力消沉，我輩徒手行道，自無此困，挑夫每有此劫，彼為我搬運行李，彼不能進，我亦難前，應顧慮及之也。

客店主人呼之曰老板，余曾稱之曰店家及主人家，皆不應，且似不願聽聞者。途中遇人或向問路，則視其行動而係之以朋友，如遇挑担者，則呼之曰「挑担朋友」，遇種田者，則呼之曰「種田朋友」，餘以類推。

處州諺云：「一灘高一尺，龍泉已與天隔壁。」余意閩浙之交係仙霞嶺脈綿亘，故有建瓴之勢，不圖西行過浦城後，仍是步步上升也。

悅來店中寓一撫州人，徐姓，係信耶教而行醫者，自云走遍福建省，未有如崇安鄉間道路之崎嶇者，崇諺云「十里九嶺」，非虛言也。

午刻天已放晴，飯畢，束裝即行。過下塹村，上賣肉嶺，亦曰龍興嶺，及其半，雨至，急下嶺。余睹四山雲勢，催挑夫健步，而大雨已傾盆下降，止於路亭，俟雨稍稀，即投羊溪尾村中，水已沒踝，遂宿焉。

廿六日，天雨。五時半起床，決定冒雨前行，余之麻屨已敝，乃易一新者，揭起褲筒高至於膝，並將布襪除去，以免雨濕受漬。六時起行，五里至溪周村，雨點極大，自羊溪尾至黎口村，計程四十五里，僅過一羊嶺耳，亦渾稱曰大嶺。余所攜日本陸地測量部製之圖較為精密，載一隘嶺坑，余味此間土音，則「隘」「羊」實相通也。溪周在隘嶺之谷底山腰以上皆為霧籠，谿澗水聲甚厲，而氣象陰黑。二十丈以外目力即為濛氣所阻，余等振起精神，以與此大嶺大雨奮鬥，更二三里嶺漸逼仄，而兩旁叢棘時輒伸枝撩人，如此十五里而達嶺頂，有破屋二椽，即飯舖也。詢以有飯否，云因雨未備。余以時僅十時且天雨頓止，東風甚涼，急向前行，又五里達雙亭午餐。急下嶺，已入崇安縣境，厥土赤壤，沿山皆茶圃，行十五里將達黎口，雨又大至，乃止於路亭。此間一道北上可達廣信，余等乃南走，時已三時，宿於黎口。

廿七日，早天陰。五時發，於黎口出村南行，過一溪橋，五里抵南里村，又五里抵俊水橋，上黃岡嶺，下嶺皆係沙礫小徑，碍足難行，五里經吳屯村南度溪。天雨，上東嶺，嶺之高可二千步，嶺頂延袤亦約三里，下嶺雨漸增。大約又五里，尚無村居，余等所攜乾點分食既盡，腹飢欲飯，更前五里而至嶺頭，居民三兩，詢以飯，曰無有，旋煞費唇舌，始以七片子購冷飯兩碗，與挑夫止飢。余等仍忍飢冒雨，匆匆前走，山迴溪轉，行路甚多，大雨淋漓，衣裳盡濕，餓火中燒，腸胃倒置，亦惟急步前行，冀可解此小刦。二時四十分始抵丁八崙，有屋兩間，翼然道旁，行道者羣止於門首避雨，見余過，一人呼曰天雨太大，此處有飯店，可以息矣。余聞飯店大悅，挨身進門即索飯，飯已冰冷，菜又惡臭，而食之甚甘，連進三碗，雨勢仍有加無已。至三時餘，尚未稍減，遂止宿焉。

廿八日，雨。昨宵大雨徹夜，雷電交作，舍房瓦片甚稀，衣被皆濕，迄猶未已，處此半是人家半是豕溷之客店，甚為不安。至九時雨稍稀，冒雨向崇安進發，一時抵其南門午餐。更向南行，即見武夷山脈起伏雲際。三時至赤石街，天又下雨，遂止焉。赤石街在武夷之東，每年茶業極盛，而市街湫隘，至此有一大困難之事，即墨銀至此一概不用是也。日本洋最為通行，余之客途窘迫，實亦無可如何，而中國幣制之蕪雜，真欲為之失聲痛哭矣。檢點行囊，僅存福建銀角數十枚，餘將變為廢物，而語言不通，人地生疎，且到山間再作計較耳。

崇安山城斗大，以茶業之故，而淫風甚熾，其客店之前皆有塗脂抹粉者五六人聚集，其將以此為市招也歟？

自浦城至崇安一帶，[6]賭風極盛，而此種賭徒偏聚會於所謂客店者，呼盧喝雉，終宵不止。行路過此，真是呼冤不得。余經崇安縣署前，賭者尚三五成羣也。

此間之酒尚不如水之清味，然飯店之中，此不如水之酒尚難購得，詢其何以不買酒，則曰捐稅甚重，言談之下，一種畏官之狀撲人眉宇。

廿九日。早起天陰。六時自赤石街西行，度一溪，不二三里即入武夷山矣。過雞母林、福龍岩，經牛欄坑，兩旁大石夾起，中為狹谷，植茶最盛，無寸土之遺棄也。過一嶺坳即抵天心峯。天心峯雖屬山北，實踞武夷之中，可以四通各處，便於展覽。乃止於永樂禪寺，俗呼之為天心岩，禪房幽淨，棲止得所，而遊山自此起點。遣挑夫回浦城，余以其誠樸，倍給其值焉。

十一時午飯畢，出寺東南行，二里至杜轄寨之巔，可以遠眺，幔亭峯雄峙於南，新建之神通岩倚於下。崇安城市隱現於北，三仰碧霄，高踞於西，而全山之岡巒起伏，亦約畧覽其大概。奔走二十餘日，得此一覽，心神一曠。東南下，自叢莽中入，一岩凸出，其下可容人，曰太子洞，其東南曰會仙洞，以余雁蕩眼光觀之，此種石罅實不能稱之為洞也。北折過岡，石谷中凹，寬約十餘丈，高亦如之，修可四五倍，中間石向內覆，為杜葛岩之中心，亦曰景陽洞天，亦稱恬養庵，幽而且曠，今皆陵為茶廠矣。自此北折，越土岡三重，過師陀岩、火燄峯，峯北丹崖亘約百丈，高可四十丈，名丹霞嶂。沿嶂東行，嶂將盡處，俯其頂，歛其腰，一飛泉自頂下灑，即水簾洞也。水簾之下為浴龍井，亦曰潛龍潭，武夷山岡巒重疊，時起時伏，其後方無大山脈，故飛泉不多，水簾洞之水量以連朝大雨之後，尚不及石門洞十分之一焉。嶂壁內凹，下為三教堂，亦毀壞矣。堂之簷前水簾覆之，若映日光，當得一奇觀。水簾側視變態亦甚有致。三教堂之側壁摩崖甚多，皆湮滅不可讀。明嘉靖時崇安縣宰胡文翰題一聯云：「今古晴簷終日雨；春秋花月一簾珠。」可謂善寫水簾洞矣。自洞折回至谷底，下有大石穹窿如門，其上有摩崖曰「漱流枕石」，下款「石川」。自此西行經火燄峯之北，左壁懸崖中架屋甚多，其西面壁壘尚存，可自壁上縋而下降，昔年避亂者之所居也。峯之西為鷹嘴峯，頗挺拔。更里許修竹蔽日，古木撐天，其下流泉屈曲，名清涼峽，中有禪房曰慧苑岩，其南一峯突起，曰天柱，又曰玉柱。慧苑本係僧居，產茶極富，今則僧已反俗入耶教，以為護符，亦因爭茶產而出。此驅魚驅雀，名山之玷，獺鸇之罪也。時天又下雨，在慧苑岩久坐。其正殿前望三仰峯，有夾道可通星村街，余等出岩度澗，登玉柱峯之下，左折至鷹嘴峯之南，以路阻不通折回碌金岩之側，過一谷甚長，名曰龜坑，回天心已下午三時矣。

天心又名山心，永樂庵現總稱之曰天心，居僧二十餘，亦迭經興廢，倚天心峯之下，峯高可二十丈，右有象鼻峯，亦形似，眼界雖不甚寬而極幽穆，羅漢堂、大徹堂皆備，頗具禪林規範焉。據寺僧言，武夷全山僧道皆極衰敗，大概為地方之所謂士紳者侵奪以去，下焉者飽入私囊，上焉者劃作公款，強者則任意霸佔，黠者則設法誣陷；訴之公理，公理茫茫；訴之法律，法律沉沉。武夷雖屬名山，而香火有限，全年山上皆仰給於峯頭谷底之茶林，茶為人有，生計頓絕，山間不可復居，而其零落遂出人意表。武夷宮馬頭岩之凝雲菴、文公書院，昔極盛，今皆夷為茶廠，惟天心近尚保守，而侵佔之事尚時有所聞，僧徒之居此者，為口腹計尚慮不給，其他何能振作？一二思想明通者，受此橫逆之來，亦誰肯鬱鬱居此耶？聞言之下，不禁為之三歎息焉。余非敢謂名山水為僧道專有之物也，人生終年，役役名利，有幾個人能經營山間事業？對於不肖僧道，去其害馬，受益已多。統武夷之院宇宮殿而為茶廠，未免太煞風景，余願此間人士一商榷之。茶廠者，山間收茶之所。茶時為茶工製茶之處，平時則以一工人看守器物房舍，其內容與余沿路所經之客店相彷彿，而茶廠並無留客之任務。或曰武夷以產茶，名利之所在，人必趨之。象有齒以焚其身，可為武夷寫照，則余又何說焉？

三月初一日，天陰。天心住有客，為浦城達君獻南、黃君仰宗，亦為遊山來者，乃結為遊伴，寺僧知白、清遠兩和尚為導，合余及二道人共得八人，以六時三十分出寺北行，越嶺西折過天井坑。坑之長約二里，一水西流，疑無去路，其中岩石忽斷，闢一門，寬可六七尺，高可八丈，盤屈北走，即流香澗之上源也，谷壁題「流香澗」三字，其東北一峯高可三十丈，上豐下銳，名飛來峯，其北即玉柱峯。乃自此折回，西上約二里而至竹窩，亦無僧居，更上則山徑愈窄，天晴之時可謂之徑，若在天雨是直一流水之坑耳。自此上昇，足底與山徑皆成四十度以上之角度，約三里登至大仰峯之下，此間之峯又名三仰，形如馬鞍，最高曰大仰，稍低者曰中仰，其下曰小仰，亦曰一仰二仰三仰，為武夷之最高處也。大仰之頂曰三賢臺，大仰之下岩石內凹，其下有棋盤石，實則此石斜而不整，凹而不平，廣不過七尺，上刊一象棋盤，人工斧鑿為之，乃相傳為仙人下棋之處，荒唐太甚。在大仰遠眺武夷全山之峯，如羣騎自西北向東南方衝鋒而去，其可指數者共計一百餘騎，大王峯則一馬當前，稱陣前健卒，三仰峯其指揮官也。南折皆從茅棘中行，約里許一石壁上斜，鑿石而升三十餘步，石忽下陷，架木為橋，以達洞口，而通來往。此橋已被火焚，僅存二木，大不及拱，其上下之半面岩水下淋，苔生滑足，橋下之高不及五丈，雖不甚險而厥狀殊危，知白先行，余隨進，理妙繼之，餘人則皆止於橋頭焉。度橋為碧霄洞，洞踞小仰之半壁，洞之高可六丈餘，寬亦如之，其門北向，內惟佛像六七，亦極零落，壁上有摩崖曰「武夷最高處」，字大二尺，為萬曆丁酉夏東莞林培書，其旁有小字數行，已沒滅矣。洞中舊有白玉蟾煉丹井，杳不知其處。佛座上有磁杯二，頗潔淨，余攜出洞外以之取水止渴，置之壁穴中。乃沿南岡而下，茅長沒人，余等以巾護手，以手捧頭，攢行而前，約里許始得小徑，已在鍾模岩、並蓮峯、天壺峯之旁，自此東下抵桃源洞。桃源為武夷勝處，今亦一茶廠，門牕板壁洞然無存。時已十一時，乃在茶廠中炊飯充飢。此茶廠原為陷石堂址，其前平疇可十餘畝，後倚天壺峯，前對倉屏峯，峯之下有石聳起，形三角而尖削，中題一「壽」字，名曰金磚石，其下為金磚泉，洞口大石六七堆，疊如門，人從石罅攢出，石上摩崖曰「問津」，曰「問津處」，曰「桃源」。我輩自內出外，遂不覺桃源奧曠之概耳。

出桃源，六曲之上城高、下城高即當面矗立，沿溪東折，五曲之仙掌、接筍諸峯亦奔集眼前。武夷七曲以上並無風景，朱子詩云：「八曲風烟勢欲開，鼓樓岩下水瀠洄。莫言此地無佳景，自是遊人不上來。」余等遵溪東下，即對仙掌峯而來，峯高可八十丈，兩旁斜削亘可百丈，其面如屋脊之瓦楞，時起凹凸，故土人亦稱為「仙人掛布」云。仙掌之麓有摩崖曰「壁立萬仞」，曰「仰之彌高」，皆萬曆時人書。其南一石高踞，名伏虎岩，題記甚多，絕少佳作。而「伏虎」二字尚有筆力。自伏虎岩東上，累石為門，穹窿倚險，入門則為茶洞，亦曰玉華洞，以其東有玉華峯也。更進為留雲書屋址，其南上可登接筍峯，峯之高與仙掌齊，而險怪特甚。其下有木梯可以上升，梯盡處沿崖鑿級，斜倚凌空，其上有摩崖曰「梯雲」，字大可三尺餘，西南折則稱雞胸，其下多朽木零落，崖間皆是朽欄壞梯之下墜者。余覩此心動，因折回焉。其頂上破屋一間，瓦片已無，無他風景，亦何必冒此險耶？返留雲書屋址北望，見天遊峯之瀑布自仙掌之東岡下垂，瀑之長度不過五六丈，三折而下墜於石上，且甚細弱，亦名雪花泉，不足觀也。瀑布之下為清隱岩，岩下為淡泉，為金砂泉，為仙浴塘，皆一水之流通也。自此折回，見茶洞之門上題有「崢嶸深鎖」四字，為董天工書。出門南折，岩壁凹處為下雲窩址，壁間「水雲寮」三字，為游九言書；「雲窩」二大字，為陳省書。其下書「棲雲閣」，更左石上刊「生雲」二字，更東走一巨石斜倚嶺上，曰雲路石，石上鐫「重洗山顏」四字，題者姓氏不可復識矣。自此西望岡上，三石筍相差而立者，則八曲之三教峯也。以遠鏡窺之，則中峯之凹處題有「三教峯」三字，三教之後為貓兒石，頗象形，下為人面石、香爐石、環珮岩，皆一望盡收矣。路下溪中一大石，名茶灶岩，相傳晦翁在此岩賫茗，因以得名。尋純陽祠、王文成公祠及棘隱菴，皆荊棘塞途。棲雲閣之下有朽柱數株，尚臥草際，則陳司馬祠之賸跡也。更東約百步即紫陽書院，倚於大隱屏之下，即接筍峯之南，高可六十餘丈，峯首稍削，竹木蒼翠，其下豐垂。而玉華峯稍亞之，雖無雁蕩錦屏峯之秀聳，於六六峯中亦魁選也。祠門牓曰「大宋道德之宗」，前對晚照峯、更衣臺、天柱峯，頗占形勢，登其堂，臭腐不堪，中祀朱子，而以蔡元定、真德秀、劉爚、黃幹附祀，宋王遂所作《紫陽書院碑記》亦殘破不可卒讀矣。文公書院自淳祐以來皆有膏火，[7]以待山長教生徒。清康熙時賜額曰「學達性天」，規制益加宏廠，每年有白米百石，以為修理祀奉之需。今為崇安一朱姓所把持。此巨大之勝蹟，亦與茶廠等觀矣。明萬曆之時陳幼溪結廬雲窩，時書院頹壞，一士人題詩於壁云：「紫陽書院對清波，破壁殘磚半女蘿。頗愛隔鄰亭榭好，畫欄朱栱是雲窩。」幼溪見而笑曰：「是其啟我乎？」即解橐鳩工，輪奐一新，今外觀尚燿而內容若是，安得重來題詩人耶？出院東行里許，一峯高可十餘丈，壁題一聯云：「百折磯頭幾濯足；千尋峯頂一嘯歌。」下款「明天啟甲子冬月，林汝景奉旨○田過此」，則為題詩岩也，已入四曲矣。岩之對面溪旁，破屋數椽，其前植茶亦蕪雜無章，所謂御茶園也。余等至此欲尋小九曲之勝而不可得，正徘徊間，余見一徑通石罅而出，至於溪畔，過此前登，則抵試劍石矣。左折見石壁題有「小九曲」三字，相傳為朱子手書。此外摩崖甚多，不可勝記。壁頂有正書曰「此大塊示我以文章耳」，下款「甲申首夏越峯蔣晨遊山甜此偶筆」，僅書甲子而無紀年，大概明之叔世傷心人也。

東上至小桃源，都為瓦礫矣。再前約四百步達大藏峯。峯之高可五十丈，寬約七十丈，其下為臥龍潭，水色蔚碧，峯壁有二洞相去二三丈許，內藏木板頗多，此武夷之架壑船，山中人稱之沉香板，謂為仙人藏置之所。余以遠鏡窺測，則此破板確為壞船，古代大水之時有船偶然飄入其中，今則桑田滄海，故溪流與洞相去幾二十丈。此洞西向又極亢燥，貯物其中，即極多年自不損壞，而況木質，自能歷久無恙。舊昔相傳虹橋板之奇異，皆妄託仙靈耳。大藏之頂，大石隆起，曰仙機石。至此前方無路乃折回。至文公書院雇一筏，余與達君乘之，欲一探響聲岩之朱子同遊題名。而水流甚大，不得前進。達君棄筏登岸，余意獨往，至其旁細察水勢，亦難靠近，乃在筏中以遠鏡窺之，見「六曲」二大字旁有四行，行七字，書曰：「六曲蒼屏遶碧灣，茆茨終日掩柴關。客來倚櫂岩花落，猿鳥不驚春意閒。」則朱子詩也。其他不可得見矣。時已下午二時三十分，乃沿仙掌峯麓北登天遊，里許而至天遊門，更二里而至半山亭，再二里自天遊壟南行，沿胡麻澗而達天遊道院，亦曰希微道院。院踞天遊峯之頂，其前為一覽臺，折筍、玉華障於前，大王、大藏拱於左，三教、天壺揖於右，而九曲溪縈洄足底，氣象開朗，是則武夷之明堂也。院中僅數道人居之，住持曰龍元亮，蜀產也，茗談移時，匆匆即行，約以俟日再來。乃北趨天遊壟，過悟源澗，約五里達馬頭岩之凝雲道院，現已充為崇安育嬰堂產。入其門，一老嫗依灶而炊，三五傭工呆目相向，馬頭岩突起於院後，厥形甚肖，高可二十丈，中空通天，極似馬頸之穹起也。過馬頭岩則為磊石，四大石高齊馬頭，並肩而立，其門牓曰「磊石精舍」，老僧寶全年已七十，頹唐特甚，其門前之茶圃皆一手開成者，今亦為他人所有。北過簑衣嶺，一岩隆起，有紋斜裂曰「三瓜岩」，東望天心岩，近在咫尺，抵寺門已向暮矣。

龍元亮曰：「武夷自王子騫仙去後，遂為道家修養之所。然昔為名山，今成廢地，沖佑觀、凝雲菴皆為茶廠矣。全山之道人統計不過六人，其餘往來者可得約二十人，天游尚有氣象，天心亦算是興旺，居僧二十餘人，碩果僅存者也。此外，遊客所到，非坐無椅，即飲無茶，其他則又何說焉？」余味其言，終夜展轉，書一律於永樂寺壁，以志所感：

我是閒人未放閒，芒鞋竹杖出鄉關。已經跋涉千餘里，來看武夷九曲山。如此名區天不管，最憐大地石都頑。新愁舊恨難收拾，付與蒼蒼莽莽間。【8】

初二日，天雨。早飯畢，雨稍止，出天心，過磊石岩，越岡東南行，約八里而抵三姑石之西。三石並立，高大不過二三丈，知白、清遠和尚云自山東溪上望之，極其高聳。擬上換骨岩，以雨故乃由幔亭與鐵板嶂之谷間曲屈南行，里許大王峯已與幔亭峯相離，露其後面之峭壁，過一茅林，衣褲皆濕。至此有二岔道，西行可登鐵板嶂，東行可上大王峯。鐵板嶂上無可觀，住一道者，常閉門不在。乃向東岡行，至紫雲洞之背，洞已沒於蓬蒿間，視天台之紫雲洞，相去甚遠也。登仙岩在其東，狀如鷹嘴，作勢欲動，其上即大王峯，峯壁近登仙岩處稍凹，即昇真洞。大王峯形似紗帽，亦曰紗帽岩，其上緣樹木蒼翠，下緣構屋極多，殊有神仙樓閣之觀，現為崇安人朱、萬、藍三姓所據，以之藏置貴重，其僕役奉主人命，無論何等遊客，不能再上矣。大好名山襲為私物，天下事之至不平也。時已雲收雨散，在峯下以遠鏡瞭望，亦過屠門而大嚼耳。余等立足之處，視大王峯高不過七十丈，四壁豐隆，兀然雲表，西望鐵板嶂之凹處，云漢張垓仙蛻所在，今亦洞然無物。下嶺過止止庵，渡溪而南至大小觀音石之下，其稍高聳者為獅子峯，西為鏡臺峯；峯之西亭亭秀麗立於水畔，高可六七十丈者，為玉女峯；峯南一峯，上束下豐，色黑形圓者，為兜鍪峯。沿溪上溯有徑，西南折約三里餘而至虎嘯岩。岩高可七十餘丈，亘亦如之。中束為厂形，其壁間「虎溪靈洞」四字，為關中王梓書。余等急欲訪一線天，同行者皆不知其處，在止止庵詢之道人，云在小九曲之對面。閱《山志》未詳方位，無從別其處所，折回過鏡臺峯下，峯壁有「鏡臺」摩崖，字大丈餘，為嘉靖庚戌季冬華容謝上箴書。自此西上及嶺，嶺之左側石上有摩崖曰「曲徑通玄」，曰「天台穩步」。自此望玉女峯，壁穴中橫有二木，甚長大，察其水平之高度與大藏之架壑船等，亦是大水時飄入者也。及嶺頂路亭，稍憩。余以此間並無行人可以詢問，匆匆亂走，焉能得達？《志》載一綫天在倉基嶺之西，余等誤土地嶺為倉基嶺，乃西上，至此余止眾，獨自前行，至御茶園之茶廠中，有工人羣聚，詢一線天，僅一人知之，云去一綫天須經虎嘯岩。問倉基嶺，則在御茶園之南面。余許給以小洋兩枚，彼願為余等導。余乃大快。御茶園後有井，曰通仙，亦甚平平。出御茶園，茶工指余小藏峯之半壁穴中二木橫竪相倚，云仙牛欄，為之一笑。越嶺南折至虎嘯，二里許深入谷底，地名曰桃花，僅一茶廠在焉。自此東轉經老虎岩下，又向西南行，曲徑仄狹，且兼泥淖，又約三里許度一土岡，至岡之脊上瞥見南崖岩石突起，高可三十丈，厥狀穹窿，形如城闕，壁間書「伏虎洞」三字，知一線天在邇矣。而導者度岡仍向西行，又四百餘步，石壁陡起，高可四十丈，寬倍過之，其下內凹即靈岩洞也。洞之西多摩崖，首為「風洞」二大字，風洞之旁為「一線天」三字，一線天之旁為「萬慮消融」四字，下款「印山贈羽士茶庵王廷書」，筆法極佳，流利古健，兼而有之。自此攀扶沿壁而過，一洞內凹，頂鐫「玄岩」二字，余即以玄岩洞呼之。洞口寬約五丈，內極穹窿，水聲潺潺，洞內甚狹長，可五十餘丈，實則兩岩相倚，構成洞形，中通一罅，寬可尺許至數寸不等，上露天光，即一線天，亦曰一字天。此石罅西出，又有洞，寬於玄岩洞口兩倍。自洞口亦可沿攀通過。岩壑之構造極奇，惜其內方陂斜太甚，不能容足耳。

出洞度澗而南至樓閣岩之下，岩甚聳拔，高視一線天過之。其下摩崖甚多，余偕達君、獻南摩讀，其一曰「宋五甲寅夏閏乙未，後山翁詠、蔡公〔亮〕、瑤田詹復同游九曲，邂逅園田詹然於大隱屏之下，相拉觀一字天之勝，然之弟炤載酒來會，引觴命酌，誦紫陽夫子神斧之章，慨然有感，援筆賦詩題名而歸。〇〇〔公亮〕書，然鐫石。」此摩崖之北壁有「天心明月」四字，係直書，甚高，字大可三尺餘，筆意極似朱子。樓閣岩下澗旁方竹叢生，惟甚弱細耳。《武夷山志》載一線天從虎嘯岩西入谷底，踰倉基嶺，方位全非伏虎洞與樓閣岩毗連，而以為靈岩、風洞、伏虎三洞毗鄰，深廣相埒，何其謬誤一至於此？此間徑極幽僻，遊蹤罕至，識途徑者亦極少，應別為山南一區，似較當也。返至岡上，回望樓閣岩與一線天，南北夾峙，相去不過三十丈，則石門岩之勝其在是矣。時下午一時許，眾先行至止止庵午炊，余偕獻南更登虎嘯洞。洞門石上刊一聯云：「門內有人二至；洞中無物一遊。」語甚費解而書法極佳，下款某某。長老洞壁有「虎嘯」及「玲瓏」摩崖，洞之南側有池甚深，廣可二丈餘，殆所謂語兒泉也。余已飢極，掬水飲之，甚甘。虎嘯舊有天成禪院，即在洞中，今亦瓦礫場耳。自此更上為上虎嘯，一僧居之。余已不能再登，下洞至晴川渡，過渡為水光石。石上摩崖累累，長篇小語，不可記數，內有「修身為本」四字，是亦雁蕩雲板洞之「敦本興讓」也。朱子一曲櫂歌亦在此間，詩曰：「一曲溪邊上釣船，幔亭風景蘸晴川。虹橋一斷無消息，萬壑千岩鎖翠烟。」字大可六寸，旁款「晦翁」。董天工《武夷志》則以「峯影」易「風景」焉。至止止庵，庵中一老道人，年六十餘，康姓，向住武夷宮二十餘年，今武夷宮已變為茶廠，故移居於此。武夷宮於光緒二十四年充入崇安文昌閣，今歸高等小學校。武夷宮產業極豐，前為一司帳者將契據盜去，以至零落。現茶山所入，年可二萬金，康道人得分潤一百元，以果口腹，而有一特殊之條件，即不准道人招待遊客。余聞道人述至此語，幾為噴飯。然道人款余意殊誠懇，康道人又言大王峯原係三姑村陸姓所管，清乾隆三十四年道人黃尚茂以銀八百兩購建玉皇閣於其上，咸豐時崇人萬培蔭之父以避太平天國之亂，向道人租住，每年計洋三元，現已二三十年不收租稅矣。飯畢已四過武夷宮，即沖佑觀，又稱萬年宮，院宇連雲而穢湫不堪，問津亭圮，漢祀壇荒，為之浩歎。北望幔亭峯，狀甚陂緩，峯腰見「幔亭」二大字，以遠鏡窺之，約畧見欵書二行，不能辨別。大王峯尚挺拔可人。沿溪北上，經蘭湯口達三姑石之東，約七里至神通岩。岩下新建一殿，舊有道人態純清廠居於此，去歲與人爭茶山，被擊傷重而斃，屍體經數月未壞，其徒神其說以為蛻化，遠近聞之皆解囊以助建築，稱為真人，所有茶山亦遂不爭而歸。其肉身所在處，闃黑不能見物。余索鑰啟門，欲觀其異，不可得，匆匆走出。上天心嶺，約五里抵天心。

初三日，陰。今日為上巳佳節，重往天遊岩。八時偕達君等出天心，由簑衣嶺下西行，入九龍窠。窠為天心永樂寺，植茶最繁之區，極品之大紅袍即產於是，谷極狹長，約三里，谷底一岩突起，高可三十餘丈，曰龍頭岩。岩半有水滲出，所謂大紅袍名茶即植於岩下，枝幹扶疎，高僅三尺餘，葉甚葱郁，正在發芽。其旁有一種，名副紅袍，此外茶類極夥。自此折而南行，下則穿谷，上則踰岡，凡五里許，達馬頭岩之背後，折而西行，約四里達天遊龕。龕側為胡麻澗。澗旁畧具靈隱冷泉風致，向澗前行，疑達谷底，不圖其已臻峯頂也。澗旁摩崖甚多，皆近人作。邗江丁文瑾集句云：【9】「曾經滄海難為水；看到武夷方是山。」其崇拜武夷，蔑以加矣。在澗旁攝二影。龍道人元亮精於烹調，宰鴨賁酒，傾飲酣樂，得一詩題於院壁。詩曰：

武夷佳勝處，雙屐幾窮搜。難得山中住，重來天上遊。羣峯齊拜手，九曲看從頭。醉酒且歌嘯，臨風散百憂。【10】

夜宿天遊，飲酒幾醉，品茗極多。天遊亦產大紅袍，香味極濃，飲後移時，齒頰生涼，胸臆間皆有餘芳。是則可異也。去年大紅袍每兩價值十六元，物稀為貴，其信然乎！

武夷產茶名聞全球，土雜砂礫，厥脈甚瘠，以其踞於深谷，日光少見，雨露較多，故茶品佳，且其種亦自有特異者。茶之品類大別為四種，曰小種，其最下者也，高不過尺餘，九曲溪畔所見皆是，亦稱之曰半岩茶，價每元一斤；曰茗種，價倍於小種；曰奇種，價又倍之，烏龍、水仙與奇種等價亦相同，計每斤四元，水仙葉大味清香，烏龍葉細色黑味濃澀；曰上奇種，則皆百年以上老樹，至此則另立名目，價值奇昂，如大紅袍，其最上品也，每年所收，天心不能滿一斤，天游亦十數兩耳。武夷各岩所產之茶，各有其特殊之品。天心岩之大紅袍、金鎖匙，天游岩之大紅袍、人參果、弔金龜、下水龜、毛猴、柳條，馬頭岩之白牡丹、石菊、鐵蘿漢、苦瓜霜，慧苑岩之品石、金雞伴鳳凰、獅舌，磊石岩之烏珠、壁石，止止庵之白雞冠，蟠龍岩之玉桂一枝香，皆極名貴。此外，有金觀音、半天搖、不知春、夜來香、拉天弔等等，名目詭異，統計全山，將達千種。採茶須過穀雨節十日後，取其肥大，採佳種須天氣晴明，先時懸牌茶樹，標其名目，採時以白紙裹茶葉，並將茶牌同時摘下包入，否則諸茶混亂，茶工非陸羽先生，安能一一分別之耶？焙製裝置亦極研究，本年之新茶非過中秋後不飲，過此則愈陳愈佳，亦紹興佳釀之遠年類也。赤石、星村兩街，一在山西，一在山東，販武夷茶者羣聚之，實則所販者真武夷茶不過十之二三，其十之七八皆來自各鄉，遠則浦城、廣豐、鉛山之茶，亦稱武夷焉。武夷之茶，性溫味濃，極其消食，盛行於廣東，而以潮州人為最嗜之，潮地卑濕，飲之最宜，潮人善賈多財，揮金不惜，而武夷岩茶遂巧立名目，駕參蓍而上之矣。

初四日，晴。早起至一覽臺，漫山皆為白雲籠罩，直如觀海，想黃山雲海之勝，不過是也。至七時日出，陽光與雲氣相激射，狀極奇幻。早飯已畢，天朗氣清，獻南、仰宗辭歸浦城，余欲探換骨岩之勝，龍道人願為余導，並出名茶大紅袍、人參果、鐵羅漢、石竹、弔金龜、觀音竹六種見贈，余以銀洋六十元償其價焉。

天遊一覽臺之旁，植觀音掌一株，大可三拱，高過八尺，掌片橫空，作拏雲之勢。據道人言，四月開花，狀似牡丹，七月結果，形如柿子，甘美異常，觀音掌結果，非百數十年以上者不能也。

武夷有鳥，名王孫，狀如鳩而文采，其頂有冠，居大王峯及大藏峯之間，鳴聲極哀慘，豈其自悲末路耶？昨夜聞一鳥聲頗奇，詢之道人，云催茶鳥，茶將及時，則此鳥鳴曰「採茶婆」；茶時將過，則此鳥鳴曰「婆婆採茶來」，過此則不得復聞。可異也，並志之。

出天遊東折過一岡，約二里至金井岩下，為橘隱澗，更東二里為貓兒岩。自遠望之，頗似。余等在其壁下行，不能睹其狀也。自此南折可達鐵板嶂之頂，玉女峯昂首於下，見及其腰，東轉即達三姑石。一小徑南北相錯，即余等前日趨一線天之道也。東行至三姑石之下，折而南趨，上升里許，仰見幔亭，北壁之頂一洞橫斜，危欄嵌空，余素聞換骨岩之奇險，自下仰望，如在天半，懸崖壁立，無徑可尋。龍道人拔足前行，攢一竹叢，余與理苗從之，理貫至此不能再登，達岩下即從岩壁攀升，細察之，梢有斧鑿痕跡，然不能容半足也。約丈許岩壁凸出，一梯懸掛，高二十級，梯盡處築石為門，門內豎柱鋪板，名梳粧樓，不識何所取義也。樓倚於岩壁，壁鑿級七十，攀扶而上，又進一石門。門內之岩甚陡，手足兼用，更上石級百餘步，岩稍陂，穿石為池，以承流泉。至此岩壁之傾度已止，相離二丈之外，凸而右折，一木橋飛架而度，長約一丈四尺，下臨無地，為狀絕險。橋之盡處即雲虛洞也。洞闊二丈餘，而頗長，斜嵌於壁，依岩鋪板，以平其陂，名之曰樓，共得十四層，外方樹欄護之。最上之一層，樹柱於岩際，橫駕而出，真是空中樓閣也。自欄俯視，身在半空，驟不見山麓。余投一小石，歷六秒鐘始達，亦可想見其高。中層一岩嵌空而起，玲瓏透剔，如經雕琢，傍於護檻，極神工鬼斧之能矣。自此北望，水簾洞即在眼底。洞內壁間並無題記，蓋遊客登此者甚罕也。《志》載洞內有紹聖、政和二碣刻，偏索不得。[三]道書稱成仙者須至武夷換骨，即在此處，俗人至此實已筋疲力盡矣。觀覽移時，相將下降，摩空凌虛，飄飄欲墜，艱險視上升時倍增，仍穿竹叢而出。南折百餘步，有牆豎於岩下，高可八丈，曰仙人牆。牆之上鑿一厂，方整，寬五六尺，名仙人床。不知當日如何上登，其果仙人坐臥處耶？龍道人至此辭歸，余等乃登幔亭，過二梯，一高二十級，一高十四級，餘徑亦險仄，視換骨岩則此為康莊大道矣。約二里許達幔亭菴。菴極潔淨軒敞，道人龔儒仙居之，童顏鶴髮，道貌巍然。道人工詩能文章，兼精琴書，居武夷二十餘年，一見如故，歷述武夷之勝，並出所作《武夷記》及詩示余。余以虎嘯洞之聯語叩之，道人曰：「『有人二至；無物一遊。』此道家法語也。」並詳述所解，拜賜多矣。出菴後登幔亭之頂，幔亭峯頂頗平衍，土脈腴美，其寬大為三十六峯之冠，自北而東，狀如半環，折之方可二里餘，而四面絕壁瑣之北部，皆茶圃，植水仙茶甚盛。東部大松百餘，濤聲謖謖，令人翛然意遠。幔亭之南去大王峯未三十丈，大王之頂高於幔亭，而三姓建屋之處則又落幔亭之下矣。幔亭菴前數十步一方池，蓄水泓然，曰七星井。在菴午膳，龔道人欲留余宿，作長夜談。余以明日須去蓮花峯，歸天心較近。二時辭歸，自幔亭之西徑而下，經盤龍岩、梧桐窠，過磊石岩之東岡，四時三十分抵天心。

初五日，晴。六時，清遠和尚導余等為武夷北部之游。六時出天心北行，經龜洞坑而西北折出流香澗，經飛來峯，玉柱峯之西玉柱，在此東望，頗秀挺。出澗即過慧苑岩，沿章堂澗西上，約三里過雲峯岩之下，上章棠嶺，六里而至下章棠岩。岩高不過十餘丈，而甚狹長，其中畧凹，一石門兀立，上牓「雲水烟霞」四字，即雲水洞也。其左側有流泉，下注頗似方城山之滴水岩。再上未里許則為上章棠岩，岩右一池方可六尺，水甚清洌，更越一岡則為茶子窠，已達三仰峯之北面。自岡頂西望，下有大道蜿蜒，則崇安縣通星村者也。東折下岡約二里抵鳳林。鳳林亦曰龍鳳岩，《武夷山志》未載，其地左右兩岩高聳，約三十餘丈，有龍鳳飛舞之致，峯環土曠，水清木茂，幽僻清華，視桃源洞為佳勝。沿壑下嶺，里餘達山麓，迴望鳳林，岩壑深鎖，松竹掩映，不能指點其所在矣。東行二里許，南山一峯高聳，可五十丈，曰蓮花岩。岩壁一洞橫木二片，而縱駕一棺於其上，棺之左方板畧朽壞，其右方之板及蓋底則均完好，製較今時所用者畧巨。清遠言此棺相傳為彭祖仙棺，武夷為彭祖二子，故彭祖停棺於此。姑妄言之，姑妄聽之。惟此壁陡立，洞之高僅容一棺而稍寬，如此笨重之物，梯升索縋俱窮於用，何以能安放其中，且似曾煞費安置手續者？天下理之所無，常有其事，蓋此類之謂矣。武夷其真仙靈窟宅歟？《武夷志》載仙蛻仙函，皆極渺茫之物，無人目覩，獨此棺巍然。岩穴平常，目力視亦分明，以遠鏡窺之，更能灼見。乃志乘闕而未詳，而昔之遊武夷者亦未道及，蓋以僻在山北，離九曲達三十餘里，向無人繞道往觀焉。過岩下而東南折，則為上蓮花峯之徑，約三里許，兩岩夾立，中通一罅，僅容一人。鑿石為二十餘級，攀而上升，一短梯懸駕壁間，長達一丈，過梯見二岩，大可六七丈，厥形渾圓而斂其足，相去二丈餘，錯立於嶺東，即蓮花峯也。更上半里達蓮花洞，洞亦似章堂岩，較為高廣，更東壁上一岩厂斜覆，長倍於蓮花，而高僅可齊人，曰拜經臺。其上升之路較為坡斜，外無護欄，視換骨岩極形似焉。蓮花洞周圍產觀音竹，掘得數株以為杖材，美品也。下嶺東行二里達太廟村，西端南有白花岩、笠盤岩，岩亦平平。更東南折登清源嶺。嶺之高亦逾二里，嶺頂松竹叢中一岩突起，高可十餘丈，梵宇倚其前，為清源菴，亦曰清源洞。昔為僧居，今亦與慧苑岩同調矣。清源向製茶餅，行銷於安南各處，味極清香，功能消食祛濕。今日為製餅之時，工人極多。日已逾午，即在清源午飯。自菴後南越一岡，東折又至一破寺，門牓曰「雲外洞天」。按此處舊稱金菊寨，道光時僧眾極盛，改稱蓮臺，其額尚存破殿中。南下里許至碧石岩，房宇甚整飭，今亦英商採辦岩茶廠也。自碧石東走出谷，約二里又越一岡，南折而至青獅岩。岩之高視虎嘯挺拔。亦稱形獅岩，以岩之南端稍亞而昂首頗類獅形。岩之北首一岩突立，下平若臺，旁通一竅，如戶牖然，惜不得其名。岩旁一古松，高可十四五丈，大逾兩抱，夭嬌霄漢間，其癭結為斑駁古茂，大者如輪，小者如盤，為余所初見者。不徒置之武夷，可稱第一松也。青獅形勢勝於虎嘯，今則同是淪落矣。下青獅岩南行二里餘，西折至水簾洞之下。連日放晴，水量僅如簷溜。眾皆極倦，乃在洞下稍憩。越天心嶺已五時矣。

武夷之遊幾遍。關於武夷雜事，條記之，如有遊山同志，其亦樂聞之歟？

武夷遊客多乘船，仗梢工半日之力，九曲已遍，其所見者武夷之大概耳。余等山間六日，踏穿三芒屨，雖遺漏無多，亦不敢謂已盡窮武夷之勝也。

《武夷山志》不足為遊山之助，而山間之熟悉風景者又極鮮少，山中之路崎嶇太甚，最易錯誤。武夷佳勝之處果多，其中洞府皆無足取，碧霄、蓮花、雲虛諸洞，極淺狹，且險仄又北向，不宜居人；昇真洞，道書稱為十六洞天，亦穹然一厂耳。

武夷道路之確犖難行，至於不可思議。鏡臺峯下有已砌之路數十丈，天遊壟之田岸亦平坦，得數百步。此外全山並無三十步以上之平路，其崎嶇之度，並非蠶叢鳥道數字可以盡其狀態，且從荊棘中攢行者，無處無之。聞者或疑吾說之過甚，此非空言可徵之實地也。

武夷寺宇皆衰敗，遊人住宿，自以天心永樂寺為宜，以其處全山之中心，山北九曲均便往返，然須自攜適口之食物，則較為方便，否則山廚過於淡薄，素食未慣者甚苦焉；天遊則偏於西南，與水簾洞、蓮花峯、青獅岩相距過遠；幔亭菴之龔道人，為不可多得之主人，菴小樓敞，亦可居二三人，然幔亭偏處全山之東部，且上下甚艱，亦非宜也。僅遊九曲者，雇一溪船，宿食其中亦可，究非遊武夷之正當辦法也。

武夷之谷盤屈狹長，形狀詭異，為他山所未見，谷內偏植名茶，他種草木不見，根株常年青葱，耐人賞玩，若岩若洞若峯，則非武夷擅美之物也。

武夷九曲清溪匯流於奇峯之下，自是絕勝。溪之灣屈折為九數，此亦天地構造之自然。《山志》劃各曲之界則近牽；割三仰峯為武夷之主而隸之七曲，一線天去星村不遠，路較平坦而屬之二曲，皆不可通者也。虹橋板為武夷最荒謬之物，幔亭、大王之間架橋以通來往，彼神仙雖閑散，亦斷不多事至此，即云橋斷之後，橋板猶存，何不存在稍似橋趾之處，而乃散插岩壑間，果有何人目覩其確為橋板耶？

武夷處崇安萬山之中，然不甚高，其最高之三仰峯高不過三百丈，大王峯矗立岩阿，高可七十丈，至於溪面亦不過百餘丈，舊《志》稱為萬丈千丈者，謬也。

武夷山中僧道及茶工，大概來自江西鉛山等處，於銀洋之流通尚不拘於日本洋之一種，較之赤石街等處，方便多多。

武夷風景可攝影者不少，余自雁蕩起程，所攜乾片無多，沿途購買不獲，極為掃興。在山攝其最著風景，計水簾洞、大王峯、玉女峯、虎嘯岩、天遊岩、文公書院、仙掌峯、火燄峯等十紙，六六峯、三三曲、九九岩雖未盡入畫圖中，亦慰情聊勝矣。

初六日，天晴。在天心岩休息，作明日下山之計。寺僧知白和尚欲從余往遊天台雁蕩，偕同理貫去赤石街雇船。下午回天心，云下水船均須待幫而行，否則予以多金亦不可得，乃擬行至建陽再下建寧船，託天心住持雇挑夫搬運行李，亦以工忙辭。交通乃如此其阻塞耶？

初七日，晴。知白在茶廠雇二工來，至建陽百里，取挑工二十四角。早五時二十分出天心岩東行，下天心嶺，十五里過渡至三姑，五里至公館，又五里至黎源嶺，又七里至石鹿寺，又十里至仙店，又五里至小孔林，又五里至黃土街，午餐。天甚暖。又二十里至楓塘，入建陽界，又十里至將口，已下午五時。夜宿將口。

初八日，晴。早發將口，自將口向東南往建陽，計程三十里，實則此三十里視四十里為較遠，一路均無民居可以乞飲，息足之涼亭亦甚少。趕程前行，十時半抵建陽城，止於南門之客店，候船南下。行裝已卸，詢知建陽知事為溫嶺趙君範卿，[12]余之同年好友也，乃走訪之，相見驚喜，遂移宿建陽公署。陳君彝甫亦在署中佐治，他鄉故知，其樂無上，況余此次入閩，言語不通，途徑不識，銀洋不用之，彷彿身落殊荒絕域耶。

初九日，晴。早五時二十分起床，散步出景舒門，至大橋。橋之長二百九十步，視龍泉之大橋較遜，且下用木構，狀近傾欹矣。建陽三面環水，山城如畫，市上行人向曉入城，頗忙碌，蓋今日為市集之期也。梵清攝有建陽全城長幅影片，持以見贈。摘錄其題記如左：

> 建陽依山為城，東南北三面皆水，水之外羣山環繞，清淑幽邃，天然圖畫。丙辰夏余捧檄來知縣事。既樂其民間事簡而多暇，則於春秋佳日，偕二三朋從步出郭門，登山涉水，臨眺俯仰，詠朱子「好峯無數寒冽一泓」之句意，翛然也輒自恨不善丹青，不能狀其風景之美。會有攝影者選勝將游武夷，過建陽，亟告之意，攝為此影。影上西而下東，左北而右南，可見者為東城門，曰景暘。山城臨水，城實岸也。由城門入者必歷級而升，城內地高與城齊，故市廛樓閣無不軒露，城茅蓬蓬，則誅而又生者。城北有山，大松陰翳，曰大潭，閩越王無諸嘗築壘其上以拒漢，用武之地也。邑人重陽登高於此，故又曰登高山，英雄割據今已矣。城東之水自武夷來者曰北溪，即潭溪；城南之水西發源於邵武界，曰西溪。兩溪匯於城東南隅，曰雙溪，建溪之上游也。城南大橋曰朝天橋，橋高過女牆，長九十餘丈，下壘石為柱二十有三，上覆屋七十二楹，翼以欄楯；複道虹飛，誠偉觀也。影為城掩，所及見者僅過半耳，橋之南則宋謝疊山先生賣卜處，今為祠祀先生。邑舊有大橋二，其一在北門，曰拱辰，雄麗與朝天埒，圮已數十年，惟橋柱矗立水面，三五尚存。民貧矣，冬月杠梁，豈易言哉？出西門緣溪五里曰考亭，為朱子講學之地，學者稱考亭先生本此。路轉峯迴，雲烟明滅，望之而未之見，其聖人之道歟？

早餐畢，出建陽西門，不一里有坊兀立道左，題曰「南閩闕里」，更里餘，道旁石上泐「賢關」二字。更約三里，山環水繞；樹陰中殿宇宏開，而考亭在望矣。考亭本五代南唐侍御史黃子稜守望先壟之所，亦曰望考亭，倚於玉枕山之麓，子稜自題望考亭詩云：「青衫木笏尚初官，未老金魚自等閒。人世幾多名將相，門前誰有此溪山？市樓曉日紅高下，客艇春波綠往還。人過小橋頻指點，全家都在畫圖間。」誦其詩可想見其風景矣。朱子之父韋齋公為尤溪尉，過其地，愛其佳勝，擬卜居未果。紹熙三年朱子克承父志，移家於此，遂終老焉。於其旁築天光雲影亭，其詩曰：「半畝方塘一鑑開，天光雲影共徘徊。問渠那得清如許，為有源頭活水來。」即詠其勝也。左方一山，延橫作守衛狀，曰玉尺山，即朱子所命名也。考亭門前石坊高聳，榜曰「考亭書院」，明嘉靖十年巡撫蔣詔書。更數十步進儀門，為集成殿，畫棟撩雲，擬於各處之聖廟。殿前壇中樹碑三五，曰景星慶雲，曰盡天見性，又一碑書朱子之「半畝方塘」絕句，字大約六寸，書法古樸，下款朱欽，碑陰刊「崇禎乙亥梁溪馬世奇」撰《考亭書院碑記》。殿之兩廡分祠朱子門人，殿之後進為啟賢祠，祀韋齋公及妣氏祝夫人焉。上為十賢樓，則祀李延平、楊龜山、司馬溫國、張橫渠、周濂溪、邵康節、程明道、伊川、羅豫章、遊廌山十先生者也。今日乃穀雨節，為朱族家祭之日，余得逢其盛，亦難得也。建陽城內外朱族僅百餘家，為朱子嫡派。[13]朱子之墓，在西鄉之九峯山下大松谷內，離建陽城尚一百七十里。

初十日，晴。早五時三十分檢束行裝，下福州船。昨夜梵清命從者以小洋三百角專雇之，直下福州者也。船新而潔淨。六時開行，天日清麗，下午五時即達建寧府。行一百二十里，泊於臨江門外。自建陽至此過灘甚多，其最著者曰漲灘、仙人、孔灘、三折灘、萬壽灘等。建溪兩岸皆平常土山，每遇一灘岩石纍纍，或起或伏，如門如牆，有堆積至半里之長者，一葉扁舟即從此石齒縫之急湍中屈曲下駛，灘愈屈愈陡，流愈急狀愈險景愈奇，舟行愈速，自永嘉至龍泉遇灘則憂，今日遇灘則眉飛色舞，鼓余之全神以注於舟以外之灘中風景，以其稍縱即逝，不可復得者也。梢工甚老練，至為快慰。

下午天氣甚熱，單衣猶汗，購一扇以驅悶焉。

建寧據建江之上游，舊為府治。政和、松溪之水至此匯流，今為福建上游警備總司令駐紮之處。西門以外泊船甚多，大別為四種，曰大雕子，曰小雕子，曰拾勝標，曰猛舴。此間之音呼為麻雀。大雕子容積甚大，船夫均十餘人至二十餘人；小雕子則較小，夫亦十餘人，過灘之時則甚不便；余之所雇者即拾勝標，載重可五六千斤，視處州之溪船稍大，形式亦相似，船夫三人，惟後加以舵耳；猛舴，可載二千斤，頗靈快，而船幫皆福州人。得勝標、雕子船多江西幫，皆來自鉛山、廣豐及撫州一帶，語言近普通話，而行走於此江中，較有勢力焉。

十一日，晴。六時十五分發於建寧，二十里至黎灘，又十里至路口，又二十里至南牙口，又十里至黃坑口，入南平縣境。又十里至大狼孔灘，又十里至小狼孔灘，又十里至烏龜灘，又十里至油綠灘，有船上行，稽遲三十分之久。又五里至鴨卵灘，此灘甚高，其險等於漲灘，余舟下灘之時，水自蓬背激過，顛簸異常，移時始定。時已下午六時，今晚本往南平駐泊，下灘之時遇一船上水，云南平有北兵福建督軍所統之兵皆來自山東、直隸一帶，此間人以「北兵」呼之，余仍其稱，非有南北之見也。甚多，封捉過往船隻，不可前往。船夫聞信均已色變，再行五里，一沙灘之旁泊船甚多，羣船夫招呼，余船同泊焉。

南平縣為舊延平府治，建安道道尹駐節於此，人仍稱之曰延平。延平一帶羣盜如毛，行旅咸有戒心，蓋上下水之船無有三日無刦案者，閩之主政者調兵剿辦並未見效，而軍隊之來，派夫派船，慘無人道。去年往尤溪時，派夫甚多，不論士農工商，過客居民，皆被牽繫以去，婦人女子無論老幼皆不敢與之見面。延平之人談虎色變，故其畏匪尚不如畏兵之甚。余船既泊之後，羣船夫謂延平南城現已封有大船數十號，尚須陸續再封，過往船隻不論載貨與裝客，均須聽封候用，我輩無法，故逃避泊此。沙縣、永安、尤溪、南平各處，為閩省土匪巢穴之所在，喪師苦民，屢未見效。此次之兵係往沙縣辦匪者，其兵數不得而知之。余曰：「延平南平，夫乃太不平乎？平時怕匪，今日益以怕兵，實是聞所未聞。」眾船夫曰：「匪是尚有道理，兵則慘無天日。」言下憤憤。嗚呼噫嘻，危乎險哉！閩道之難，其難於入黑獄矣。

十二日，晴。早六時，余促船夫開船，船夫頗有難色。下水之船三五至此，亦即泊不復行。余意此種地方雖云離城咫尺，亦是匪所出沒者，何可久留？且下行一看形勢耳。余正色語船夫，余總有方法，不致余船被封。乃行三里至觀音閣。此處係延平北門，泊有木排，亦不敢放，云北兵遇船夫即捉，欲去沙縣者不妨下駛耳。余命知白上岸一探消息，余隨其後，自閣下南折不數百步入延福門，聞鼓聲鼕鼕，迎面而來，察之係新到之號兵也。旋知此次赴沙縣者兵共兩營，餘尚有一半未到，苟不停泊可闖過，若明日兵一到齊，船不夠裝，則無論大小均須被扣者也。余急返船命各夫奮力打槳，疾駛東下，過延平之燿武門，門外泊大雕子船廿六艘，均有二黃衣兵守之，餘小船十餘隻，亦有兵在。想亦被封者也。余船不往水警查驗，且船身不大又無成幫，未惹丘八大爺之注意，過此難關，船夫喜形於色，余亦昂然意滿，在船中回望延平城中市樓倚山重疊高聳，而建寧、邵武之水至此合流，山城三面俯臨建江，其東雙塔凌雲，點綴入畫中，有觸目驚心者，則此沿城之數十艘雕子船耳。濡筆至此，離延平已十里上下，建江之船須受水上警察之查驗，船夫持有查驗單，納費一元。建寧、延平、水口皆受查之處，其單上文曰「以便查驗而資保護」，查驗乃實事，保護則虛文耳。上下之船昔時均備有器械以為自衛，自民國三年以後，時有兵隊上運，封拘船隻，船夫即持械結幫與之抗拒，後乃將所有器械一概繳去。自此客船遇匪，惟有束手相讓耳，被刦之過客，亦惟自歎晦氣，罕報官者，至於破案，則未之聞也。

自延平東南行，建江之形勢與上游特異，兩岸岩石壁立，惟至高者亦不過丈許，狹束江流，故江底極深。九十里出南平界，更八十里穿尤溪境。尤溪江口為土匪巢穴所在，蓋尤溪土瘠民悍，近年解散軍隊中之籍隸湘贛者，窮無所歸，為之指使，而匪患遂不可收拾，固無分於黃昏白晝者也。余船經蒼家阪尚午後五時，入古田境行二十里抵黃店村，已過六時，止焉。

今日所過各灘如鬼條、羅漢、磨盤、田赤、青狗等巨渦奔旋，大浪噴薄，極為壯觀。過灘既多，流速自增，每三十分能行水程十里。

黃店泊船頗多，鄰余船之猛舴船夫告余等云：此間有兵在，匪或無慮，惟竊賊甚多，伊船前夜泊此，被竊去應用各物，是以今日不能上行，該竊賊善泅水，凶狡異常，兩臂帶有刀翅，以妨人捉，幸善防之，勿熟睡也。該船夫係福州幫，與江西幫船本不通氣，伊平日亦持齋念佛，以余船有僧道在，故樂詳語之。

十三日，晴。早五時發黃店，八時抵水口。水口亦古田屬，有小輪通福州，其時期常不確定，泊水口受稅釐局之查驗，同泊有一船，以避延平兵封之故，於前夜夜半過延平者，昨日正午過尤溪口時，目擊前行之船被匪刦去，而余等之後來者乃得無事，亦幸矣。南風極大，阻船不得行，而水口於早間到有軍隊，亦赴延平者，正在封船捉夫，幸稅局離兵之暫駐處相距半里，局中人揮船夫速行，乃至離水口二里之灘上泊焉。

午後天雨風稍弱，行十餘里，晴，風大如前，仍泊以待。自水口以達福州途中，日間較平安，入夜亦不能行船。南風愈勁，此間並無村落可以駐泊，至五時乃催船夫逆風趕行，二船夫共持頭槳，一夫執舵，余持槳為助，至七時餘抵壓崙溪。上下之船以避風避兵之故，泊者甚多。入夜東南風愈健，打蓬背幾欲飛去，時雜以雨聲。余以持槳用力過大，右臂甚酸，展轉不成寐。

十四日。四時風勢稍靜，催船夫速行。五時三十分抵小箬，購豆腐青菜等作菜飯。天氣陰沈，自水口以南兵中岩石盡平，【14】與上游之嵯峨綿亘迥然不同，兩岸盛植桂圓，去冬寒沍凍萎就死，其葉黃紫尚繫樹梢，倚蓬眺望，恍若楓林春曉，江行乃得秋意，誠建平下游所獨擅也。又二十里至閩清江口，入閩清縣境，江面漸寬。又六十里出閩清境，至竹崎關，已達閩侯縣界，時下午二時也。舟發竹崎關，風忽強忽弱，六時三十分過省會製造局前，更五里至洪山橋泊焉。

洪山橋市上燃電燈，不甚明亮。有新修馬路可達福州，計程十五里，而至西門。自閩省去上四府者，以此為必經之處，開往水口之小輪，亦停泊於此。

十五日，天陰。早六時三十分抵福州城外，江西帮之船例泊於山北街。在城之西南隅乃雇一划子，至大橋頭。橋上下江停船甚多，溪船海船薈萃於此。一划子迎面來，船夫操普通語，詢余何往，云上海，彼即應聲曰：今日有船開，每人需小洋兩角，當駁送之馬尾。此種誆人詐財之流氓，萬不可輕聽。亟搖頭揮去，乃至臺江旅館止焉。

此間旅館皆附設茶樓，喧囂特甚，且地址逼臨江滸，行人來往，雜以船夫攬客之聲，極其怪異，閩語之桀格聞於全國，若非知白同行，則余等皆啞子耳。

碼頭船夫担夫等之凌虐過客，到處皆然，而莫甚於余今日之所目見者。大橋下亦曰塢尾，又稱洲頭，至各處之船舶均須划子駁送。此划子中之男女船夫羣聚碼頭，遇人即拉，有足登甲船，而乙船夫尚堅持其臂，丙船夫已搶去其傘者；有行李一挑尚未息肩，而羣船夫即各持一件以去，且有三二人共奪一件者；有非過船之人而硬拉以去者；有欲下船之人不堪糾纏而憤然他去者。警察在旁叉手挺胸，睨之微笑，其意態之閒適，無以復加。行客遇此，不知幾費唇舌，以錢與乙丙得下定甲船，下船之後而船夫即復上船，任意兜攬，非至滿船之時不得開行；至有呆坐划子中，至一時之久者。若在余輩之不通閩語者，遇之是直延平之尤溪口耳，福州省會云乎哉？

午後沐浴，天氣甚熱，換服單衣，乘人力車進城，至獅子樓觀福州商業之狀況。折至白塔寺，寺踞粵山之麓，雖偏於南隅，而九仙居左，烏石居右，極佔形勢。寺為梁開平中表請祝釐之所建萬歲塔寺，宋熙寧八年建千秋堂，乾道間改為華封堂，仍以萬歲名寺。今寺內客堂仍稱千秋焉。白塔在寺後，踞於山腰，七級八角，現額曰定光塔，四周均繪莊嚴佛像，自遠望之，則僅見堊白，此白塔之所以稱也。塔中心可階而上，一僧守之，狀頗傲，每人與以兩片始得其門而入。余與知白同行，乃免此費。塔內迴旋如螺，第一層高三十二級，二層至六層均高十九級，共計一百二十七級。級之高有至尺二三寸者。每層有門可達外緣，護以鐵欄，福州全局如指諸掌。市廛鱗櫛，江山礪帶，誠壯觀也。第七級為塔頂，無能再升，若構梯更上一層，鋪其頂為平臺，登峯造極，雄快何如！自塔下降，遇鼓山湧泉寺僧善沛，茗談許久，挽余作鼓山游。余以船期在邇，匆促太甚，況歸自武夷，閩中他山不足觀也。五時回旅舍。

十六日。早間天忽雨忽晴，沈悶異常，作書寄梵清。天晴甚熱。午後四時，雷雨。倚欄縱眺，揮扇酌酒，以消永日。余離武夷，聞延平多匪，乃將鈔票銀洋及緊要之物縫入理苗道帽及破衲之內，以冀遇匪可以夾帶而過。至此乃取出應用。在梵清處攜有日本洋及福建銀角，下延平時余亦悉數插入蓬帆之中，以備不測。旅途有戒心，此亦必要之手續也。

十七日，陰。南風甚涼，服棉衣。早餐畢，散步至城南公園。園址舊為耿莊，相傳為耿精忠別墅。園之中心為狹長之湖，沿湖曲折有致，極花木亭池臺榭之勝。入門不百步為桑柘館，旁多桑園，甲種農業學校之桑林也。自館東行，度小橋，西折有四式樓屋高聳，園隅為忠烈祠，例須星期開祠，不得其門而入焉。湖旁荔支繁茂，有荔支亭，即位於荔蔭之中。荔支正花，默然靜坐，時有微香沁鼻。亭北為望海樓，樓後為藤花軒，軒前架上懸紫藤，不甚大，雜以葡萄，疎疎落落，頗可玩。軒內售茶，購飲於亭上，塵市得此，所謂別有天地也。出園遇賣閩報者，購讀之，知國事猶此，而東方局勢大起變動。余自上武夷後已不聞世事矣。

午後散步至大橋。橋之長五百餘步，橋盡達中洲，南端之橋尚一百數十步，可謂大矣。登倉前山，又曰天安山，各國領事館及西人所辦之學校均聚於此。其東端松林之下，石築平臺，方可五丈，近挹遠矚，風景絕佳。時近四時，回旅舍檢點一切，夜八時下甲板船。

十八日。二時開行，六時抵馬尾，登大坂商船會社之湖北丸輪船，購一等艙票，飲食精美，起居舒適，回想前途旅次，物質文野之差恍然隔世。天晴熱如前，舟中爽潔無所苦也。

十九日，早雨，旋晴。午前十時三十五分開行。

二十日，晴。船中無事，檢點遊記。

廿一。早七時抵上海。余有事暫留，知白等相偕赴雁蕩。此後行程，另記於別篇。

【1】籀園，底本誤作「籀廎」，逕改。

【2】劉次鐃（一八六七—一九四二）名紹寬，號厚莊，平陽劉店（今屬蒼南龍港）人。清光緒廿三年拔貢。廿八年任龍湖書院山長。三十年赴日考察教育。三十一年六月，參與籌辦溫處學務分處，任編檢部主任。次年四月，任溫州府中學堂監督。在任六年，銳意興革，校譽蒸蒸日上。民國元年夏，任平陽縣教育會會長、縣教育科長，後調永嘉縣第一科科長、樂清縣第三科(教育)科長。六年十月，接充省立第十中學校校長，至次年底因學潮辭職。潛心纂編《平陽縣志》。十四年五月至十六年四月任舊溫屬公立圖書館館長。廿四年，第三特區（永嘉區）徵輯鄉先哲遺著委員會成立，以副主任主持工作。著有《厚莊文鈔詩鈔》五卷，《厚莊詩文續集》十卷，以及《厚莊日記匯鈔》未刊稿四十冊等。

【3】吳益生，黃羣親戚，溫州丁巳俱樂部庶務員。時人稱之為「頭號抬轎客」。

【4】「祐元年甲寅歲」前原本脫一「延」字，補。按延祐係元武宗年號。

【5】底本作縱，當係「蹤」字形訛，逕改。

【6】底本作城浦，當係「浦城」互乙，逕改。

【7】底本作淳佑，當作「淳祐」，逕改。

【8】此詩收入《詩稿》，題《戊午仲春偕道人童理貫趙理苗遊武夷山留題天心永樂寺》，文字有改動。「已經」做「者番」，「難」作「齊」。參見本集卷四。

【9】底本作刊江，為邗江（今屬江蘇省揚州市）之誤，逕改。丁文瑾，字曉容，邗江人，時知崇安縣。

【10】此詩收入《詩稿》，題《上巳重至天遊峰》，「且歌嘯」作「評佳茗」。參見本集卷四。

【11】底本作編，當係「徧」字形訛，逕改。

【12】趙範卿，名模，一字梵清，浙江溫嶺人，清拔貢。民國六年至七年任建陽知事。任內刷新縣治，撥資支援農會。闢農場，辦苗圃。重視教育事業，創辦十所國民學校。倡修《建陽縣誌》。工詩文。

【13】高令印《朱熹事蹟攷》第五章《遺址（下）》援引，起自出建陽西門，終於朱子嫡派，後加評語：「蔣叔南說建陽朱族為朱熹後代嫡派，似未攷。朱熹長子朱塾及其後裔在建甌，歷代襲博士爵位，朱熹後代嫡傳主要在建甌，建甌有文公家祠和博士府。建陽為朱熹次子朱埜居住和傳嗣之地。」（《朱熹事蹟攷》，上海人民出版社一九八七年十月版，一五五至一五六頁）

【14】兵，疑有誤。

普陀山遊記

普陀山即《華嚴經》所稱補怛落迦山，譯為小白華，佛家稱四大名山，與五台、九華、峨眉並立，而為觀世音菩薩摩訶薩現身說法道場也。

余猶憶三十年前初離母乳脫襁褓之時，余即隨先祖母鮑太夫人居止，時先祖母年七十餘矣。先祖母於光緒末年逝世，享壽九十有六歲。先祖母性慈祥，禮佛極謹，特於樓中構一佛堂，置五彩磁觀音像，朝夕禮拜，平日多暇，即喃喃誦經，余猶記其數語曰「大慈大悲觀世音，救苦救難觀世音，普陀南海拜拜觀世音」，日無慮千百遍。蓋余自喁喁學語之時，即知有觀世音佛，且識其所在地為南海普陀山也。

年來出遊屢欲詣普陀而未成行，今歲小友周君古芬佐理警務於定海之沈家門鎮，與普陀一水相望，時以函來，促余往遊，乃於八月十二日由上海登輪赴普陀度中秋也，十三日上午八時轉定海，船向舟山進發。

舟出甬江，過招寶山，東南風大作，濃雲密壓，雨點亂飛，舟中人羣謂，如此風雨至普陀恐不能上岸，以該處孤懸海外，不能避風故也。下午二時抵沈家門，風雨仍未息，乃過警察所訪古芬，遂留宿焉。

沈家門位於舟山之東北，相距六十里。清初有沈姓者卜居於此，因以得名。逐漸繁盛，遂成市鎮，居民千餘戶，市街開廣，饒魚鹽之利，鎮中醫院、學校、銀行、清道局、消防隊等等皆設，備具條理，亦海角之盛事也。警察所在鎮後之宮墩山上，俯瞰一切，形勢絕佳，羣山環抱，港脈紛歧，不讓舟山港也。

天雨徹夜，朝起四望，遠處海山仍濛籠於風聲雨色之中。早餐已畢，閒坐無事，古芬出《普陀山志》，翻閱一遍，《志》甚草草，較勝於無耳。普陀開始於後五代梁貞明二年，日本僧慧鍔奉五台山觀音像歸國，舟過此山，不能前進，居民張氏捨宅為院，名曰不肯去觀音院，則此山自梁以前固民居也，此後迭更興廢，清康熙初年遭海寇之亂，焚掠普陀一空，至康熙二十二年始撥帑建普濟、法雨兩寺，重啟道場。午後放晴，古芬偕余往存濟醫院晤地紳劉君寄亭等。寄亭於地方公益極熱心，鎮中種種建設皆任勞怨為之。出院東行，沿海岸約四里餘至東靖燈塔。燈塔亦寄亭創建，建築費三千餘金，以便航海，功德至鉅。東望普陀，僅隔一蓮花洋，水程不及十里，落橫、桃花、朱家尖、東西福各島，皆收眼底，羣山起伏，海面如春蠶眠於桑床，余亦立身於一蠶之背上隆起處也，以遠鏡窺普陀，琳宮梵宇，歷歷在目，恨未能縱身飛躍耳。四時回所，飲於存濟醫院，同鄉陳君墨西時任水上警察隊長，亦由鎮海蒞至，相見甚歡。

十五日，天晴。下午二時，定海輪船抵埠，余偕古芬、墨西挈行李上船，向普陀進發。約曆四十分鐘，即抵短姑道頭，由小舟渡登，雇夫將行李搬送普陀警察分所中。余輩即由慈雲禪院後山徑北行二里許，渡接引塘，抵觀音硐，危樓依山，瞰海極佳，所謂洞者高廣不過四尺之岩凹耳，蓋有洞之名而無洞之實也。由洞後拾級而登，約四百餘級，嶺側有大石，高可丈餘，其旁一石側出，狀如昂首之龜，其上橫駕一石，亦作伸首之勢，下有摩崖，曰「二龜聽法」，即二龜聽法石也。余聞遠公說法，頑石點頭，此石聽法而為龜狀耶，抑龜聽法而反以石終耶？山徑東折，短松夭矯，曰藤蘿徑，不百步達靈石禪院，出院之南廂，登盤陀石。

盤陀石高踞山頂，二大石相疊，下石縱可五丈，寬可二丈，高可丈許，一大石駕於其上，為不等邊之三角形，高可一丈，周約三丈，上廣下斂，如蓮蓬，亦如靈芝。底作三脚形而空其中，着於下石者不過二三尺耳。石向北斜壓，作勢欲墜，以梯升其上，雖甚陂斜，而光潔可坐，四周摩崖累累，曰「大士說法處」，曰「金剛石」，曰「如見大士」，曰「天下第一石」，則近溢譽矣。民國偉人黃興亦題「靈石」二字於其上。嗚呼！此石以地位異於尋常之故，乃無尺寸完膚焉。《華嚴經》載善財童子漸次游行至於補怛落迦，見其西面岩谷之中泉流縈暎，林樹蓊郁，香草柔軟，右旋布地，觀自在菩薩於金剛寶石上，結跏趺坐，即為此石，為普陀山中第一靈跡，其玲瓏自足賞玩，朝山進香之徒以錢向石上磨擦，云使小兒佩之吉祥，故石上銅青隱隱，則此石於剝膚之外又蒙銅臭矣。

古芬在沈家門攜有乾隆製錢數十文，至此取出，從者皆掉臂俯首，用力霍霍，余亦擇二錢磨之極亮，不能免俗歟，抑佛有神力歟？一笑。盤陀石之東有石，曰大士說法臺石，匆匆登之，出院沿東行約半里抵圓通禪林，為茅菴之最大者。自外視之，頗占形勢，其內部亦不過三聖一堂，禪房數折，余過門而不入焉。再東下嶺曰梅嶺，相傳為漢梅福煉丹之所。嶺側有梅福菴，菴下有梅福丹井，水淺而濁。更下嶺級寬闊，護以鐵欄，北望岡上，一石突起，頗具人形，為達摩峯。下嶺過半曰金剛窟，岩石壘壘，有疊如門者，有立如柱者，石上摩崖甚多，半為佛號，無足錄者。嶺下石上鐫一「心」字，大逾三丈，畫粗二尺，其上橫書曰「一片婆心本自明鏡」，旁款不甚了了也。自此入西天門，不百步抵普濟寺前，亦稱前寺，宮殿宏開，氣象壯闊。寺前蓄水數十畝，曰印海池，亦曰放生池。池南有亭高聳，飛簷黃壁，清康熙勅建普濟之御碑亭也。池上通以平橋，護以鐵欄。永壽橋峙於池之東，高闊皆三丈，長約十丈，建築壯麗。雖曰菩薩神功，然非帝王之力，亦曷克臻此耶？

時近六時，由寺門東行，有廛肆數十家，呼為普陀街，空氣甚濁。街盡北折，不二百步抵紅十字分會醫院。院在几寶嶺之南，門口二石相倚，闊僅四尺，拾級五十餘而達院所。時已晚餐，余等亦覺饑甚矣。

醫院為山中僧眾合建之所，有醫生役夫各一人，而普陀警察分所即在院中辦公，其經費亦寺僧任之。院址據於危岩，俯臨海岸，濤聲澎湃如萬馬之奔馳，無時稍息。余輩飯後月已高升，映海波作，種種光明，極其美麗，而海濤相逐擊岸，噴沫為碧玻璃色，光怪陸離，莫可名狀。踏月登煉丹峯，至妙峯菴，已山門深鎖，菴下一石高可一丈，虎踞張口，殆所謂虎岩也。乃蹲坐岩旁，俯瞰千步沙外，濤聲倍雄，海闊天空處，風清月白時，人生難得幾會逢也。余記此數年之中秋佳節，乙卯在雁蕩之石門潭，丙辰在西湖水竹居，丁巳在雁蕩之靈峯，清幽雖或過之，而曠遠清麗終不及今夜之海上月也。久坐更深，忘却寒冽。下嶺南行，過普陀街，挨家比戶，牌聲隆隆，而僧徒亦多插足於其間，意興甚酣，此則名山佛地之玷也。達海印池畔，登永壽橋，橋東池中間見蓮葉數枝，臨風搖曳，餘被蘆葦滿塞矣。《普陀山志》載普陀十景，為短姑聖蹟、盤陀夕照、法華靈洞、梅岑仙井、千步金沙、華頂雲濤、光熙雪霽、寶塔聞鐘、蓮池夜月。【1】蓮池即海印池也，不觀月於海而觀月於池，何所見之小耶？歸醫院，月將西徂，倚於榻上，聽濤被月，不覺身入夢中矣。

十六日。上午六時三十分，余偕墨西、古芬出院，北行數十步即至几寶嶺頂。嶺東為仙人井，井在土中築石，架洞於其上，亦曰葛洪煉井，故其上為煉丹峯也。水亦淺濁，是久旱之故也。右大石上有摩崖，曰「中國有聖人」，係萬曆乙未高鳴謙書。更上曰「作如是觀」，再數十步有菴曰珠寶蓬，蓬後岩上有摩崖曰「天光雲影」，曰「振衣千仞」，曰「金繩寶筏」，書法皆端整。再進為比邱石，為千步沙，為玉堂街，為金蓮嶼，其他佛號鐫於石上，更不可勝數。自此下几寶嶺北行，計程約四里而抵朝陽嶺之麓。途間兩旁菴院甚多，此則後山僧眾聚集之處也。拾級上嶺，嶺峻而修整，半嶺以上翼以涼亭，護以鐵欄，嶺左為大小雪浪峯，岩石甚多，中有鷹岩頗肖，陟嶺約千級，嶺側大石兀起，高廣二丈，上一小石凌駕，上鐫「雲扶石」三字，命名極佳。大石之上摩崖甚多，曰「海天佛國」，曰「淨境」，曰「超凡入聖」，皆可錄也。彭雪琴先生於光緒六年閱水軍登此，亦書「普渡慈航」四字於石之西壁焉。自此北折，更約三百步而達慧濟禪寺。寺踞光熙峯之頂，四周冬青繁郁，不知身在山頂也。出寺東折，登菩薩頂，亦曰白華頂，現稱佛頂，上建燈塔，為普陀最高處也。遠望海東，渺茫無際，而普陀全山皆入眼底。以遠鏡窺之，盤陀石亦約畧可見也。全山自西南而東北，厥形如環缺，其南面自几寶嶺迄法雨寺，禪舍棋布，樹林葱秀，而黃沙白浪掩映梢頭，暄以秋光，明淨若洗，此則山間最佳之風景也。其他眼界較諸東靖燈塔更為過之，可稱大觀。由佛頂小徑東下約百步路極陡，蓋余輩既捨大道又避小徑，乃漫山而趨，余偶滑足而跌，微傷左腕。余登山失足，此為第一遭。普陀山本平衍易行，余渺視之，故來時置竹杖芒鞋並未攜帶，乃遭傾跌。天下事均以輕忽失敗，可畏哉！

自此沿小徑東下，約三里抵獅子洞，南折數百步達古佛洞。洞在院中，牆側一大石置地下，從石旁鑿級下降，石覆如厂，廣可丈許，中供一像，為仁芒和尚，肉體裝金漆，頗輝煌，已非本來面目，而足間踝骨宛然，手腕筋亦堅露，非偽製也。此洞開闢極近，以肉身致香火，然住僧極俗，無可與語者。再東里許達飛沙嶴，峯約二里，飛沙彌漫，細淨無比，着足甚鬆，沒踵及踝，行走甚艱。相傳此間本一海峽，以往梵音洞者取道於此，渡涉不便，故觀世音大顯神通，以沙填貯，乃成今象。此則糊口和尚之神話，何足信耶？嶴盡為八仙岩，更東沿海行，又三里達梵音禪院。出院之東南門，即抵梵音洞，洞為普陀東山最盡處，崖谷壁立，鑿級下降計一百七十步，一石臺駕於兩崖之上，其下濤聲澎湃，潮流來往，內方崖盡處石聳為峽，高可四十丈，寬約丈餘，向內而凹，一石嵌於半空，內方洞然，即梵音洞也。洞頂樹一佛光顯聖之碑，相傳觀世音菩薩示像於此，禮拜者所見各異焉。余察此洞係海邊石峽為潮齧成，並無何等奇異，其內冥暗，日光不及，立足之處下臨波濤，進香之輩多係婦女。自石級下降早已精疲力竭，胆戰心驚。至此叩頭如搗蒜，目光撩亂，誰能決其果何所見耶？夫相本心造，心幻則天下事皆幻，以幻心臨危地，所見安得不幻耶？普陀山為觀世音說法道場，即在盤陀石上，余謂觀世音若果有顯現之必要者，當在彼處，否則佛頂高峯何等光明，亦可現示，捨此不圖，而謂觀音乃居於極湫隘黑暗潮汐吞吐之區，佛即神通，當近人情，此種荒誕不經之詞，非但不足以堅人之信仰，亦且褻佛太甚矣。從者文初尚持遠鏡細窺，欲窮其究竟，不知一目暸然，佛固遠在西天，而在洞底耶？梵音禪院之住僧較古佛洞有過無不及焉。茶混水澀，不能下咽。沿舊路西返，過飛沙嶴口，更約二里達法雨寺。

法雨寺，亦曰後寺，位於錦屏峯之下。山勢環抱，古樹撐天。其前為蓮池，架橋其上，名曰海會，則玉泉洞之水所滙也。寺前路極修整，老樟大柏盤屈極茂，氣象清肅，令人有出世之思焉。寺依山麓，山門佛堂以次漸高，門內為御碑亭，亦康熙勅建，法雨寺之碑文也。碑前一白玉佛像，亦頗純潔。更進為九龍殿，奉觀音像，頂懸九龍，以其為御賜之建築也。再進為三聖殿，其前亦供觀世音焉。殿前一匾曰「顯闡讚導」，字大約四尺，則吾鄉先輩孫琴西先生手筆也。後為方丈堂、藏經樓，亦普通叢林之規制。經樓之西為珠寶殿，殿中供觀世音像，胸前嵌一明珠，大如拇指，此則極佞佛之奢華矣。經樓中供一金觀世音，高二寸而強。此間觀世音已極大觀，珠寶金觀音而外，有過海觀音，送子觀音，又有千手觀音，則過附會穿鑿。夫觀世音具四萬八千手眼，以其智力言也，千眼千手，豈真有其事耶？莊子曰：蚿謂蛇曰，吾以眾足行而不及子之無足，何也？蛇曰：夫天機之所動，何可易耶？吾安用哉？若謂觀世音必生千手，叢茁背後，狀如束筍，乃能發揮神力，不亦為蛇所竊笑耶？

珠寶殿為寺之最後進，地位高而眼界寬，崇樓危閣，傑出樹梢，風致絕佳。此外僧寮禪房亦不必遍觀之矣。寺中知眾僧少青招待頗殷，時已下午一時，即在寺內午餐。少青與余談山間事，亦多感慨語。其俗家在南昌，曾居廬山多時，並語余廬山真面，現亦零落不堪矣。四時出寺，度海會橋，方出深林，即臨大海。此種境界真是海上蓬萊也。里許路旁有菴，顏曰雨華菴。余讀《山志》，雨華峯係大士與諸佛說法，天雨曼陀花處。下有雨華菴，云驟觀此菴，並窺其建築佳緻，擬進觀覽，叩門良久，一僧皤腹睅目，狀如瘋犬，在門內厲聲相向，謂此處係茅蓬，叩門何事？其意謂茅蓬無接客之任務也。余不意普陀名山中乃來此風雅之和尚，竟以閉門羹款遊客，若在十年前使氣之時，當奮拳立碎其門，即使為銅牆鐵壁，其能當我哉？墨西、古芬曰：我輩步行布衣之男遊客，原不足以辱高僧之淨居也。然乎否乎？

緩步前行，登几寶嶺，時日光返照，余見朝陽洞石上有摩崖數字，以鏡窺之，乃「形宜影端」四字，不知何所取意也。過朝陽禪院，正在修理，所謂洞者亦僅一石縫耳。抵院，警佐周君郎齊自定海公回，梁君九成、陳君洛東亦自定海來晤。晚間聚餐已畢，月色極佳，相與散步，過塔前河，經龍灣三里抵紫竹林。

紫竹林中觀自在，白蓮臺上現如來，此世人所盡知，故紫竹林亦山間名區也。問紫竹有否，則已不見根株矣。或曰紫竹林係石上有紫竹，因以得石者也。然此石粗劣不堪，較之永嘉松臺山之竹葉石，尚不及遠甚，不足觀也。山門牓曰「紫竹林」，門內短牆繚繞，門內短牆繚繞，粉以蜃灰，映月色，光明如畫。紫竹林之前海灘盡處為潮音洞，灘中岩石平鋪，逐漸下降，通一線，下陷如溝，潮汐往來，鼓聲壯厲，而岩隙忽斷忽續，余由洞上跨過，一岩陡出，護以鐵欄，援欄而下，不意踏足之處，其下刋一佛像，前供香爐，預備眾人禮拜者，真罪過矣。時同行諸君已由潮音禪院後門轉出，潮頭漾月，致態尤佳，余觀梵音壁立，尚不及潮音倒臥之變幻也。更南岩石突出海中，曰觀音跳，相傳觀世音在落迦山，一躍至此，因以得名。其荒誕不可思議。蓋補怛落迦不知何時改呼普陀，而後來俗僧乃稱山南海中之一小島為落迦，即其北面有燈塔之山也。其誤已甚！又傳觀音一跳，直欲令人笑破肚皮矣。回過太子塔，時月為雲掩，不甚清澈。郎齊謂其雕琢極精。又過普陀街，鋪戶均已閉門，不如昨夜之呼喝矣。

十七日。早六時起床，東北風極緊，余從院之側門沿小徑南行，不百步抵法華洞。洞係大石磊砢堆疊，洞側石縫僅可容身，鑿級上升，為法華樓。法華洞東下一石臥道旁，一石壁立，高可三丈，曰普陀岩。岩側二大石相覆其下，一石鑿為方三尺之小池，曰育龍池，又曰洗心處。龍豈可育於池乎？心須眾生自洗也。由池旁俯首而入，更級而升，曰龍池洞。普陀岩南折為羅漢洞、送子洞。其下一石玲瓏突起，為圓通根，更下為圓覺路。普陀石四旁罅石生樹，覆石成洞，立石得路，凹石為池，而石上被以蒼苔，雜以細竹，石隙之中時有矮屋危樓，伸簷張角，此名園中假山石，不知幾經意匠而成者，乃天然得之，盤陀石而外，當以此為首選矣。返院早餐，仍偕眾等重過法華洞，而往太子塔。

塔峙於水壽橋之東，分為三級，已毀其頂，純以文石為之，四周佛鐫像甚精，每級之欄側均刻梵文，塔之四旁立四石像，甲冑儼然，則守護四天神也。全塔之高不過三丈，而《山志》稱為高九丈六尺，謬矣。此塔為元元統中某王施鈔，為孚中禪師建築者，以王為施主，故稱太子塔，原稱多寶佛塔。全山高塔僅此而已。

由太子塔西行，約二百步達盤陀菴，山門口古樟參天，牆上嵌盤陀菴石刻，為董文敏手筆。門內畜池一方，形如半月，大可六畝，水極混濁，而游魚甚眾，皆進香之客放生於此，投以饅首等類，出水奪食，亦頗可觀，但不若西湖清漣寺之能歷歷數耳。其二山門，一額曰「海國名藍」，則梁山舟學士書。菴中佈置極清潔，且小有花木，建蘭尚盛開也。出菴向普濟寺行，寺東一菴黃瓦煥然，餘均零落。牓曰「祝聖萬壽道場」，向名為息來菴。按息來菴，又稱方丈塔院，康熙時重興普濟寺之通旭和尚所建，極其壯麗，今則門前古木均已斫伐，景象淒涼，聞已以千二百元售於某僧。過者不勝今昔之感焉。普濟寺之左右禪菴甚多，其建築類似旅館，多含濁氣。普濟寺一切規模及空氣，今日觀之，則與法雨寺相去甚遠。余等入寺，遍觀其佛殿、經樓、客堂、方丈室，并不見一知客僧，如此大叢林，規則如是，可異也。出寺，在街店中購數物攜歸。普陀全山無出產品，不過陳列於普陀山中，亦曰普陀物耳。仍經法華洞，時日光極清明，乃在普陀岩攝一影。回院午餐，朗齊割雞烹鴨蒸腿煮酒。清淨佛地，乃得大烹，我輩不能念彌陀，未受法戒，亦無妨各行其是也。

午飯既畢，古芬、墨西、九成、洛東等皆以公務羈身未克久留，乃作歸計，余亦決從眾歸。以時尚早，短衣獨出，由煉丹峯西上，沿山岡行，抵觀音峯，係三大石夾峙而立。更西里許乃抵達磨峯，亦二石相倚，高可三丈而裂其中，北壁苔蘚之中有「瀛洲」兩字，大可四尺餘，約略可讀，蓋趙孟頫所書瀛洲界石也。西南面摩崖頗多，惟「漢石」二字大可三尺，尚清晰，餘則模糊難辨矣。自達磨峯回，至觀音峯，更沿岡南下，約百餘步一石立於山腰，岸然如巾幘，高廣可五丈餘，曰無畏石；南面摩崖曰「三一喦」，曰「空有鏡」，皆無題識，「空有鏡」之下方有方二寸字十餘行，行數十字，余仰望良久，乃一種長官銜之題名也。其旁聯云：「寰區照瑞相；刹海徧潮音。」字大約八寸許，書法秀利。聯西曰「海天春曉」，字大五尺，書亦端整，則萬曆三年劉翾書也。無畏石之東側，即法華洞頂，疊石嵯峨。由此下降百餘步，抵一小屋，曰祇園蓬，一僧居之，招余入坐，余已汗流浹背，得此甚慰。僧之案上經卷重重，叩以種種，則茫然不知答。北折返院，時已三時，整裝旋歸，朗齋亦送余等同行。過前寺南行，經正趣峯下，抵白華山，過入三摩地，約三里而達短姑道頭。此他人登普陀之初步，余則以最後臨之。時東南風順利，雇一小舟掛帆捷駛，渡蓮花洋，達沈家門，已近黃昏時候。待舟返滬，而普陀遊事告畢，且述余之意見焉。

普陀山高不過百餘丈，方不及二十里，雖無奇峯大谷崇崖複嶂之偉觀，而山脈秀麗，金剛窟、法華洞各處纖巧玲瓏，法雨寺氣象地位允為山中第一。

《普陀山志》凌亂無章，而山上所售《普陀山圖》更為荒謬絕倫，《圖》與《志》皆不與實地相符，而山間熟悉風景之人亦極寥寥，遊客甚不便也。

山中對於外來之人皆稱香客，蓋到普陀均為燒香來也。語以遊覽，則皆不甚理會。盛暑之時，時有西人來此避暑者，則為海水浴也。

普陀全山無一出產之品，若茶若米若街上所售種種，皆運自外方，即最著名之催生子，亦產於溫嶺縣之石塘各處。現屆天旱，飲用之水亦無一處清潔，幸逢閏月，尚可勉強支持耳。

自正月以至七月皆為香期，進香之人以婦女為尤多，山間轂擊肩摩，鬧熱非常；八九月為最冷落之時，僧徒亦多散去，至冬間漸漸歸來。

全山惟普濟、法雨稱寺，佛頂之慧濟寺，亦稱禪林。此外禪菴計七十餘，住僧多寡不等，一僧居者曰茅蓬，亦得百餘，實非茅蓬。如雨華菴，崇墉雕門，亦自稱茅蓬焉。統計住僧約近千人，現時皆外出，不過三四百人。香會盛時，僧眾達三四千人，益之以傭工客使，數幾近萬。

普陀為佛氏道場，高僧異士戒行清卓，德力堅定者，想有其人。然余未之遇，亦緣淺也。其裝作門面，掩香客耳目，以博捐助，則比比皆是。此外則舟山荳腐，沈家門鹹虀菜，彼輩皆未欲絕口，而撐雨傘亦極踴躍，六根清淨，原不足以語於今世之眾生也。山中僧徒自行一種切口密語：舟山荳腐，肉也；沈家門鹹虀菜，魚也；雨傘，嫖也。此外尚有種種，余未調查而得之。

余向聞普陀山中不賣葷菜，不住女眷，甚仰慕之，然余於普陀街中僻處見雞毛蜻殼多處，自佛頂往古佛洞時，則覩路旁屋中有數人圍坐而博，一少婦抱兒而乳也。或曰現非香期，或不甚迴避云。

吃葷一事於品行上原無甚關係，然既為佛弟子，則當守戒。葷腥與殺戒息息相連，此何可者？自物質文明，鑵頭流行，為僧侶大開方便之門。然普陀之舖戶，則藏污納垢亦有難免者。真出家者能有幾人？千百僧徒皆窮無所歸，與夫破壞法網者之逋逃藪耳。本源不清，成就自差，終日不耕而食，不織而衣，樹起救苦救難招牌，日以祈福免罪欺騙愚夫婦，觀音有知，亦當自歉。

余非侮蠛觀世音也，余非不佩佛氏真理也。今世眾生虛偽太甚，平日無惡不作，而希望到普陀拜觀音以求慈悲，則其所以進香之點即已誤謬；僧徒乘此弱點，亦惟以水陸七齋消災延壽，迎合一般心理，而其宇舍之華美，飲食之精良，日進千里，全山各房各院羣以兜呼香客為惟一之生活，而其所取手段等於旅館之營業，各趨競爭，誠可嘅已！

觀世音菩薩實俱有大神力，世人拜觀世音，亦曾讀《法華經觀音普門品》乎？其文曰：「時無盡意菩薩以偈問曰：世尊具妙相，我今重向彼，佛子何因緣，名為觀世音？具足妙相尊，偈答無盡意：汝聽觀音行，菩應諸方所。弘誓深如海，歷劫不思議。侍多十億佛，發大清淨願。我為汝畧說，聞名及見身，心念不空過，能滅諸有苦。假使興害意，推落大火坑；念彼觀音力，火坑變成池。或漂流巨海，龍魚諸鬼難；念彼觀音力，波浪不能沒。或在須彌峯，為人所推墮；念彼觀音力，如日虛空住。或被惡人逐，墮落金剛山；念彼觀音力，不能損一毛。或住怨賊境，各執刀加害；念彼觀音力，咸即起慈心。或遭王難苦，臨刑欲壽終；念彼觀音力，刀尋段段壞。或禁囚枷鎖，手足被扭械；念彼觀音力，釋然得解脫。咒詛諸毒藥，所欲害身者；念彼觀音力，還着於本人。或遇惡羅剎，毒龍諸鬼等；念彼觀音力，時悉不敢害。若惡獸圍繞，利牙爪可怖；念彼觀音力，疾走無邊方。蛇蟲及蠍蝮，氣毒烟火然；念彼觀音力，尋聲自回去。雲雷鼓掣電，降雹澍大雨；念彼觀音力，應時得散去。眾生被困厄，無量苦逼身。觀音妙智力，能救世間苦。具足神通力，應修智方便。十方諸國土，無剎不現身。是故須常念，念念勿生疑。能為作俯情，是故應頂禮。」

禮拜觀音具有如此不可思議之功力，其主腦曰「聞名及見身，心念不空過」而已。自在自觀觀自在，即心即佛也觀世音之義，實有其人乎？世之人不背慈悲之旨，各存救世之心，奚必險涉波濤，齊僧頂禮，而始得見觀世音之真像耶？

余遊普陀，余口嘵嘵，人能心存乎佛者，實不必身臨佛地也。不然，拜佛是一事，做事是一事，一手持香，一手持槍，雖日處普陀，亦將見其墮落萬刦耳。若余之往返普陀，登山臨水，玩物喪志，以消磨黃金歲月者，則又當作別論。

【1】應作十二景，底本脫漏三景，即佛選名山、兩洞潮聲、朝陽湧日。

黃山遊記

戊午十月初九之夜，余於上海南站乘下午三時滬杭特別快車抵杭州，宿於湖上吳君觀光之寓中。從者盛中翰，運行李至江干，雇屯溪船。

十日。早起，以電話語鄭君炳文。[1]十時炳文來會晤，云於前夕夢見余自上海來杭州，故早間於電話中談話，心中恍惚疑似，頗以為異。余與炳文丱角交遊，心理感通，果如是耶？午刻炳文招飲於錢塘春酒樓，飯後余與吳君澤波冒雨游湖，孤山、岳墳、三潭印月匆匆一走。澤波居日本十五年，精研醫學，足跡未到杭州，余嘗以非浙人誚之，今後免矣。返湖濱已燈火輝煌，飲於西悅來，座位湫溢，而酒菜乃別饒風味也。

十一日。上午八時，中翰告船已備妥，期以十時開行。余乘人力車，以九時抵江干，暫止於王雲生過塘行，寫成船票。上江之船，去蘭溪江者較大；去徽州港者共分四種，以床數分等，大者十床，次者八床，又次者六床，小者四床。余所雇為六床船，船夫四人，至屯溪船價洋二十四元另角。六床之船，余以兩人乘之，甚寬舒。船頗清潔，可坐可臥，艙中置小方棹，可寫字可讀書，較之春間去武夷時所乘之甌江船及建陽江船，直是天淵之別也。余購花雕紹酒一罎，置之床頭，以便取飲而消永日。籌備完畢，十一時開行至閘口捐局前查驗訖，以十二時上駛，天氣陰沈而東北風頗順利。夜泊富陽。

十二日。黎明舟發富陽，風順天陰。自閘口至桐，有錢江商輪公司之小輪，每日往來行駛上江之船，可預日與之商定，拖帶至桐，需費以艙位規定洋數，而行程可以減縮一日。余舟發江干，輪已開行，且余到舟中始悉此事，即欲拖帶又需遲滯一日矣。富陽以上江流較狹，青山排隊，紅樹成行，余舟欵欵，飽看山色，亦無羨於汽輪之疾駛也。錢江以其屈曲像之字形，故名之江，然在錢塘縣境則稱錢塘江，在富陽縣境則曰富陽江，在桐廬縣境則稱桐江，更上入蘭溪境則稱蘭溪江，入金華境則稱婺江；西折入徽州境，則稱新安江。一水流域，上下殊名也。連日陰雨，山水大漲，江色混濁。下午二時過桐廬，微雨。五時抵七里瀧。至釣魚臺，時已黃昏。

釣魚臺為漢嚴子陵先生垂釣之處，亦稱嚴陵灘，又曰嚴瀨，為此江中第一勝蹟也。船夫謂此間常有匪警，不能停泊，余惟立船頭遙拜先生之祠宇耳。先生為光武故人，【2】披裘澤畔，加足帝腹，以視世之趨炎附勢爭權奪利至身死而不悟、國亡而不顧者，聞先生之風，能無愧死？余於民國元年有事於姚江雙城，餘姚城夾江南北而峙，故稱雙城。謁四先生之故里，嚴子陵、王陽明、朱舜水、黃梨洲，皆姚江人也。徘徊而不忍去。釣魚臺係二小石峯，嵯峨並立，矗於江岸，高可四十餘丈，上覆小亭，其下為先生之祠，其上即先生垂釣之處。余意先生居在姚江，離此不遠，以七里瀧之水深魚美，或時來遊釣，則事理之常，若必踞坐於今之所謂釣魚臺者以釣魚，則先生非手持長十餘丈之竹竿亘四五十丈之絲綸，斷不能為釣魚之行動，亦太勞瘁矣。否則古今陵谷變遷，當年江流或在臺畔甚近也，抑亦嚴先生操行高介，如莊子所稱臧丈夫，其釣莫釣，非拘拘於釣魚之形跡者，則釣魚臺之傳豈偶然哉？夜泊泠水亭。

十三日，陰雨。好夢醒來，覺江流有聲，乃余舟已向嚴州進發矣。十一時抵嚴東關，受稅局之查驗。此間南上一江達蘭溪，西折則經淳安上新安江者。十二時半，達嚴州之南門，天雨益大，同行之船夫搭客皆紛紛上岸購食物，余亦命中翰添購路菜。二時上行，三十里至馬沒，天已昏黑，泊焉。

十四日，陰。早起，細雨霏霏，船夫背縴以行，益以箬笠簑衣累墜之至。八時過烏楮市，天露雲隙，似有放晴之意。船夫皆極喜悅，余意天雨太久，與其上江之時放晴，不如入山之時得遇晴天為尤要也。然出行之人何能一定，亦惟默祝老天之見佑耳。自嚴州西上，江面漸窄，過灘漸多。至嚴州時船夫語余，須添雇縴夫一人，否則不能與同行之船追隨。然自江干寫票之時，已訂明過灘貼縴之費一併在內也。內地旅行對於三夫之弊，謂擔夫、船夫、轎夫。實是對付不盡，乃益以三元添夫一名。今日上水，余舟較先亦不無小補焉。

十時過羊溪鎮，天較清明，徙倚船頭，山光甚爽。余同行之船共三艘，岸上縴夫十餘人，時已脫去累墜之品，奔走歡呼，其情狀恰似野外演習之散兵教練，而動作快捷，聚散有序，則久練之勁卒也。下午三時抵小溪，灘流頗急，過灘天頓清朗，斜陽在山，煊以晚霞，色極美麗。自秋徂冬，與日光作別已逾半月，久別重逢，其樂可知。夜泊茶園鎮，為淳安縣東鄉之一大市集也。

十五日。早朝露甚濃，漫彌江畔，舟行前後不能相望，艙內被褥皆含濕氣，鼻觀呼吸頓覺不靈，燃香靜坐，畧驅沉悶。八時以後曉日漸升，露氣漸薄，各船乘客均聚船頭，向日曝背，口講手畫，眾聲雜作，與兩山畫眉之聲相和答，蓋動物受太陽融暖之氣，各適其活潑之機象也。余乃洗換裏衣，出曬臥具，精神為之一爽。下午一時過港口。港口有一分河可達遂安，僅能通小船及竹筏耳。五時過淳安縣，縣臨水而無城，猶之富陽、桐廬也。其隔江五小山並峙，頗秀麗，惜不知其名。余舟急急西上，此間所見碓船情形特異，碓置於船中。船之兩旁翼以大輪，輪圍以竹條，橫以板片，藉水流之衝激，以資旋轉。內置簡單之機括，可舂可磨，而水漲水乾之時隨流上下，不致擱淺，此其利也。入夜，涼月澄澈，泊於四獅口。

十六日。朝霧猶昨，將近十時始漸清朗。早間在睡夢中聞爆竹之聲甚厲，始知舟過響聲潭，各船夫然爆竹，迴響為戲也。十一時舟過天王灘，流頗峻急，各船夫合縴上灘，余於鄰船之中得遇歙縣黃君濱虹，言談甚歡。黃君久居海上，此次回里一行，黃山本在歙西，可以不過屯溪，與之同行較便捷，且到山可早兩日。余到屯溪本無所事，以范君季美[3]為余轉託吳君敏生介紹於屯溪李君樹田，覓嚮導以入山者，今遇黃君，實乃求之不得者也。二時過竹節磯，余偕黃君上岸步行，自此至威坪鎮五里餘，三時即達。余船到時，捐局翻檢甚苛，鄰船客帶有皮衣四件，索加捐洋四元四角，分文不少，且無稅票，此外二船一與一元二角，一與六角，而余船獨得免費，然已延擱至一時三十分鐘之久。夜泊滾灘，與黃君談黃山情形，旁及時事。九時入睡。

十七日，早霧。七時起床，余舟已至黃家潭，自威坪至此十五里，又受統捐分局之查驗，所有局丁均尚高臥未起，催促再四，至八時始來看艙。八時三十分，余舟得以先行，鄰船又須納費。此間納稅之科目甚繁細，凡新衣未曾穿着者即要納稅。地屬浙界盡處，山高皇帝遠，人少畜生多。報捐云乎是？直納買路錢耳！可憐商民將從何處呼籲耶？

西行入皖之歙縣，南境過灘頗多，行十時餘始到街口。自江干西來，計程五百餘里，余船行六日，風水尚順利也。街口以上沿江之詳細地名，得於此補述之，亦旅行者所樂聞也。街口十里進甕浦，十里范村，五里閘堰，五里土家兜，十里魚浦口，十里渡河浦，十里大安浦，十里廟山浦，十里赤松浦，五里大嶺頭，七里念江驛口，十里鹿山頭，十里湯家埠，十里程墳，十里新店灣，十里梓橦關，十里黃山寺，十五里新城港口，十里窄溪鎮，十里柏浦，十里桐廬縣，十里鵝灣，三里鹿港灘，七里黃山察，五里七里瀧，三里釣魚臺，七里冷水浦，七里張村，十里骨口，十里烏石灘，十里東關，五里嚴州府，即建德縣。十里十里灘，五里宗潭嶺，十里馬沒灘，十里下衕，五里珠璣瀧，五里羊溪，十里白沙埠，五里羅同埠，七里試金灘，五里童關，五里猢猻磯，五里小溪，五里百步街，五里茶園鎮，五里瓦窰埠，三里羅山墩，十里藻河埠，十里塔行，十里港口，十里賴象灘，七里東溪口，三里淳安縣，五里羊鬚灘，五里小金山，五里四獅口，五里響聲潭，十里梓橦口，十里老人窗，五里大王灘、錫行渡，五里雲頭灘，五里竹節磯，十里威坪鎮，五里常潭，二里滾灘，五里王家潭，五里街口，為安徽境。

以上途程詢之船夫，船夫於詳細地點亦不甚明了，且船夫習慣，於客人之問路甚厭惡之，惟其大致當不差也。

一時抵米灘，亦曰尾灘。黃君謂在昔為新安江之尾端，至此船不能上，故曰尾灘。尾灘以上，兩山皆極峻，茶橘而外，皆藝玉蜀黍，幾無尺寸之棄地。蓋此間居民皆極勤樸辛苦者也。歷牽鑽灘、橫石灘，泊於九塢頭。今日僅行三十餘里。

十八日，早微雨。七時起床，余舟已過小川。抵大川口，九時，天晴。歷京口長灘，十一時抵深渡鎮，北距徽州府五十里程。深渡以上山勢漸平，江流較深闊，三里兩里便成村落，樹林森森，甫經霜後，青黃紅紫，絢爛如錦，而人家堊壁，厥色粉白，出於松端林隙，斜陽掩映，波光蕩漾，美麗清華，莫可倫比。余常言初冬風景冠於四時，至此益自信焉。六時宿狼源口。今日所過迷灘、金灘，皆甚費力，為新安江有名之灘也。

十九日。早偕濱虹於狼源口登岸，往過塘行雇挑夫，此間行李挑力均有定程，由行中寫一發票，尚覺方便也。南行過小梅口，十里過新安第一關，隔溪有南山，為唐許宣平隱居處，李謫仙造訪之所也。前行沿歙城南行西折，抵太平橋。其下為碎月灘，命名之由以謫仙有「幾回吹碎灘前月」之句也。橋製宏麗，為洞十六。橋之西端有樓翼然，上額「李白樓」，謫仙訪許宣平時曾登此樓飲酒。然太平橋何以不名之曰太白橋耶？西望最遠處，高峯插天，濱虹謂即黃山之絕頂也。西行再過一石橋，抵古城關村。更前即抵潭渡村，到黃君家午飯。而後雇來一夫。鄉間正在收穫，且本屆徽州以時疫流行之故，死病甚多，人工極忙。濱虹於此為余索費周折。二時成行。過景藍亭、沙堤亭，歷檀干唐模村、大路橋，二十里至潛口鎮，詣怡泰號謁其主人楊君藩周，係濱虹以一函付余轉請藩周為余介紹於湯口之程君明德處，代余覓一熟識山路之人，以為登山之導者也。藩周厚意，欲挽余宿於其家。余以今日自狼源口抵潛口不過四十五里，行程太短，聞此去十里有楊干寺可以止宿，且急於登山，能前一步則快意一步也。別藩周匆匆西行，皆在夾谷中通過，雜樹極繁茂。五里登雲嶺亭，斜陽西去，下嶺已夜色蒼茫。更前約五里，經下楊干村，中楊干村，上楊干村，渡一木橋，西折未半里山門崇峙，所謂楊干寺也。余急拔足進門，於星光之下見二巨鐘倚於頹垣之下，此外荒烟蔓草，瓦礫高堆，景況淒涼，觸目黯然，危牆西折，有門翼然，自隙窺之，並無燈火，側耳靜聽，又無人聲。余意昏夜深山，入此無人境，將如之何？挑夫繼至，推門大喊，逾時方得入門。門內一廳，三人圍桌吸烟，余即告以投宿之意。內一人詢余何往，余告以黃山。三人羣吃吃作鷺鷥笑，齊聲曰：「吾輩居黃山脚，倒未到過黃山，你個人遠在數千里外，來戲黃山，歙西人謂遊曰戲。乃找不着宿處而來此破寺中，何為耶？」並謂主僧不在，此間不能留宿。余語以行路之人難得到此，借宿一宵，借米造飯，明日上道，仍當厚予爾值，無所擾也。余之挑夫亦懇懇向眾陳說。許久始得允可，乃免露宿風餐之苦矣。九時飯畢，寺中人導余輩登樓，處於一小室中。余臥於床上，挑夫與從者中翰即臥於余之床前。

今夜有一疑異之事，且聽余之縷述焉。余等臥後，寺中人亦閉門安息，惟余輩登樓之時，寺中人謂行李無妨置之樓下，此間固無盜賊者也。余做事一向疎惰，而從者亦以趕路之故，各有倦容，網籃一隻頗沈重，而樓梯又狹峻，故只好置諸樓下也。余睡夢之中，忽聞隔室有器具移動之聲，余即警覺，張開兩眼，斯時余之床裏壁間有穴如指大，燈光正穿射余眼，余即隨光窺視，見一人叉手側面而立，間壁亦是一床，床邊一小棹上燃一紅燭，棹之抽屜半露於外，此人目光正注抽柵之中，余細察此人，年約三十左右，並非入寺時所見之三人也。余心甚疑惑，取表視之，時正十二時。余觀表之頃，那人即攜燭下樓，約經二十分時而返，余又由隙窺之，此人正攜紙包一物，長約四五寸，大約半之，鄭重包裹，藏之枕畔，滅燭登床。余思此人下樓之頃或者探余行囊，余除隨身帶另洋數十元外，而網籃中尚有大洋五十元、小洋二百角、鈔票數十元，非即其包中之物耶?不然，則此人或已窺余錢物裝此類似之品，以行金蟬脫之手段，亦未可知。須臾，又聞此人起坐之聲，余即躡中翰之足使醒，又慮即與中翰說明，若被那人聞見，誠恐未便，乃裝作登廁之狀，命中翰伴余下樓，而寺中三人之一人乃睡於樓下桌上。余至廁所，以所見告中翰，命中翰速察行篋情形而偽為取紙也者以掩動作。中翰回報，云所藏未動，余亦反樓，而間壁之人頻頻轉動，似欲又有所為者，余亦側轉咳嗽，示以余亦未睡也者。

直至天明，那人出外而去。余詢寺中人，云亦係過客投宿，乃後於余輩而來者。然余終不盡信也。

二十日。早，天氣甚清。余以昨宵未曾安睡，頗倦，而寺中朝餐甚遲，至九時始克成行。里許過一亭，題曰「黃山谷口」。自此五里過蓉溪，又五里祁門灘，又八里牛頭口，又五里五家嶺，又八里山下購麵充饑，過一石橋。行一里下謝，五里上山口嶺，下嶺至山口村，又逾石筧嶺、黃土嶺，約十里抵楊村。今日所行自蓉溪以上皆係小徑，茅棘撩人，沙礫碍足，東環西轉，在千山萬水中行，抵楊村已五時十五分，行李累人，不得趕道，乃投宿於所謂飯店者。屋小於舟，內黑如漆，一童子呻吟於床上，其他塵穢之度，不可以言語形容。須臾，一婦人自外入，鶉衣百結，肩負一孩，狀如丐婦，是即旅館之老主婦也。此間患疫，其家染病者已三人，彼以主婦之資格，只好強病來應客耳。楊村客店僅此一家，幸室上有樓可以下舖。察其情形，前客之去蓋不知幾千歲矣。室內器具以木板支床以外，並無他物。然余尚喜其壁間幸無裝飾品，不如浦城縣之膏藥纍纍也。棲止已定，米鹽一切均須自己購買。余命挑夫為余購雞蛋數枚，回云此間病疫，牲畜亦瘟，雞之死亡殆盡，將從何處得蛋耶？而挑夫遍索村中，尚購得鹽豬油一方塊，豆腐兩斤，小白菜數株，晚餐乃得大烹，快樂何如！余出白蘭地，滿引三杯，頹然入睡矣。

二十一日。早七時十五分，由楊村出發，大霧迷漫，對面不能見人。五里過東道岡，茅草塞途，衣履皆濕。東折過橋五里至金竹坑，十里至新橋，即抵芳村。更十里湯口，已下午一時五十分矣。自芳村至湯口之橋上，正對浮邱、雲門諸峯。至湯口則黃山一望，氣象極雄峭也。詣程君明德家，午餐既畢，將被褥及重墜行李置於程君家，以上山不便攜帶故也。自湯口村西北行，即上黃山之大道。途次遇一僧，亦來自湯口，詢之則慈光寺住持僧錫光也。約三里抵逍遙亭，下為逍遙溪，左為百丈岩，岩上一峯高聳，高可三百丈者，即為天都，怪石嵯峨，彷彿雁蕩之觀音峯。更二里許抵祥符寺趾，南為水簾洞，北為小補橋。自橋端北下有小屋翼然，內疊石如橋，洞下砌為方池，由石級十餘，下降即為湯池，池方長可一丈六尺，廣約半之，深可四尺餘，熱氣蒸騰，自池底汩汩如連珠上升，水甚清澈。余見之狂喜，以行道之故汗流浹背，即取毛巾肥皂解衣入浴池之內，方石壁有罅，清泉一脈注入池中，探之寒冽徹骨，聞此泉夏漲而冬涸，隨氣候之寒燠，以調和池水冷暖之度。余入浴時，池內不寒不熱，適當其可，池底沙礫光潤晶瑩，似含有玻璃質者。探沙而下，則熱氣炙手，不能頃刻忍矣。浴罷熱度蒸發，鬆快之至。余披白線毯於身，出踞於小補橋，縱觀山色，青龍潭水潺潺下流，脫盡塵垢氣矣。約束既畢，登嶺，萬竹夾道，約二百餘步抵紫雲庵，額曰「黃山第一茅蓬」，庵中老僧性海和尚，住此七十年，極力經營，梵宇宏開，始於月之初旬圓寂，惜余來不早，未與一面。在庵覓一上山引導之人，知行李又須減輕，乃改為大包裹兩個，餘物送還湯口程君處寄存。潭渡之挑夫不能登高，即遣回去。余作書寄家及各友處，亦交帶去。雇定導者二人，曰程進滿、進寶，湯口人，兄弟也，向採藥物及石耳於諸峯，為黃山最熟悉者。需二人者以便分攜雜物也。庵中有《黃山志》，借攜登山，以便搜索諸勝。

二十二日。上午七時，持巾出門，赴湯池浴，返庵近八時。庵中方打晨鐘，早餐甚遲。此黃山名藍，亦呈衰象矣。至九時始登山，午後三時抵文殊院。院倚於玉屏峯之下，語云「不到文殊院，不見黃山」。而余今到文殊院，見黃山面，余欲書余所見之黃山面，墨枯思窘，正不如從何說起也。

由紫雲庵抵文殊院之路，或云十五里，或云二十里，或云二十五里。此種路徑，何能以道里計耶？

余出紫雲庵，即從荊棘叢中鑽至桃花溪邊。一石倚於溪畔，大可二丈，形如擎菌；中凹一洞，厥形渾圓，大可三尺徑，所謂黃帝丹灶。更進欲尋丹井不可得，折回上嶺。約三里而達慈光寺，亦名硃砂庵，以其依於硃砂峯之下也。寺為萬曆時敕建，為普門禪師開山道場，今已無復舊觀矣。寺後為普門大師塔，崇禎三年許鼎臣為碑記之。禮塔既畢，寺僧錫宗和尚出茶款客，繼以麵點，以余輩登文殊院午間不能達到故，須果腹行也。由文殊院後上升，紫雲、青鸞、鉢盂諸峯皆在北方斜聳，而天都為之領袖。上升之路其崎嶇不可以言語形容，舉足之際大腿與小腿之角度有時尚銳於九十，而足之後踵失其效用，須用其全力於前趾，乃得舉步。沿途遇坑則累石而登，遇岡則鑿級而上，鑽洞而出，沿壁而走，普通登嶺之方法已全非矣。途中過飛來洞、打鼓洞，皆兩大石相倚，中通一縫，僅可容人仄身而上，肩背一包，尚多阻礙。如此行二時餘，一小石亭峙於岩端，方廣二尺餘，所謂半山亭也，硃砂峯已落脚底矣。天都之側，一石如雞，曰金雞石。硃砂之頂兩石聳立，形如豎二大鷄蛋於圓球之頂，高可四五丈不等，曰羅漢岩。雁蕩之頂珠峯無此玲瓏，普陀之磐陀石亦不足觀也已。更上五里餘而抵天門坎之下，南折數十步上望峯台，山下所見高峯皆須努力俯瞰，惟天都、蓮花兩峯東西並峙，爭長稱雄，為之神旺。北上天門坎，兩崖劈峙，闊約二丈，昔人記載皆云僅可過身者，非也。下天門坎約里許則為山腰平路，平者盡即折北而更上，其困難之度較天門坎以下為尤甚焉。首經雲巢洞，洞口有雲巢摩崖，洞高可六十餘級，既出洞口，北望太平縣屬，田疇村莊約畧可見，天都北壁堅冰如銀綃挂於岩側，此即天都飛瀑也。西折有一岩，壁上有摩崖，曰「引勝」曰「真如關」。進一石峽，老松踞於岩畔，為迎送松。更上依石之傾斜，鑿為坡級，下裝石欄，曰五里欄杆。過此抵臥龍洞，洞狹僅可容身。出洞東折，石壁開張，寬三尺，高可二丈，縱可五丈。出峽，石勢下降，形如鼻樑。鑿而下曰小心坡，下坡扶壁西轉五十餘步，過仙度橋，兩崖既離，非此橋則無可再前矣。橋之東側谷中，三小石峯突起，狀如假山，頂盤數老松，稱為蓬萊島，此良園丁刻意經營所造者，乃於天然境界見之。左壁岩上鐫一「好」字。此處風景大好特好，當為連稱好好不置，豈僅一「好」足以了之耶？更上為一綫天，狹亦僅能容人。出一綫天，抵文殊洞。洞更陰森仄逼，拾級出洞，一松大可合抱，躡其根而過，曰接客松。松側一大石昂起，曰獅子岩。岩西一石對崎，頂側峙一石笋，曰象岩。兩岩之中平地寬可四畝，而文殊臺峙於前，玉屏峯倚於後，中有石室數楹，為文殊院。

自雲巢洞以上，岩石之轉折危聳，令人神迷目眩，不知是穿雲是登天，抑是在絕大花園中，展轉於絕大假山石之空洞中耶？雲耶？石耶？洞耶？峯耶？余不得而辨之矣。天門坎以上，雜樹罕見，禽鳥絕跡，有一物以點綴黃山者，松是也。峯頭岩阿懸壁石縫，目有見，見松，耳有聞，聞松，大者抱合圍高參天，小者僅三四五寸不等，愈老愈勁，愈短愈古，橫枝偃蹇者，老幹囷輪者，小枝斜披者，頂盤如蓋者，皮古如龍者，余枯腸索斷，亦無許多文字足以寫黃山松姿勢於萬一，誠恐集千百名園丁使之從事於松之種植，亦何能得此松之大觀耶？

黃山各峯，以余今日所見，惟紫雲峯為土山，其他皆秀骨削成，矗立雲表，無峯非石，無石無松，松受雲露之滋長，絕無泥土之栽培，盤根錯節，裂石穿雲，黃山之松之謂乎？

黃山如人體，松其衣冠也，古裝時裝，男裝女裝，競秀爭妍，層出而不窮，無或相類，於是歎造物之巧能，為不可及也。

五時飯畢，登文殊臺，由院前越二大石，臺於石上凹下，形如盤椅，僅容一人打坐，不窄不寬，下臨絕壑，旁揖天都、蓮花、蓮蕊、天柱諸峯，森然拱衛，有北辰居所之概焉，其他皆拜伏腳底矣。沿迎客松而下，在文殊洞之背見一古松，斜倚岩畔，其頂上雙枝密拱，則如意松也，何其形似耶？

文殊院後玉屏峯壁多摩崖，曰「此山尊」，曰「黃山第一處」，曰「奇松怪石」，皆此山之評語也；曰「天地自明」，則余莫明其所指矣。

斜陽既下，罡風驟起，滿山松濤洶湧，如在大海中，此黃海之所以見稱歟？黃山高寒見稱於世，袁隨園謂其五月衣裘；余來黃山，沿途遇人告以所往，彼即以「黃山冷啊」四字相贈。昨到紫雲庵，庵中人皆云，山間已見雪三次，其第一次則陰曆八月廿六日也。下午觀天都峯北之凝冰，益復深信不疑。然今夕殊不甚冷，以余所記華氏表之度數，昨日湯口日中時五十八度；晚在紫雲庵，五十二度；今日早間在紫雲庵，五十度；三時抵文殊院，亦五十六度；晚間為四十八度。

明萬曆時，普門大師夢文殊師利菩薩趺坐於文殊臺，乃攀登鑿道，闢文殊院。前清光緒十三年，有甬人陳姓捐金重建，築成石室極堅固，上覆圓瓦，可免冰時破裂，游者到此暫得棲止，功德無量。僧德圓居此近五十年，今六十八歲也。

黃山舊名黟山，見之《水經注》中，唐天寶六年勅改今名，以其為黃帝與容成子講道之處也。黃山為黃帝求道之處，遂以為天子都，此天都峯之所以名也。峯雄峭無倫，陡而難上，今又結冰滑足，亦只得望之儼然耳。其峯旁名目甚多，曰合掌，曰仙人下轎，曰松鼠跳天都，曰五老上天都，曰仙人守門，皆極形像。然近來遊人稀少，三十六峯已多失其所在，安得一石一岩，而悉予以佳名耶？

院中向來本有被服可以供客，自前年被盜，所有一空，德圓與其傭工共用一被，亦薄舊不堪者，二導者與之共，四人同臥一榻。余所攜臥具，乃金山氈一條，白線氈一條耳。院中並無鋪，亦無草，合數板於院之北隅，以為余及從者安寢所，有木板厚逾三寸，其堅似鐵，乃將線氈放下，出所攜兩毛絨衫服之，而蓋衣服於金山氈之上，余與中翰兩人緊貼，尚堪取暖。一夢醒來，身體之貼於板者淒寒萬狀，余以手探之，即甫移身之處亦全無溫氣，展轉反側，並中翰亦不得安睡。今日登山雖勞而腰脚甚健，即極費力，並無酸楚，展轉多時，乃覺全身筋骨均顯不舒之象。余即披衣起坐，然燈視時表，正二十三日二時三十分，華氏表為四十一度，乃坐以待旦，伸紙潑墨，[4]雜書所見，以消遣焉。

黃山峭削天成，自慈光寺以上脫盡凡膚，挺出秀骨，幸石質甚糙，均為極粗之花綱石質，中含結晶體甚富，賴此之故，着足甚確實，無滑步之慮焉。

石質粗糙，色黑而潤，坡平處則為砂礫聚集，俗呼走馬沙，登山遇此，最宜小心着足者也。

遊覽山水，余以為初冬獨佳，以紅樹之美麗為他時所無。黃山徧山皆松，間或有柏，紅葉之觀，不能於黃山求之，然松下坡頭間多茅草，經霜以後黃色蒙茸，與松葉之深翠及天氣之清空相掩映，亦山靈著意煊染者也。

稱黃山者皆述其雲鋪海之奇，極高之峯頭無不多雲，如武夷之天遊岩，天台之華頂，皆余所曾目擊者，而兩處並不以雲海著稱者，則無黃山之峯之削之散以裝點於海面也。然武夷並不弱。今夜清空朗朗，晨間鋪海之變幻定不得見，然天下事安有十二分滿足者，可謂無厭之求矣。

遊黃山自信無十分脚力即不能遊，且須能耐些饑渴。自紫雲庵至文殊院，足力緩者須費七八時，沿途飲水亦甚難取得也。

遊黃山須備竹杖芒鞋。竹杖輕質，並須中式之齊眉杖為要；西式之手杖過短，上時亦可借重，下時則失效力矣。

芒鞋亦須特製，以布條結者最佳，次為麻結，再次為草結。余此行所用為麻製，較草製耐用，然萬一遇雨，麻之纖維中發有滑性，如此峻陡之山萬不可行，布製則免此弊矣。

與芒鞋有密切關係者則為襪，市上之線褲質薄而易破，易破則傷足，薄亦損足，絲襪更無論矣。冬季所用之絨線襪，易於發熱，行動發熱，足亦易病；襪套之弊與之相同，最佳者為布襪。余妻為余特製之登山布襪，極縝密而適足，然今日到文殊院，亦線破縫裂矣。襪不可寬，寬則與屨相切之處必起縐紋，易使足底傷皮起泡；不可緊，稍緊則足指不舒展，近路或不覺，遠行則極吃虧矣。

黃山峯奇，石奇，松奇，黃山溫泉，人皆稱奇。硫磺鹽質皆生溫泉，不足奇也。雲鋪海稱為最奇，余未之見。明晨是否見到，不能一定。不欲人云亦云。而其所以能上達之路，更奇。讀《黃山志》及昔人遊記，知黃山之奇，然腦筋中所蓄之奇，直不足較黃山實地之奇於萬一。余到文殊院，則腦海中之黃山之奇爽然自失。他人遊黃山，不知有此同情否？

黃山與華山並稱奇險，出人意外，危險之機，則在心而不在境也。華山之遊待之來年，當一試余之足力焉。

五時出門，涼月半規已掛天都峯頂，室外氣候為華氏表三十四度，東方微明而黑雲濛籠甚高，返室盥洗，飲茶靜坐片時，天已漸明。天都峯壁有猴鳴嗚嗚，然曉色陰黯，不能目覩之也。

二十三日。上午八時二十分，出文殊院，下嶺過小閻王壁，大閻王壁，大士岩，抵蓮花庵舊址。

下徑之逼仄，視昨日所行倍覺艱阻，而崖端壁間茅草塞路，流沙滑足，間以龍鬚草，光滑無比，凝冰初融，其費力費神，視昨日又為倍之。下降既畢，折而上升，石級之高，舉足及腹，數百步即汗流浹背矣。乃暫止休息，迴視來路，形跡莫辨，惟足下石級可見十餘步耳；仰望去路，亦僅見石級十餘，以上皆摩插雲間也。十時，抵蓮花峯與蓮蕊峯之間，又復休息。沿蓮花峯腰北走約復二里許，達二石岡，其傾斜向谷底下降者即為百步雲梯。余等所攜雜物即置岡上，由岡南折而上，岡甚長，度頗陡，鑿級以容足，如是上升約四十餘丈，此岡既畢，上崖連之攀崖而上，石級齊胸，盡力登之，沿崖扶壁，次第上升，約又百餘步，蜂腰側轉，壁盡入谷。谷底遍生棋子花樹，側身樹下，攀之而上，約三十丈樹盡，則流沙滿阬，沒脛及股，爬涉奮進，約十餘丈而登阬頂，余名之曰流沙阬。阬盡又逢一崖，寬僅容足，崖沿滿生龍鬚草，稍一不慎，偶然滑足，此身即墜於千仞峯下矣。龍鬚岡之長度不過五丈，沿而北折，一石片托崖而起，高可齊腰，長約丈餘，狀如欄杆，內僅容一身之通過。至此稍息，放眼東望，則徽州歙縣城已在眼前，天都之頂擎如屏風。自此前上，千旋百轉，手足攀躋而外，兼須肘撐胸挂之力，曲折摩升，計又穿過四石洞，登五危岩，更上石級八九步，而到蓮花絕頂矣。

蓮花峯頂平廣可丈餘，踞坐縱眺，所見廣漠，歙縣、太平之城皆俯手可摩也。西北橫山一帶岡巒綿亘，其北端二石峯突起者，九華山也。正西之山稍昂首於羣山之中者，齊雲山也。此外日光影射，濛氣蒼茫，亦不能識為何所矣。在文殊院望蓮花，似與蓮蕊不相上下，今登蓮花頂，則蓮蕊俯伏膝下矣。余以竹杖平窺天都，則其高於蓮花者亦極幾微也。余仰蓮花峯而臥，青天上覆如被，昨宵無被，坐以待旦，今何幸而得此大被耶？萬山如浪，而足下諸峯巑岏上簇，亦惟見之於目，印之於腦耳。時已近十一時，相率而下蓮花頂。頂之西側壁有摩崖，曰「天海大觀」，為乾隆戊寅孟秋汪洋題。頂下石上一凹，厥狀如瓢，導者謂是金沙泉。《志》載蓮花峯絕頂有月池，或即指此。更下有牆址，導者云亦名蓮花庵也。下降之勞則須偏用手掌之力擦石而下，此非身親者不能知其故。余至百步雲梯頂，時左手心覺麻裂，幸不甚痛楚也。

百步雲梯亦黃山艱阻處，鑿級陡下六十餘級，下時雖極峻而兩旁石崖藉其下陷之度，以阻視線，再下則外方崖盡，臨谷俯視，不能見底。昔有欄障之，今久壞矣，為狀更陡，惟石級之寬約近二尺，下自蓮花峯者，到此已上康莊大道間，甚可放足疾行。導者、從者在梯頭整理包裹，余首夷然通過。昔素聞其名，亦預防其險，過此乃不自覺也。梯級約二百餘步，云百步者舉大數也。《徐霞客遊記》云「磴石傾側岈，兀兀欲動」，信如其言；又云「過此，骨意俱悚」，[5]或自謙也。若過雲梯「意悚」而猶能上蓮花與天都者，余決其為妄言也。

下梯既畢，山崖仄轉，漸漸上升，抵鰲魚洞，時正十二時，乃於洞中稍息，從者導者各進果點，余亦掬水狂飲，快不可言。鰲魚洞在鰲魚峯之下，其洞亦似飛來諸洞，穿洞而出，陟一高岡，即抵天海。

天海地勢平衍，畧似方城山之方岩頂，而較為寬闊。然何以名之曰海，余在山二日尚不得其解。天海無路徑可尋，間二十步或十步有小石堆疊，隨石而往，即大道也。約五里盡天海，一石岡踞於天海之背，曰平天矼。矼之嶺曰光明頂。光明頂雖無蓮花、天都之高聳，而尚過於文殊院。在頂四面望，此實全山之中心也。各峯爭奇競秀，如萬笏朝天，周圍以包此頂，即雲門諸峯亦遙遙來揖，地奧而至曠，勢平而至尊，山間之勝境也。下矼西北行，則入後海，為太平縣屬轄境。

天海、平天矼各處多稚松，余等採得數顆，頗佳，並採萬年木數本，亦游黃山者應有之事也。

自後海西北行，其南一孤峯立石上，形如老人，冠帶儼然，即老人峯也。途徑忽高忽低，時上時下，約七里餘松林漸茂，箬竹塞途，拂竹踏冰，抵獅林精舍，即獅子林禪寺，已下午三時矣。

獅子林踞於獅子峯之下，為唐時古剎，太平軍之役焚毀已盡，後人重建之。其門前松塢，松不知其萬千株也，老幹高矗，平頂圓擎，若田田之荷葉，美不勝言。【6】昔人狀松，皆曰萬松如海，「海」乃擬濤聲也。余以荷狀獅子林之松，似乎大小不倫，若身臨其境，當知余言為不謬也。遊黃山者觀黃山之峯，兼黃山之松，觀松而未至獅子峯者，實即未遊黃山也。余謂獅子林包羅萬有，乃松海也。其前對後海，稱松林峯。寺旁古有五龍松，為山間最著之名松，惜死已三十年，朽本亦於去年砍去。余惟訪其松址耳。自寺陟獅子峯，不百餘步抵法臺石。石淩谷而起，如疊塔然，寬可五尺，廣可一丈。跨橋通過，石上一松高可齊人，老幹盤屈，勁古無倫，曰破石松，惜亦於去年枯死，其本尚在。沿法臺石而西，登獅子峯之頂，北望松谷，南及石筍矼一帶，峯巒奇削纖巧，斜照在山，煊映如展名畫。

下獅子峯而東，披箬竹，行約半里抵花塢。塢內一峯如卓筆，上產一松，姿勢絕佳，曰擾龍松，又曰夢筆生花，亦神松也。返寺已五時，晚餐酣飽。

黃山亦稱黃海山，何謂以海稱山，《志》亦未言其詳，今於前夜思之，亦不得其解。今日所見，乃知黃山多峯，峯之海也；黃山以三十六峯著稱，余所見峯巒，其數正不可勝計，山間無熟悉之人，導者亦惟能通其路，非能峯峰指出也，實則黃山之峰如海，不得名也，不可名也。黃山多石，石之海也；黃山多奇石，特置峰頂，有斜傾欲墜者，有玲瓏如琢者，其他五色石等，不在此列。黃山多松，松之海也。則海也，非山也。余不敢再以山稱黃山矣。

日間所過各處，若閻王壁，若百步雲梯，在足力膽力或有不濟者，聞其名當為股栗，孰知由雲梯上蓮花峯頂，登雲那得有此梯？遇壁皆足稱王，益以流沙滑草，更從何處覓梯壁耶？

余喜遊，余喜記遊。自來遊記多為籠統模糊之詞者，余最厭之。余所記曾經各山形勢，無一字不實不盡者，否則自欺欺人，負疚神明，果何為者？記遊之作所以開後遊者之先河，以文字雕琢或向壁虛造，皆不可也。余記登蓮花峯，畢讀之幾不成文，細思之則實境尚有罣漏，詢之導者，彼亦不能一灣一折，十分了了，大概則如是也。蓋步步須用全力，處處又要留神，余自問無此精力。當時只恐目的之不能達，惟有鼓氣向前，奮力直上，不能記得許多，後有來者為余糾正之，實受賜多多矣。

遊記受人詬病者，以其各各不同。余謂此非病也，人之胸襟不同，見解不同，眼前風景四方八面，一枝筆不能說兩面話，更何能強同，惟山川之方位地點形勢，非經陵谷變遷，不能或異，否則各以虛想搆實地，安見其能相同耶？

獅子林居士李君法周，家在金陵，來此禮拜《華嚴經》，力持苦行，虔樸可親，視世之案頭供幾本經典，口頭說幾句禪語，徒以說佛為流行時髦者，不可同日語也。

二十四日。六時起床，天晴，華氏表三十六度。七時三十分早餐已畢，法周盛言松谷油潭之勝，乃為松谷之遊。導者向未到過松谷，遊客至此，或折回或望丞相源下山，即算遍黃山矣。惟由獅子林去松谷僅一嶺，北下別無岔道，不過二十里之下山路耳。余即策杖出寺，中翰隨後，導者至此，亦惟余屐齒是瞻耳。

由法臺石北下，嶺亦極陡，惟級步分明，曾經人工經營者，昨夜大霜如雪，此嶺多處長年不見天日，石上苔封，厚可寸許，兩旁苔之最長大者可二三寸，狀如稚松，余以苔松名之，於黃山奇松中又添一可怪之松品矣。苔上微冰，着足嗤然，苔本極滑足之物，以長厚之故，反而着足如綿。約五里至一石亭。亭內之荒穢，莫可名狀。在亭前稍息。嶺旁之峯乃至不可勝數。自法臺石而下，峙立於嶺左者，約計得九峯。自嶺左蜒蜿而下者，約計得十峯。而峙於花塢之上昂頭得望見之者，尚不在此數。凡此諸峯，如豹如象如鳥如鳳，或砌如牆，或亙如垣，或立如人，或坐如佛，不能以言語形容。更下五里而至第二亭，東北高峯之壁，黑色之中一石忽裂，寬可數尺，長約三倍之，曰天牌。其東南峯壁一石人立，回頭而顧，神態生動。《志》載天牌亦名仙人榜，余謂應合東南之峯名之，曰仙人看榜。然仙人寂居深谷之中，尚有事於看榜，則是於功名利祿之場尚未能度外置之，無怪世之人擾擾塵寰者，為名韁利鎖所縛，而不能一刻自脫也。

前行不二里，兩溪合流，水聲潺潺。渡溪更下五里，而至第三亭。更前過茅林，約又五里而達松谷菴。已十時四十分矣。

菴側一碑兀立，為明萬曆十五年平湖馬維動之黃山天都峯長歌也。入菴，菴僧他去，居士吳典文待客甚殷，【7】典文文詞頗通達。

余時已襪履皆潡，衣褲盡濕，而縱視北方，雲封不啟。導者問典文，謂此處離太平屬之輔村計程十里。余以芒屨已壞，乃使進寶、進滿去輔村購酒肉，實則欲其購草鞋回，以便明日走山也。進滿取錢，拔足而去。

在松谷菴飲茶畢，即往探五龍潭之勝。余讀《山志》及記遊所載，似於實地上均有差誤。茲錄各說而證以余之所見，後有好遊者，不難追求而至也。

《黃山志》云：五龍潭在松谷溪中，緣澗而上者二，左黑龍潭，右白龍潭；潭左窟形如方印，其色黝，題以璺潭，或以流水澗中鏗然有聲，宜名漱玉。右在路旁，形狹長，如拖紳，名曰流翠。上潭黃龍所居，其名珠淵；下潭則青龍偃伏，其水味恰似揚子江中靈泉，或曰過之；最下實稱油潭，其色綠。此松谷諸龍潭之大概也。

明方眉子記松谷龍潭云：入松谷看青龍潭，坐石上望潭，無語可贊，無色可似，人多與黃龍潭並稱。黃龍潭雖不及青龍潭，然逆石而上，大亞於青龍，而澄碧與無異者不可百什計，天下色至此極矣，當無復出其右者。余輩性躭山水，志在搜覽宇內，至此則一潭若可了一生也。

典文以一人炊飯燒茶，極忙碌，無能為余導者，惟示我以油潭之方位距離耳。

自松谷菴北行度一小橋，此溪為西海之水所出，過一石亭，五百步而盡茶園，園盡，見一小石龕於路旁，上刊「泗洲佛」數字，尚約畧可識。典文云油潭即在龕畔，余乃由龕後穿出，披荊而抵溪畔，大石纍纍之下，一潭瑩然，大約丈許，深約半之。余意此種潭到處皆是，何能稱最於黃山之中耶？反折至路，更沿溪下，約近半里，於此見大小兩石，大者高廣約十丈餘，小者畧帶長形而不甚高，矗於溪畔，距路約五丈餘。石東之崖壁昂然陡立，而水流至此衝激之聲較為雄厲，余命進寶披拂至石畔俯窺，云下有一潭較深。余偕中翰相扶繼下，此大石之東面向溪，係駕於另一大石之上，一巨籐穿石而出蔓於石上，徑可五六寸，厥形如蟒。石之上端齊整如削，壁間刊一佛像，像之兩旁鐫一五言之聯，苔蝕不可辨，其右聯之首三字為「日色冷」，尚約畧可認。扶籐下越，則至小石之東，而抵潭上矣。

此潭長可七丈餘，橫約二丈，其形長方，下端畧銳，兩旁石平而溫潤光潔，極其可愛，凹為畜水之處，三級而下，狀如砌成之池，整飭無比，其二層皆在水中，水深可二丈餘，其清澈之度，與雁蕩顯聖門下之水絕類，上流自崖端搗下，勢極宏壯，眉子所記，「可了一生」，蓋即指此。余名之曰日冷潭，似較青龍為當也。自潭之下端石上跳越而過，至潭之右方，石壁不如左方之平整而凹為溝狀，深可三四五尺不等，長約三丈餘，此天台之龍游澗也。沿澗畔既盡，陂勢漸高，折而陡下，石又下陷，為一長逾三丈之小舟形，深逾丈許，舟底畧左之處又穿石成一潭，徑可五尺餘，畧如桃形。潭底儲極瑩潔之細沙，一石蟹大如銀元，正伏其中，潭底沙之深度，余亦無法可以試探。中翰、進寶至此，不能發言，惟目眈眈相視，【8】而其舌頻頻伸縮於唇際耳。余輩立足於日冷潭與舟形潭之界，中更溯而上，石勢兩岐，水分二支，即分注於日冷潭與舟形潭之處也。更上流漸闊，一圓石如釜覆於澗中。進寶先越而過，余再試不敢行，以此石頂圓，其下流急。余之麻屨已濕，相距約六尺而立足處又非可以作勢者，若一滑足，則瞬息之間浴於日冷潭之深處矣。余擬從日冷潭之入口跨過，而中翰極力阻止，謂此處流雖淺而急更甚，且狀極危。圓石上若偶滑足，尚可用力挽石而登，此處不能過，則一落十丈矣。中翰鼓勇竟越圓石，余亦作氣隨之過圓石。又越數石，而澗勢漸平，余甚失望，即折回，反日冷潭之下端，順流而下。危石下又滙為潭，大可十丈，以其淺闊全無意趣矣。更下亂石漸大，澗又漸束，水聲又大作，乃攀數大石而登。此時霧氣漸濃，舉頭已無所見，石上濕度如新雨乍晴，攀石甚艱辛，三人交互推挽，始得通過。既過數石，則路在頭上，而一潭又見於足下矣。

此潭較日冷潭畧短而澄澈相類，此即《山志》所稱在路旁形狹長如拖紳者，惟崖左右方位似異，實則余之見潭順溪而下，《志》之記潭則溯溪而上也。潭旁石甚陡削，余循左崖越潭口折至右崖，既登其傾壁之內，方石又陡。下為龍游澗之狀，深七八尺，寬三四尺不等，長可九丈餘，蜒蜿曲折，忽束忽弛，斂口而廣腹，是則於雁蕩湖南潭之龍溜外別開一面目矣。余立崖端，上窺見澗端又向內凹，斯時立足之處，外傾為潭，內削為溝，正當三角形之尖頂。其廣度不能容一足，攬勝心切，疾趨而過，崖之內壁陡削，又凹為一潭，狀如橫視葧薺式之罏，其徑則在四丈以外，潭內滿儲圓石，水不甚深，此《山志》所謂其名珠淵也。潭上之崖，形狀更詭異，非余筆之所能述矣。由此折下，更順流而趨，又見數潭，皆常品也。更下山勢東轉，溪石漸小，流亦漸平，乃攀南崖至大道，回松谷菴，已下午一時三十分。混身衣服，外為霧氣所濛，內為汗氣所蒸，濕漬異常，進寶、中翰亦云足根酸痛，蓋探谷之勞不減於昨日之登峯造極也。草草飯畢，向典文索筆，題一絕於菴壁：

文殊院上蓮花頂，獅子林邊石筍矼。更有靈奇觀不足，寒潭萬古自淙淙。[9]

由東南入山登黃山者，向無人至松谷。徐霞客記松谷，言其峯巒之勝頗詳，記潭則寥寥數語，曰青龍潭比白龍潭勢雄而大，「一泓深碧」，「亦佳境也」。則於松谷諸潭之勝，均已當面錯過。此老愛山水如性命，乃不努力一探索，何耶？方眉子記松谷云：坐石上觀青龍潭，一潭可了一生。玩其文義，亦僅見其一，未見其二；見其外，未見其內；見其方，未見其圓。《山志》所載更為文不對題，且言龍潭最下，因其色綠，實稱油潭。試問普天下之清水深潭，那一處不色綠如油者，此豈黃山所獨擅者乎？松谷菴之章典文，獅子林之李法舟，[10]較熟於松谷風景，亦僅知油潭，總算能對證古本者，然顧名思義，油潭之命名，殊太不雅馴也。

松谷菴之後一水出自西海，聞其內有老龍潭之勝，即鐵線潭也。擬往探之，時雲霧更濃，西風拂拂，陰寒逼人，乃相率返登，時已二時十分矣。五里以上霧氣倍增，對面不能見人，樹梢露重，滴瀝有聲，若早間非由此處來者，斷不欲向此上行也。至第一亭時足力極倦，進寶、中翰眉毛頭髮着霧縷縷，如穿細珠，頭上熱氣蒸騰，與霧爭濃，余回視之，不覺大笑。進亭暫止，見壁上刊有短碣，則乾隆時太平人劉景洲《築如意亭記》也。進寶頻頻呼嘯，山間發霧時山行者打招呼之方法也。山下一人聲應起，則進滿回自輔村矣，乃止待同行。其氣喘神疲之狀，尤為不堪。蓋往返多行三十里，酒肉草屨均已購來，可謂健矣。余神氣陡振，以晚間得飲酒食肉也，然此行徒哺啜乎，又為失笑。

時已四時十分，急前行。沿途採得苔松甚多，以其為稀罕之物也。更上約三里而霧氣漸清，諸峯皆現，蓋頂上清明霧籠山腰也。進滿云，此即雲鋪海也。余聞之急上，足力酸木，助之以手，汗出如淋雨，濯兩眼幾不能開，亦不暇拂拭。中翰等在後頻頻呼嘯，欲獅子林中聞知也。及嶺頂，法舟持茶壺執杯笑而前迎，曰：「先生辛苦矣。余已預備燈火，擬下山相接，不圖先生已到，往返何其快也。松谷菴僧在家乎？龍潭看見乎？今日天氣甚清明，惟半山有霧，雲已鋪海。先生上山時，山半天氣何如乎？」余如騾病聾瞽，不顧不答，急走踞法臺石，以縱觀黃山之雲海。

余昨述天晴多日，此行不能見黃海之雲，意想其情形不過如武夷天遊岩所見相等耳。此時則余須先自謝過矣。黃山雲之神奇乃出余意料萬萬也。石筍矼以下尚有數峯矗於雲中，此下則瀰望皆白，漸遠則白氣漸變為灰色，雲之起落來往萬變億幻，如海上颶風洶湧，波濤澎湃，目呆神馳。繼忽自思，曰：「余非航海駕駛家，安知海上颶風之情狀？況駕駛室中所見有限，那得有此眼界？」是則以海比黃山之雲，是亦未見恰當。然欲於此外更索一名詞以狀之，則余之腦海淺狹萬狀，適與眼前境界成一絕對反比例，昔人既稱之曰海，余亦抄襲成文從而海之耳。余所攜遠鏡係十二倍光，取鏡窺之，與肉眼所見亦復相類，其廣漠太甚也。海之最遠處，色作深藍，其外一白隱約，蜒蜿如線，其揚子乎？更遠呈淡黃色，是遠山映夕照，北方一抹較高廣，其匡廬乎？九華一阜，則為獅子峯所阻矣。斯時法舟立余後，曰：「久晴之雲為最好看，冬日氣清，是為更佳。若風雨前後，一白瀰漫，煞風景矣。」余為點首者再。中翰以茶杯授余，一吸盡之，醍醐灌頂，不啻瓊漿玉液，乃余之渴極矣。法舟為余誦寇準《登華山》詩，曰：「舉頭紅日近，回首白雲低」，即此境也。暮色蒼茫，返寺洗沐，酌酒為法舟述龍潭詳狀及今日探察之情形。法舟曰：「余實不知其詳，恨未相從同往焉。」

飲餐既畢，時已八時。中翰行路困乏，蒙被入睡。余徘徊庭堦，回想諸境，並憶雲海，樂不可支，遂至手舞足蹈，偶露拳脚諸式。余尚未自覺，進寶在旁曰：「先生好工夫，怪不得登山行路，與我輩不相上下。請見教一路，我輩亦當獻所長。」余頓然而警，蓋彼等皆曾習拳藝者，中國拳術同行相見之下，妒狠異常，必百計勝之而後快，身處他鄉，豈可與彼輩較短長者，急辭以他語，登床入睡，幸彼輩力量尚有限，且余待之不薄，未至十分見擾，深悔鹵莽不置。

余入山已三夜，皆以二三時起，披衣燃燈作日記，以此時腦境甚清，回思日間境，不至糊塗也。睡夢中聞鐘聲，則法周禮佛，已五時矣，方悟昨日之勞力也。

二十五日，晴。早華氏表三十六度。八時飯畢，別法周，出獅子林東行，中翰等今日行道皆舉足不甚便捷，而進寶且患頭痛，抱病而走。東行之路，箬竹沒人，箬葉上凝霜齒齒，豎立如毛，長可三四分，寒氣凜凜，鑽行約二里上級三十餘，一老松大可合抱，立於嶺旁。再上十餘步，一徑北折，則上始信峯徑也。箬竹益叢密，惟較短，而齊人肩，箬葉之霜盡落領中，殊覺難受，乃以巾裹手，以手衛頭而行。不一里上一石坡，皴斜甚平，約五十步而石崖崩斷，相離約一丈，石橋駕之，寬可四尺餘。橋北一松伸枝若橋欄，膽怯之人得此亦可穩度矣。自橋上顧左方，畧有傾斜，以當視線；右外方劈空陡下，不能見底。余無測量器，不能斷為其深若干也。橋之北壁有摩崖，曰「祁西王啟邦造」，則建橋者之題名也。橋盡沿壁，壁之右方一石，豎立如碑，厚可尺許，高大一丈，此石縫不能容人，側身而過，峽內下陷，無可着足，松根盤結，履之而進，人皆稱接引松，伸枝作欄，而不知其盤根作級，為更奇妙也。更前一方石，上刊「聚音松」三字，正書，大可六寸。攀此石躋登，則達始信峯頂矣。頂上大石五六，古松十餘，中寬平丈許，可坐可臥。北面石上刊有「麗田生彈琴處」六字，其上亦有字跡，似甚古，摩之則黃在田題名也。南石為近人刊詩、記各一通，不足錄也。踞坐四望，雲鋪海猶昨晚，此境清曠秀遠，幽渺飄逸，古今名畫家幾人能有此意匠？愛玩，殊不忍去也。

九時二十分，自始信峯下而東折，即達東海之門，陽光正照，霜已漸融，包裹衣服皆從水中浸出來也。南望平天矼之峯，迤逶而下，其得數者得十數；隔岡之峯則玉屏連綿而達天都，其可數者亦不計其數，視雲谷道上，奇詭更為過之。下嶺約二里，嶺旁三大石峨然，上覆老松兩株，極似天台之圓通洞光景，彼得一以擅勝，此則於千章大木之下，見一殘黃落葉，其有一顧之價值乎？嶺峻茅塞，迷路數次，視赴松谷之路艱難倍之。此種通過之處而稱之為嶺，呼之為路，則鄉間用亂石砌成，闊可三四尺之路道，直可稱之為大練兵場也。有疑余言之過甚者，請往試之，如不信者，願受懲罰。

距雲谷寺尚六七里之處，有一塔，題曰「諦昌五世雲舫開山雪莊傳悟老和尚金骨寶塔」，不知其年代也。

抵雲谷寺，已下午二時矣。雲谷昔為極大梵宇，右為天都、仙掌、鉢盂諸峯，左山蜒蜿，松亦甚茂，前為火焰峯，其後一山亦稱獅子峯，形勢絕佳，其舊址之宏壯，當為山間第一，今則大殿翼然，僅有棟柱耳。後有旁屋，其小如艇，則佛殿也。東偏茅屋數椽，偏竹為門，灶室臥處均在其內。

寺僧定青和尚，現年四十二歲，剃度於天目山，住雲谷已十餘年，目不識丁而拳術極好，夜坐而不寐，戒律精嚴，力持苦行，時常外出，一兩年不歸。導者沿途以其畧史語余，謂那個和尚須要小心，其皮氣極不好也。余至寺，定青拱手相迎。余細察定青身體修挺而貌畧癯，目光甚銳，清厲之氣撲人眉宇，詞氣和藹，非類粗魯者。詢余所從來，連稱難得難得，即自謂：「曾朝拜五岳，及佛氏所謂四大名山，八小名山及終南山，均曾去過，路之難走，無有如黃山者；西岳雖險，亦是石級甚平，不過其狀似危，且無黃山之高陡而廣大也。並言黃山諸峯頂，惟天都峯曾上升兩次，均未及頂而止；第二次上天都時，與一採石耳者同行，尚不得到也。天海不在平天矼之下，自平天矼西行下谷，離平天矼約十餘里，與西海相對，其中潭洞岩石之勝不可計數，西海之廣可三四十里，其頂則未上，餘則大小諸峯無處不到。現屆冬令，天海寒冽，人不能耐，惜不能去矣。不然，願為先生引導也。」余聽之神往，而導者進滿等則如小巫見大巫，亦唯唯靜聽耳。

茶畢，時已三時。定青導余出寺門南行，入叢林之中，樹木蔭翳，不見天日，披茅穿棘，莫辨東西。定青舉足極健，余亦奮力從之。過兩土岡，抵一墓，題曰「麗田生墓」，壙口土泥新封，定青謂：「此墓碑久僕圮，余於去年樹而植之。其內為二壙，余不識字，不知為何人。惟初來此時，聞人相傳云為仙人墓也。故導先生一觀。」余極稱謝，並語以江麗田，家在揚州，善鼓琴，曾隱此山，未知其終老於此也。定青曰：「如先生言，則麗田乃實實在在之神仙，非空空洞洞之神仙。我為修墓，為不虛矣。」更鑽行多時，抵龍峯菴址，茅長沒人，自菴址南折，兩大石並立如門，門之左壁有摩崖，曰「梅屋」，字大尺許，余令定青肩余而登，摩其欵識則「江祝建題」也。出門又得一小溪，溪南崖壁上鐫「月岩讀書處」五大字，下款「采老人」。岩之東北壁傾斜之處鐫有「釣月臺」三字，字大尺許，書法秀勁，下款惟識「邑溪」二字耳。余立於溪畔石上，定青踞石而坐，謂此處風景尚不差，幽靜可人，對山遠處為箬嶺，其缺處於秋月初升時，望之若可援手摘也。余始悟釣月臺之所以稱也。定青又云：「此處曾有一看風水者叫我出售，我決不賣。自此往南，林更密茂，余亦往往失途。去年雇工五人入此掘筍，而山鬼時鳴，余輩互打招呼，竟日乃出，並未掘得一筍也。此間相傳有巨蟒，大可四五尺徑，然余未嘗目覩，不能信其為有。惟曾見一岐蛇，其粗如碗，盤於對面石上，口噴烟霧，殊覺可厭。再南一大松，可見其頂，其下為虎所齧，皮骨幾盡，尚昂然突立，可異也。此虎常往來於我寺中，去年冬間冰雪多時，彼曾向我乞食，其重可五百斤也。」余聞之凜然，催定青起行。又陟降許久，向東北而趨，抵普同塔。普同塔之後方，又有一塔，其形六角，中行書曰「開山本師寓安寄和尚」，左方書曰「先父寶林張公道友我淨恆上座等覺靈」，右方書曰「崇禎八年春月吉旦，二代住持大守等建」。定青詢余以墓內之人，余語之，彼即向塔頂禮而拔除其蔓草，頃刻畢事。普同塔之下一塔為明圓寂靈谷禪師塔，余顧定青，此禪師塔也，彼亦頂禮如前。更越溪攀鑽，許久而抵大道。

西北行不半里，左折入林，不數十步又一塔，頗壯麗。定青曰：「此相傳之丞相墳，丞相源之所由名者也。」余覘其所志，則本山第二世壁庵正志禪師塔也。出塔更上，石級平鋪，頗寬廣。不百步過漸佳岩，此岩及以下岩，皆余所命名，本之其摩崖也。岩壁鐫「漸入佳境」四字，更上為雲低岩，岩上橫書「回首白雲低」之句；為醉吟岩，岩上鐫「醉吟」二字，大可尺許，筆力雄健；邃幽岩，岩上鐫「邃幽」二字，下款「徐士業」。更進為妙始岩，岩上鐫「妙從此始」四字，下款「戴延祖」。妙始岩高可三丈，定青掖予而登，南指林木最深處曰：「此余輩來處，往返逾十餘里矣。」下岩上行數十步，定青又左折入林，不及百步，兩石相倚如門，高可二三丈，上開不及二尺，其下漸弛，穿之而出，巨石五六，圍溪成潭，方可三丈餘，水色澄碧，潭口一岩阻之，高可五尺，廣亦如之，俯於潭面，石上苔痕班駁，似刊有「酒冽」二字。余正摩撫間，定青已越石而上，曰：「此處有大字。」余亦攀登石頂，下斜之處有摩崖曰「麗田先生琴臺」，下款以水面不能駐足，不可摩讀。潭上老松五株，盤屈偃蹇，覆於臺上，水流潺潺，注入潭中，幽奧清秘，又是另一境界矣。定青謂：「此處始於前年發現，工人掘筍至此，云有潭頗大，水頗佳。余來觀，亦頗愛之，乃稍斫竹木，得通來往，不知為何古蹟也。」沿潭而南一大石，高大可五丈許，鑿級登之，則視琴臺為顯豁矣。然亦不能見大道。石之西偏有摩崖，曰「已移我情」，下款「程振甲」，題曰「五松入韻」，則無欵識，書法皆佳。時已黃昏，匆匆返寺。

寺中無燈燭，於瓦上燃松柴之多脂者代之。晚餐，菜僅素湯一鉢，極淡，炒豆一碗，以此供四人餐甚若。余所攜尚有牛肉一罐，白蘭地少許，擬出而食之。定青預語進滿云：「見先生攜有酒瓶，如欲飲酒吃葷，請至山門以外，此處可不准也。」進滿轉以告，余亦不敢破其戒，並紙包之蝦子腐乳亦不敢取出下飯。

寺內無被褥，其工人所用僅一條破絮，讓與進滿等。定青自己則終年趺坐禪床者。余幸寺內尚有稻草，取來鋪得極厚，視文殊院三寸硬板舒服多多矣。余等睡後，定青又取衲衣等件加之各人身上，大小有差，其工人之床上亦以簑衣蓋之，其心思固甚精密也。

徐霞客過丞相源曰：「丞相源，山間夾地耳，其菴頗整，四顧無奇，乃不入。」【三】當時雲谷風景，想與今日無異，即無江麗田點綴其間，而林壑之勝固已在也，何其所見，與余適相反也？

晚間華氏表四十度零。

余今日下山，沿途得雲霧草甚多，其狀如髮，其色如古銅青，能愈目疾，長於峯壁，風吹則下落耳。於距雲谷寺約六七里之處，見一糖榛樹，大可一拱，此樹進滿等呼之為糖榛，吾鄉呼之為畚楂，清明結果，色紅味甘而略澀，小兒喜食之，為之謎語曰「年內開花年外結」。子既如東瓜，又像蓮子，木質之堅，植物中無其倫比。雁蕩支脈之太湖山盛產此樹，不過蔓生荊棘之類，最大者如拇指而止耳。聞人相傳云：得此木作拍板，音之清澈為無上上品。余山居無事，常常拍板高歌，夢想此木不能得見，不識植物學家稱為何名也。喜極欲狂，以無刀斧而止。至雲谷寺，向定青索得鋸斧。余往龍峯，命中翰偕進滿往取，而留進寶於寺內。二人往返十餘里，費盡刀鋸之力，得一段，粗適一拱，長可三尺餘，重計二十二斤餘。定青見之，歎為得未曾有。亦此行之紀念也，合補書之。

二十六日，晴。六時三十分披衣出門，華氏表三十八度，殘月一勾掛於峯缺。須臾陽光映射，九龍峯蜿蜒而下，松林之中雜有丹楓數株，豔麗無兩，信步出寺門，循路下行九十五步，小徑右折，入林曲折五十餘步，仍達麗田琴臺。摩讀摩崖，下款則「嘉慶乙丑秋仲，族孫璠書」也，「麗田先生琴臺」六字大七寸許，八分書，「麗田先生」四字一行，「琴臺」二字一行，與「麗田生墓」四字筆法絕類。由琴臺反，沿路上三十餘步，左折入林，達琴臺潭畔之崖上，俯視琴臺風致，亦甚佳。余倚松象想麗田先生在此鼓琴情形，流水潺潺，恍然如聞勾撥之聲。定青踵至，云此處夏日清涼，嘗攜棕團來此打坐，非人間世也。相率歸寺早餐。

雲谷寺前及其北側有檜柏兩株，其古老不可名狀，枝上葉分兩類，其一種較闊而光，絕類黃楊，人謂其藤蔓寄生。余以遠鏡熟窺，則絕無蔓纏之形，余意其為折合本也，未知是否。

八時四十分，定青導余往遊仙人洞。自寺側北谷登谷，余乃叩定青之身世。係湘潭趙氏，父某素精拳技，從曾國荃為護隨，有大戰功，加銜至提督，其實不過做到一守備耳，衰年多病，解職歸田。拳技出於父授，父歿，出遊，遇少林僧而就正之，素精鷹爪、羅漢、叉法刀諸技，少林派最上乘之工夫也。壯年日能行二百里，出家後徹夜打坐，腿力較遜，不能健行。然運功之時，乃得進習神爪，此技若得成功，能於百步外抉虎豹，此雖達摩祖師傳受之內功，總非佛法，故亦不孜孜求之耳。余與中翰隨之聆而忘路之艱險。過兩岡聳峯墜谷，不可勝數，而山崖間獸跡纍纍，爪大如盆者為虎，其印有蹄痕者。定青謂是山牛及山馬也。定青指對山一岩，聳立其旁，有窪形，謂即仙人洞口。余視時表已十時二十分，自立足之處以達洞，尚須盤屈由西折北再過五岡，而與洞門相對之桃子峯則矗立於余輩頭上，三石疊矗，形狀奇異。余止定青，無庸前往。定青曰：「余前次導一客遊此，彼未到此處，以為森陰逼人，路險不可行而折回。先生既到此，不妨再過一岡，可以飽看洞口也。」余從之再陟，乃此岡皆流沙，其鬆滑陡仄之度，較天台之瓊臺殆十倍之。定青先登引余，余引中翰，相率而登約三十丈，北望洞口，石壁罨斜，上為階級，洞頂如牕，整齊如築，闊可二丈。定青謂：其深三丈餘，內光平清潔，且有二井，惜先生之無工夫也。由此折回下山，極快，反寺尚未十二時也。

昨日由龍峯庵回時，越一溪。定青語余曰：「此九龍潭之最上流也。」余問：「九龍潭可去否？」定青曰：「可。」余問：「可一潭一瀑逐漸經過否？」曰：「可。」「然則和尚當識途徑乎？」曰：「然，但未嘗為游客導，以該處奇險，望之股栗。雲谷嘗有過客，我為之導至龍峯庵，即以艱阻而無味者，安能更至九龍潭也？」余曰：「明日導余一往，可乎？」定青曰：「導遊勝處，山僧之分內事也。能否過去，不敢為先生決。」余曰：「姑往試之，不能過折回可也。」定青唯唯。

自仙人洞返，余語定青踐昨日之約，進滿等皆咋舌，力言其奇險，不可往。余意彼等躲懶，那得有此險境，且余意已決，不能再止。中翰願從，令進滿、進寶先挑物下嶺相候。部署已畢，定青曰：「時已向午，且進食飽餐為佳。否則，腹饑乏力，不能行也。」乃為蒸玉蜀黍餅。粗糲之至，進滿等皆不能下嚥，余食其一，中翰食其二，以未曾吃過，亦可口也。時進寶病急欲歸，見定青殷殷款客，頗懟之，暗地詬定青，定青之耳覺極靈，為所聞，睜金剛目作獅子吼，進寶拚命逃出山門。定青急向余謝過，云：「此輩小人，名為遊客導，實為遊客累，非我不能容也。不然，彼狗骨雖堅，著我一指立碎矣，我亦警戒之耳。先生到此非易，恕無禮也。」

一時出寺，循大路而下，五里許右折入林中，定青先導，凡撩人之樹枝者，小如指者，大盈把者，彼隨手而折，皆類摧枯拉朽。余緊隨其後，中翰繼之，約二里而抵溪畔。隨溪東趨，溪中皆大石纍纍，定青越石而過，余等後隨，皆用縱跳之力。有闊至八尺以上者，有圓極而滑者，前日在松谷潭邊，闊約六尺之石，屢試而過，今日隨定青，倍艱者亦夷然通過，余亦不知意興與足力之何來也。如是約又三里許，石漸粗漸盡，溪底石平鋪而凹凸時起，一潭下窪，長可五丈許，闊可一丈，深亦如之，視松谷之日冷潭為倍勝。余謂定青，此其第一潭乎？青曰未也。余汗甚而渴，乃稍休息。此長形潭之下流，約再二丈許，石崖畧為一陂，級高可丈許，其下四潭並列，狀皆如釜而不甚深。余等越四潭而至溪右，其石崖如堤，又斜下約五丈許，又窪為一潭，其大逾釜，深不可察。潭口之崖突然劈下，深約百丈，此九龍瀑之第一折也。自瀑端俯瞰，一潭為狹橢圓，形如一片大綠玻璃，嵌於谷底，則第一潭也。自瀑壁右側東行，沿過峭壁頂，約三丈許，再鑽荊棘叢而過，又達一壁，陡逾於前，而崩壑直下，已臨第二折瀑之上，逾第一瀑之下垂者，深二三百丈，以下俯視二三四潭，皆能窺見。定青語余，側身內向，用力抓岩壁而過，【12】復過一棘叢下鑽，再過一壁，陡形如前，而其困難則百倍焉。懸崖陡壁之通過上升尚易，橫過較難，由上而下，彼肉蹄之獸，亦將望而生畏。定青至此，亦蹲身不敢直立，顧余謂但下無妨。余畧試一步即退回，攀棘而坐，謂定青曰：「此地通過，須二十個手足指一齊用出全力，稍一失手，將如之何？余等各持一杖，決不可行。」定青乃將各杖向前下方之叢棘擲去，先以手指及掌用力擦岩壁，而徐移其足。曰：「先生放胆。此岩極粗糙，不滑足也。」余定神息氣，力持心無險境之觀念，徐下降。約三丈許，壁腰如束帶，一石筋橫亘，其陂稍平，寬可二三寸，其下則更為陡削，以臨二百餘丈之深淵，得此束筋，稍可着足。東趨而前，又遇雜林。定青曰：「沿石筋向瀑壁內行，可至第二潭畔，其狀更可細視。求雨者至此，均懸索而進。今無索，然有我在，亦可前行。」余至此心為境移，膽乃怯甚，辭以在壁上，已經看見，不必再往，且筋骨疲甚，當稍息。中翰奮勇，余亦聽之，回云：二潭狀與一潭相類，惟口東內張，黝然深黑，無所謂碧澄澄也。余斯時俯窺二瀑之下流陂斜頗平緩，其上又凹為二潭，近外者如圭，近內者畧圓，其一半適為崖壁之草所掩，不能全見矣。定青乃再向林中漸橫漸下，皆仗兩手懸掛之力。余等至此只好向前從之。定青頻頻謂，當心，枯枝不可亂攀。斯時余向樹隙下窺，則全身懸於潭上，相距約近百丈。攀而西折，乃下澗而達第五瀑之頂。跨瀑而過，坐於石上，仰觀三瀑，三瀑連屬，下垂雖無雁蕩大龍湫之懸流飛灑而致態亦甚可觀。余謂立足之處當為第六潭矣。定青曰：「先生所見之斜陂中固有二潭，然不得謂之龍潭。」余不與辨，亦從而三四之耳。三潭形圓，在下，仰窺不能十分分明也；四潭形如蕉葉，由東北而西南向，長可十丈，寬可七八尺不等，其外方甚淺，八大石堆之旁，塞小石數十，潭近瀑處約長丈餘之地突向下，窪底尚約畧可見，其東北端則另闢一潭，形如五瓣梅花，徑可丈許。余來往觀察，樂而忘倦，俯身第五瀑頂，以口就流，吸水狂飲。斯時定青趺坐崖上，若有所思，余視綫所及，彼即招手曰：「先生來，我有詩數句，請為我錄之。」余陡聞此語，疑雲突起，以不識字之和尚，乃令人代為寫詩，豈非怪事？唇翕翕欲大笑，盡力耐之，持鉛以待。定青吟曰：「九龍懸崖連九連，瀑布一飄數千年。天生奇景無人到」，彼畧沈吟，余即續之曰：「萬苦千辛我最先。」定青拍手稱善。此廿一字乃出諸不識字之定青之口，亦算奇事矣。四瀑下流僅三四丈許，則為五潭。向如四瀑，而其形如梭大，視四為三分之一焉。五潭下流陂斜僅約二丈，潭口橫一白石筋，寬僅四寸，長可二丈，橫亘南北，更下為第六潭，上口整方而下口橢圓，余在上下視，覩此大奇，急履崖而下，至於其畔，一大石踞於潭左，至此審視，則潭為三角形，其出口處略圓，形如湯瓢之前半截也。潭大徑可二丈，其內方潭壁更為奇幻，水向外衝而壁向內凹，六潭下垂，為第七瀑，高可十丈。其下為第七、八潭，則兩潭向壁內凹，為不周圓之連環形。更出為九潭，則荷葉邊之圓形潭，廣可三丈，深不見底。更平流二丈許，折而下流，為第九瀑。斜垂可四十丈，瀑壁北折而斜亘。余輩之去路又斷矣。此傾壁之上方高不可仰，其下方斜可三十丈，折而陡下，約在六十丈，以下不能窺見其底也。仍用沿壁之法逐漸前行，時余手中之觀音竹杖因用力於攀壁之故，琅琅然沿壁下落谷底。此杖採於雁蕩之展旗峯下，暮春遊武夷，今來黃山，南北相隨四千餘里，未嘗離手中。余登山力乏，並一竹杖而不能衛，余滋愧矣。然此杖不墜於他處，而墜於九龍潭，杖亦山水知音乎？定青擬為余下谷探取，余不可。乃沿岡北上，攀登之難，此其最矣。山之傾度近七十度，土鬆多石而樹稀，踐土土崩，踏石石動，攀樹樹遠，兼用肘膝撐支，約三里而至大道。定青揖余曰：「龍潭路不好走，累先生甚矣。後會有期，前途珍重。」即別去。余惟目送之，而進滿尚待於嶺下稍平之岡上，急奔其處望九龍瀑，僅見三四折，於此觀瀑，見瀑之皮毛耳。余藉茅躺臥，頭大熱，炎如火，腹大饑，轉如雷，腿臂酸麻而木掌趾刺痛如擊。余倦極矣。進滿曰：「奇極險極，先生竟能履九龍潭而下也。我意先生被和尚慫恿，或至第一瀑頂而折回，則至矣盡矣，乃竟逐潭而下，我非親見之者，決不信之也。」余曰：「然然否否。凡山中龍潭所在之處，必兼奇險，不險無以見其奇，不奇何以見其險，愈險愈奇，愈奇愈險。天台之銅壺滴漏，雁蕩之湖南潭，亦皆數曲而下，特不若九龍潭之更奇更險耳。余固知其奇知其險，而不料險到如是，奇到如是也。他山之險之瀑，如亦有與此相彷彿者，則九龍為不奇不險，於求雨之外，縋索而過，而尚有人肯僅恃手足之力以通過者，[13]九龍潭亦不為奇不為險。余過此潭，人不信，余不自信並不信人，然余竟通過矣，汝輩皆目見矣，亦惟稱之曰奇極險極耳。」

陳貞父先生以忠登華山，以七死狀其險，記過千尺百尺峽云：千尺、峽百尺，一躡朽枝即將墮，援余者安能為力，死矣；即余不先墮，援余者失足墮，余必俱墮死矣，山頭或下片石，死矣。余過九龍潭時，身雖非在華山，而先生之言盤旋腦海，如照片置於顯影水中，愈呈明著而不能遣去，余等三人之中，或有一人足一滑則死，手一鬆則死，臂一撞則死，腿一酸則死，衣褲一勾亦死，死則瞬息之頃，身如中電，粉身飛骨於此絕壁深淵中，巨聲轟然，其痛快當無倫比。民國三年正月二十日，雁蕩之連雲嶂有二人采樵嶂頂，一人先失足下墜，一人驚怖無措亦繼而墜，人身著於岩上，發聲甚巨，震動山谷。附近居民初疑岩崩，旋察之，二人皆粉碎矣，其高度僅七十餘丈也。不然心一驚，膽一戰，身未墜而魂先墜，亦足致死而有餘，然終能安全通過者，無非仗此一點決定之心耳。心理奮鬥具奇妙作用，有無上能力，天下固無難事也。《黃山志》載九龍潭，開口即曰，「自丞相源道上望之可見」，則是見九龍潭者皆在道上遠望耳。又曰，「或圓或方，其數為九」，是則揣擬想象之詞也。彼烏知九龍潭之內容哉？

方眉子記九龍潭云：「余行澗中，常不循峯徑，捫巉岩履壁而上，上則無不齒其巔，曳杖而下，隨澗而落，無不窮其變。」其經過如此，巉岩而能曳杖而下，惜乎生在異代，否則余當不遠萬千里登門而請教其如何曳法也。

時余之食物等均為進寶先行挑去，不得已強飢前行，下嶺三里過一石坊，上書「黃山勝境」，乾隆時所建者。抵苦竹溪，在居民胡嘉泰家造飯。其家人問所自來，皆大驚異，云外來遊客而能過九龍潭而下者，實為見所未見、聞所未聞也。飯頃聞村人言，知由第九瀑下沿溪而南，過石門關、青蘿原，直達湯口，較為便捷云。

晚餐已畢，星光微茫，乘夜赴湯口，五里而至，宿於程君明德家，給進滿等以工資六元，並飭送

《山志》還紫雲庵。

黃山之勝，非飛仙不能窮。余在山行六日，算是遊山告一段落。遊黃山有數難焉，列舉如後，世之好遊者知所預備焉。

一，赴黃山之道上，旅舍住宿難。沿途情形，余前已言之，不再贅述。自大通由太平登山行道情形，聞亦如是。若於途中能覓得朋友暫住，則較方便。否則，內地行旅未慣之人，其困苦不可名狀也。

二，天氣難遇。黃山夏日甚涼，山頭氣候尚在華氏表四五十度之間，而冬日若無風無雨，亦復相類，余已身經非虛也。余謂遊山以初冬為宜，而黃山更不可不於初冬遊之。巉岩叢林中常伏虫蛇，至冬則已蟄伏不復見，此一宜也；天清氣朗，少漫山雲霧之苦，二宜也；日間天氣在華氏表五十餘，無炎陽烈日，行道攀登均不甚苦，三宜也。

三，道路難趕。此非謂險絕難行也。自硃砂庵達文殊院，自院達獅子林，自林達松谷達雲谷，相距均二十餘里，此種二十里之路，益以各方看看風景，上上下下，寧行平路百里，若不能趕即露宿矣。

四，嚮導難得。湯口向有海馬負客登山，能歷指各勝，而今無已。余所雇之進滿等，路亦甚熟，彼輩向來採藥，某峯有石耳，某處產黃連，彼所熟識也，而非余輩遊客所希望之熟識；向來導客至文殊院而止，遠則至獅子峯，由獅子峯下丞相源者，彼輩導遊數十年，不過及三次，其特別任務則牽布一塊於通過天門坎、閻王壁、小心坡、百步雲梯各處，以為遊客護欄，其他非所知也。

五，主人難遇。黃山各寺庵居僧僅有一人，惟紫雲庵較多，僅三人耳。有時彼等外出不遇，則客到惟有嘗閉門羹焉。

六，關於黃山之記載，難據以為指南。余此行所攜書類，為徐霞客《黃山遊記》，《黃山志》及商務印書館出版之《黃山》。[14]

《黃山志》一部，在紫雲菴借得，乃康熙時閔麟嗣所纂，[15]遺漏甚多，即所記三十六峯，亦未明其方向地位焉。

徐霞客先生為中國第一好遊人，曾到黃山兩次，在山共十餘日，其所記錄亦極簡單，不能為余之助。商務印書館出版之《黃山》，為黃君炎培遊山時所攝影，實地寫真，當可按圖索驥，萬確千真矣。黃君余未謀面，聞其熱心教育事業，心焉慕之，乃並此寥寥數紙而亦不能無誤也。何哉？特為指出，黃君亦願聞之歟？

黃君登蓮花峯絕頂詩三聯六句「飄縹高承萬里槎」，下注：「峯頂有石如船。」余登蓮花峯頂，其上平凹而邊徑不齊，周寬可丈許，並未見如船之石。在文殊院望蓮蕊峯，峯之南端一石昂然，兩端尖，頗具舟形，導者呼之為划子峯。此峯低於蓮花者，可百餘丈，其上削，不可登。一誤也。

第十五蓮蕊峯，黃君注云：「蓮花峯側有峯酷似含苞未放，曰蓮蕊峯，尤奇削。」不知此影並非蓮蕊峯，乃由雲巢洞登文殊院，於小心坡西折時望仙度橋及一綫天之景，一人立於石級，此石級之更上即一綫天。自影之中間石橋上東望，則見第十頁松與石之風景，黃君注云：「此在文殊洞下，稱為蓬萊之島者是也。」二誤也。

二十五清涼臺，此處《山志》稱為法臺石，記載甚明，黃君稱之為清涼臺，余不知所據，不敢指之為誤，以有出入，亦附及之。破石松今已枯死，甚為可惜，余屬李君法周加意保護，其枯枝亦駿骨也。

二十八江麗田琴臺，黃君注，「在始信峯頂，清乾隆間善琴者儀徵江麗田隱此」云云。始信峯石上有「麗田生彈琴處」六字，摩崖亦見之。惟此峯孤立，體質瘦削，上不畜水，無水之地，斷不能隱處也。或者江先生愛其風景，常常來此彈琴，則固有之。麗田琴臺在雲谷寺前林中，石上摩崖為其族孫江璠所題，且時在嘉慶，當較可信，況麗田墓亦相距不遠耶，以山半之地移到峯頂，相差崇山峻嶺二十餘里，誤三也。

皖中先哲有注《黃山圖經》者，則余未之見。近聞皖中人士有改修黃山志之舉，余深望其漫在書室中執筆，當緊伴芒鞋從定青和尚之後，於山間遊行，少則三月，多則半載，而後可從事焉。

如上所述，則黃山其不可遊矣。然而非也，天下無上之名山水處，於內政不修交通未便之中國，不費辛苦，亦何能得此大觀？猶之至高貴之物品，非與以巨大之代價，其何能入手耶？人生斯世，擾擾塵寰，終日埋頭傯下，所為何事？欲圖行樂，山水最佳，奇峯峭壁自尊骨格，怪壑古洞能消鄙吝，飛瀑奔流可增活潑，深潭巨淵能資涵養，見智見仁，不徒廣耳目聞見，飽風霜閱歷已也。人不可不遊山，更不可不遊黃山。物不能食多點帶，足不甚健早點走，潭能不過遠點看，黃山亦何難遊之有哉？江弢叔詠雁蕩有句云「欲畫龍湫難下筆，不遊雁蕩是虛生。」余家近雁蕩，年來於雁蕩買山，自信於雁蕩知之最詳，曾遊雁蕩者，亦無不知余之詳知雁蕩也。然余到黃山後，節取弢叔十字以贈黃山，曰「欲畫難下筆，不遊是虛生」。世之知黃山者，以為然否？

余遊黃山，得天之佑，清明晴暖，又得觀雲海之變幻。得人之助：得邂逅黃君濱虹，為余引指；到山而有李居士法舟，示余以松谷；而有定青和尚，導余遍雲谷及九龍潭之勝。余之幸甚，不負此行矣。然未能隨處流連，匆匆走過，是直趕黃山耳，烏足與言遊黃山哉？口占二十八字以志所慨：

芒鞋竹杖二千里，谷底峯頭六日間。不負此行難自信，逢人莫亂說黃山。【16】

二十七日。出湯口，余來時行李八十斤，益以山間所採松及藥物，並寺僧貽我之茶葉、石耳等，約增加重量三十餘斤，乃分為兩挑，輕裝以便趕路。下午四時三十分，行五十五里，宿於山下村之龍王亭。亭中一點心攤，余來時吃麵處也。小屋臨水隔溪，綠竹猗猗，風致翛然，較為清潔，亦山間佳境也。夜，華氏表五十二度。

二十八日，天陰，東北風起，為天氣將變之兆。黎明即由山下出發，行二十里至楊干，居民尚早餐也。過潛口楊君藩九處小坐。至溪南午膳。更三十五里抵屯溪，時下午三時三十五分，共得七十五里，宿於同春旅館。五時發一電，由黃岩送家，稟老母安。

二十九日，天陰雲垂，朔風怒號。斯時若在山中，不知作何狀態，於是益歎天之厚余也。雇一四艙船至杭州，價洋二十元。下午二時行。五時天雨，夜泊黃村灣。

今日為十一月朔，雲低風緊，比昨日更甚。細雨陣陣，吹入艙中，余乃懸毯作帳，以蔽風雨，終日坐被窩，別無所事也。迴想山間風景，一及九龍潭，兩足心頓時酸澀，猶有餘怖焉。夜泊長灘，雨益大，蓬背滴瀝聲不絕於耳。

初二日，天陰，雨止，風轉西北，其勢畧弱。過灘，甚多岩石亂堆，頗有彷彿建陽江者，特無其陡急耳。余上水時適逢大水，各灘皆沒於水中也。船中陰寒，乃助船夫打槳消遣。余與中翰輪打一槳，四船夫輪打三槳，可以習勞，可以驅寒，可以趕路，一舉而三善備焉。下午六時四十分，抵淳安縣，共行一百三十里。

初三日，早雨。六時三十分由淳安開行，逆風甚緊，至午天晴而風力不減，行八十餘里，泊於羅同埠。夜雨達旦。

初四日，陰雨，煙霧微茫，風較弱而天氣稍暖。向午雨止而風緊。下午二時過建德，三時至嚴東關，風力更健，下水之船皆停泊不行，余船亦止。作書寄金華致劉冠三。[17]入夜，隔船簫鼓聒耳不休，此袁隨園之所謂哀鴻徒聞其嗷嗷，可憫耳。

初五日，陰雨。七時，余舟過胥口。十時三十分抵釣魚臺，余持傘謁嚴先生祠。祠內供先生像及神位，而以唐方元英、宋謝臯羽及范文正、歐陽文忠附祀於左右。祠內聯額甚多，豐碑短碣不可勝數，而壁間之丈二詩人手跡亦復不少。先生有靈，當已避地遠去矣。由祠南拾級而登，兩石臺南北對峙，即余來時晚間所見之嵯峨二小峯也。北臺一額曰「留鼎一絲」，南臺一碑曰「清風千古」。其隔溪東山則謝臯羽先生之墓在焉，謝先生西臺慟哭即釣魚臺也。同治時某公樹碑於祠右，曰漢嚴子陵先生釣臺，宋謝臯羽先生西臺，似蹈駢指之弊矣。午後雨止。三時三十分抵桐廬縣宿。

初六日，陰雨。東風極緊，江浪大作，下行之船皆止，余之船為四艙，費洋四元，在錢江商輪公司購拖船票，附小輪拖船而行。下午三時三十分抵閘口，四時三十分下宿於城站旅館。

初七日，天陰，微雨。因事暫留杭州。下午偕趙君守禮、張公莘儒泛於湖上。

初八日。趁早車回滬。弟季哲自都門南旋，適下車，相見即別去回里，余暫止，休息數日歸雁蕩，以度中華民國七年七零八落之殘歲。

【1】鄭炳文，一作秉文（卷五作賓文），名廉，樂清大荊人。溫州旅杭同鄉會評議員。

【2】底本作光生，係「先生」形近而誤，逕改。

【3】范季美，聖約翰大學畢業。歷任上海華商證券交易所理事，上海股票商業公會首任理事長，上海通易信託股份有限公司籌備主任、董事，中國企業銀行經理等職。

【4】底本作「紳」，逕改。

【5】徐霞客遊《黃山日記》十一日「峆岈」作「硆岈」，「過此，意骨俱悚」原文為「至此，骨意俱涑」。參見丁文江編《徐霞客遊記》，商務印書館民國十七年十一月初版，上冊，卷一，十五頁。

【6】勝，底本作膀，逕改。

【7】吳典文，下文作「章典文」（本書一二九頁）。

【8】眈眈，底本作「耽耽」，形近而誤，逕改。

【9】此詩收入《詩稿》，題《黃山松谷寺題壁》，參見《蔣叔南集》卷四。

【10】李法舟，前文作李法周。

【11】徐霞客《遊黃山日記》後初六日「丞相源」作「丞相原」，「山間」之前有「一」字，「乃」為「竟」。見丁文江編《徐霞客遊記》上冊，卷一，二八頁。

【12】底本作「遇」，逕改。

【13】底本作「持」，逕改。

【14】底本作商務書館，脫「印」字，補。

【15】《黃山志》七卷，清歙縣閔麟嗣（字賓連）撰。兩江總督采進本，《四庫全書總目提要》卷七五史部三十一地理類存目四，首列山圖，次形勝，次建置，次山產，次人物，次靈異，次藝文，次詩賦。搜輯頗博，而不盡精核。

【16】此詩收入《詩稿》，題《出黃山》。參見《蔣叔南集》卷四。

【17】劉冠三（一八八一—一九六〇）亦作冠山，名景晨，號潛廬，後改號貞晦，別署有梅屋、梅隱、癖芋山人、十二梅花屋居士等。永嘉潮滐（今屬溫州市鹿城區藤橋鎮）人。光緒二十五年生員。三十年，入京師大學堂優級師範館就讀，卒業獲貢生銜。後受聘為上海、溫州、廣州等地教習。辛亥年任湖北布政使署幕僚。民國二年任縉雲縣知事。因越權殺人罪被判刑三年又三個月，此時繫獄於金華。十一年遞補為國會眾議員。次年曹錕賄選總統，毅然聲明拒絕。此後歷任外交部部立法政專門學校秘書、上海中國文藝學院教授等。廿四年春，發起第三特區（永嘉區）徵輯鄉先哲遺著委員會；三十三年任《永嘉縣志》總纂。一九五二年，當選溫州市人民政府委員，任市文物保管委員會主任。嗣後兼市政協副主席、省人民代表。一九五七年被打成右派。擅長畫梅。著有《中國文學變遷史略》、《大若巖志》等，收入《劉景晨集》。校印《敬鄉樓叢書》第一、二、四輯。

題詞　題雁蕩山人蔣叔南黃山遊記[1]

劉景晨

君遊黃山何所慕，初聞是山多好峯。入山益見多奇石，俯仰掩映青芙蓉。蔭峯被石雜樹鮮，迎客送客多怪松。黃山多峯峯之海，劈天湧出爭玲瓏。黃山多石石之海，錘鑿萬古憑神功。亦復松海足濤籟，晝夜謖謖行長風。君今意外得奇賞，直將浮海山之中。芒鞋竹杖一身健，入海不用舵與篷。汗漫直攀蓮花頂，[2]雲梯百級跨飛虹。獅子林中晚鐘動，瘦日漸淡霞不紅。萬松億石失所在，雲氣布塞何蓬蓬。須臾峯脚皆沈沒，一一鰲背浮太空。方壺圓嶠不可到，誰能扶取東海東？[3]吁嗟雲海得未有，恣君睥睨豪雙瞳。[4]吾昔聞之觀海者，大觀未若登岱宗。君獨黃山騁灝瀚，觀無有異海不同。雞鳴出日掃雲片，放眼又見峯重重。又見羣石蹲且攫，松荷圓綠遮吟笻。毋乃滄桑太容易，畢竟狡獪還化工。天海六月氷滑磴，君行奈何況隆冬。天都積雪徒興歎，舉頭咫尺承蒼穹。松谷雲谷皆幽悶，[5]君則縱覽寧匆匆。自是君生有奇氣，嘘吸河嶽恢心胸。邇來足跡遍靈境，提筆灑灑窮形容。自言茲遊最快意，從者却顧心怔忡。天設奇險投所好，九潭九瀑扃蠶叢。一潭一瀑見真面，君之前無遊者蹤。霞客眉子記未備，待君筆底開鴻濛。黃山山靈獨君厚，謂君雁蕩賢主翁。不然定師寧好事，導者神實誘其衷。出山回首一長嘯，洗盡塵濁來帝宮。丘壑名異那得爾，天台武夷真附庸。巋然地表孰與並，西嶽疑復非尊崇。明年試訪巨靈去，三峯夭矯拏虬龍。名山能到本夙命，君之眼福天所隆。吾生亦是浪游子，東西南北隨征鴻。世途何處不傾仄，束縛馳驟無英雄。逕須就君分一策，平視二嶺卑九嶷。乃今讀罷君遊記，几席突兀驚夏蟲。題詩報君與君約，祝我太華能相從。[6]

【1】《貞晦詩草》寫本題「雁蕩」作「雁宕」，作者題前加雙圈，題下貼小條，自批「奇恣自喜」四字。

【2】蓮花，寫本作「蓮華」。

【3】扶取，寫本作「挾取」。

【4】豪雙瞳，寫本作「雙精瞳」。

【5】幽悶，寫本作「幽秘」。

【6】我，寫本作「吾」。

曲阜遊記

孔子降生二千四百七十年，聖誕前一日午前夜間一時，余乘津浦尋常快車抵曲阜縣西之姚村車站。此南來之通車，下車者僅余一人。站中甚寂寞，西風瑟瑟，柳葉蕭蕭，增旅人無窮之感。自站往曲阜城，計程約二十里，夜深人靜，不便前行，覓站役至，將余之行李移置待車室，囑其為余雇車，余解鋪藉地而眠。睡夢之中，聞人喚曰「走，走」，驚而起坐，乃車夫已來，時已五時三十分，即匆促檢點上車。向東方行約六里許，渡泗水。水極清淺，河底皆沙礫。更前過高爺廟，朝日東升，車夫指余東方樹林森茂，繚以長垣者，聖人林也；曲阜城內宮殿插雲，屋脊金碧炫目者，聖人廟也。再十里進北門，抵十二府，門前條曰「孔教大會第一招待所」，大總統祀孔代表張仲仁先生等即寓於此。時仲仁先生尚未起，余以張君雲雷囑帶之書付招待，招待者語余：先生來赴會，須至孔教總會報名，以便分配住宿，總會在四氏學。孔、顏、曾、孟四氏之公學也。至四氏學，門者謂辦事人尚未來，惟第四招待所有房屋可住，諸事皆已預備云。余乃轉至第四招待所。所謂招待者，亦徒有其名。先詢余來自何處之孔教分會，余無以應。其所預備之房屋，四壁蕭然，空洞無一物，飲食須自往飯館設法。余此行未帶僕從，孑然一身，不便孰甚，乃折至十二府。時已十時三十分，余乃宿舍未定，奔走未稍休也。時仲仁先生已外出，余旋遇之於途，並晤楊梓青、周印昆、姚重光、陳哲侯、汪孟舒諸君，皆來赴會觀禮者，梓青為山東省長之祀孔代表，囑曲阜知事范君盤文為余安置住處，乃同在十二府暫寓焉。

飯後出北門，門外即孔林大道，寬約三丈，兩旁古柏排列，亘可三里，柏之大，皆抱許至三四抱不等，枝夭矯如虬龍者，皮結瘿如擁腫者，幹堅勁如鐵石者，非筆墨所可形容矣。一里至萬古長春坊，左右碑亭二，明萬曆時某巡撫所題也。次為至聖林坊。進坊，東西列垣如展翼，坊外有村，或云即孔里也。更北為至聖門樓。門以內東為宋真宗輦路，西為洙水橋。橋前之柏瘦削矗立，雜以楷木，煊染如渥丹。過洙水橋，北為享殿門，左為思堂，前為思堂門。門之北為享殿，甬道中置一石鼎，旁列兩翁仲，左執笏，右按劍。又有石獸四，二為元豹，二為角端，或謂是為神羊與駁馬也。次為二華表，殿之後右側有石欄，圍一朽木之本，高可四尺餘，為子貢手植楷也。甬道盡處，稍折而西，則至聖墓在焉。豐碑兀立，高可一丈四五尺，題曰「大成至聖文宣王墓」，為宋宣和所建之舊碑也。墓左為子思墓，前為伯魚墓，東邊樹林中馬鬣長封，纍纍堆積，則皆聖裔墓也。聖墓之西側一碑，題曰「子貢廬墓處」；碑後小屋三楹，為子貢祠。孔林樹木極盛，而絕無鳥雀之聲，莊嚴氣象令人肅然起敬。孔墓上產蓍草一叢，五十莖，恰符大衍之數，卜者用以起課，惜我來草已枯朽，不及目覩之矣。林內多楷木，木質甚堅，皮粗如鱗，葉似槐而較疏細，色豔可愛，誠特產也。陵外附近亦產楷木，有取之以為手杖，中西人士至此多樂購之。

出林東行二三里，抵少昊陵。陵亦有古柏排列，惟不及孔林之盛耳。陵道之南田野中，有大石六七堆積。細察之，乃一贔屭傾倒於地，大可二丈餘，其頭昂起，余所乘馬首及其三之二耳。陵不甚大，峙於二門之內，惟其製特異，為正方形，上斂而下張，約方二十六步，斜沿而上，其頂方十六步，石甚光滑，不可着足。余匍匐而登，高可四丈，頂心築一龕，中供少昊氏之像，此陵聞為明時人所建築，非少昊金天氏原製也。

出少昊陵，西折約二里，過顏子林。林中一古柏，下幹大僅及拱，其上幹則大可二尺圍，橫枝突出，亦大觀也。過顏林後里許，抵周公廟。

周公廟，即《論語》所稱之太廟，現有東野氏世守之。有謂此處為少昊氏故宮者，有謂為漢魯靈光殿故址者，未知孰是。正殿供栗主，題曰「元聖文憲王周公神位」，左為魯公伯禽像，右一立像若童子然，即所謂金人也。殿前古柏甚多，豐碑亦眾，中有碑刻一絕曰：「周公廟側黍離離，傳是靈光舊殿基。縱使更操延壽賦，蕭條鐘鼓亦多時。嘉靖三十年七月中旬，彭澤陶欽皐題。」書法流動可玩。時有學生多人入廟瞻仰，詢之則為徐州師範學校之旅行隊也。出廟返寓，時已下午三時三十分。四時隨仲仁先生等往衍聖公府觀古物。府在孔廟之東，府門榜曰「聖府」，下有聯云：「與國咸休，安富尊榮公府第；同天並老，文章道德聖人家。」上聯語氣殊不類聖人家所應有，或曰聖非可衍，衍則不聖，其信然歟？府內宇舍深廣，入內門，導者引余等至西院，於忠恕堂少坐。堂前一古松老幹騰拏，枝葉紛披，蔭可半畝。衍聖公孔令貽以病留京，其兄令譽字式如出欵客，旋引觀古物。前列古銅器十件，為周寶簠一，周四足鬲一，周木鼎一，周盤夔敦一，周夔鳳豆一，周伯彝一，周亞尊一，周犧尊一，周饕餮甗一，周冊卣一，皆乾隆時所賜物也。一冊頁，繪各器，形狀大小高低尺寸皆備載，上有乾隆御題；又有明時所賜朝衣數件，冠二事，鞋一，靴一，紗底織龍紋綿襪一，牙笏一，朝參牙牌一，壁上懸元世祖及明太祖像，蓋當時所頒賜者。今之時髦人喜以肖像贈人，亦有古之流風歟？

二十七日。早五時三十分起床，出府門西轉，即為陋巷。石坊高聳，上書「陋巷」二字，顏子之故居也。孔子贊顏子居陋巷，乃形容其巷之陋，非以陋名巷也。自有顏子而陋巷傳，則陋亦不陋矣。陋巷街道亦頗寬闊，聞居陋巷中人鮮富有者，亦異事也。巷北口即顏子廟，殿宇宏崇，由東旁門而入，廟內古柏頗多，院中有亭翼然，為陋巷井，井北一古柏高可三丈，離根約四尺處雙枝旁出，東西開張，如牛角然，西向一枝，長可丈餘，已朽；東出一枝，大可二拱，長可二丈，盤屈奇詭，莫可名狀。更進東院為退省堂。堂前白皮松一株，大可四抱，分幹七八，蒼翠光潔，亦大觀也。堂中供始祖考復聖顏子神位。何為不祖顏路耶？旁一栗主，中書「始祖妣復聖夫人神位」，祖妣夫人並姓氏而不詳焉。中殿塑顏子像，亦頗高大。後又為兗國復聖公夫人。西院祀杞國公，則顏路也。時門者向余索錢，追隨於後不肯捨去。余早起匆匆走出，囊中未攜半文，乃為所窘，不圖一進陋巷，余亦陋甚。出門遇舊友張君翰廷、楊君雲帆及秦君稺唐、柯君修三等，皆自濟南觀會者，相見甚歡。余返寓早餐，約以孔廟相晤也。

昨日孔教會通知，聖誕致祭以上午九時舉行。余輩以八時往。仲仁、梓青先生等服袁項城時代所定之祭天服。文廟即闕里故里。居曲阜縣之中心，規模閎遠，正南之最前為金聲玉振坊，坊內為欞星門，正接曲阜縣之南門，終年封鎖不啟，今之出入皆從東西偏之入德門行也。欞星門內為二門，曰「大中門」，宋仁宗御筆也；三曰「同文門」。其後為奎文閣。閣後御路東西兩碑亭，次大成門，次杏壇。壇之後即大成殿。殿榜亦為宋仁宗御書。殿共九間，前後左右為聖系各殿。按聖廟創於魯哀公十七年，漢魏唐宋遞相延飾，金元明清累有增修。廟廷碑刻之盛，不可殫述。茲分述大概於後。奎文閣為藏賜書之所，高七丈四尺，面闊九丈，內深五丈五尺，前面擎簷俱石柱，閣兩旁各有便門三間，門左右各有屋十五間。

奎文閣後有碑亭十三座，四座為清御碑，餘為漢唐宋元明諸碑。茲舉其最著者，為漢永壽二年魯相韓勑碑，延熹七年泰山都尉孔宙碑，建寧二年魯相史晨碑，四年博陵太守孔彪碑，北魏正光三年魯郡太守張猛龍碑，唐開元七年修孔子廟碑，天寶元年魯公頌碑，宋太平興國八年重修文宣廟碑，大中祥符二年孔廟賜物碑及孔廟勑牒碑，金承安二年重修至聖文宣王廟碑，元大德十一年闕里宅廟落成碑，至大四年仁宗祭告宣廟碑，延祐七年祭孔廟碑。碑上皆衍聖公之封條，縱橫交錯，禁人椎拓。大成殿在杏壇北，兩簷高七丈八尺，面闊十三丈五尺，內深八丈四尺，前面用盤龍石柱，彫刻頗精，兩山及後簷則用彫花石柱，下蓋琉璃黃瓦，正簷下設罘罳，以阻鳥跡。五殿供至聖孔子像，高大巍峨，南向四配，十二哲分祀於旁，兩廡在殿之左右各五十間，祀先賢先儒。

崇聖祠在大成殿東，有孔子故井。井西為魯壁，即漢之魯恭王壞孔子舊宅，聞金石絲竹之聲者。杏壇在大成殿前，即孔子講道之處。漢明帝幸孔子宅，命皇子諸王說經於此，後世因以為殿。宋天監中，四十五代孫孔道輔監修祖廟，增廣殿庭，移大殿於後，因講堂舊址甃為壇，環植以杏，今則杏亦無有矣。

廟內檜柏甚多而且古，孔子手植檜在大成門內左側，圍以石欄，枯樹高尺許耳。按《闕里志》，孔子手植檜三株，有二株在贊德殿前，高六丈餘，圍一丈四尺，其文左者左紐，右者右紐，已不可見；其一株在杏壇東南隅，高五丈餘，圍一丈三尺，其枝盤屈，世謂之再生檜。晉永嘉三年枯死，隋義寧元年復生，其後復枯而復榮，明弘治十五年又燬於火，尚有餘幹。清雍正十三年生新條，即今之倚於枯木旁者，大可合抱，高出簷際者是也。

余觀覽各處，時已十時，尚未舉祭。陳設諸物甚忙亂，則籌備者之責也。大成殿中陳祭器如儀，前為昨日所見之古銅器十事，次為唐元和二年製孔廟祭器：饕餮尊、象尊、雷尊、犧尊、陶尊各一，次為三牲，次為籩豆簠簋；前壇上陳樂器，琴瑟鐘鼓形存實亡。至十一時，始行禮。佾生之舞至可悲觀，舉動凌亂，全無節奏，衣冠不整，形容就死。莊思緘先生語余曰：「此朝鮮、安南之氣象也。」相與太息而已。

主祭分為三人，初獻為孔氏族長，亞獻為總統代表，三獻為孔教會主任。此種禮節，亦頗有耐人研究之處。聖誕為家祭耶，則亞獻、三獻皆孔氏主之可也；若為公祭，則初獻何須孔氏耶？總統為國民代表，總統代表即代表全中華國民，而孔教會何以又須另立門戶耶？余不知禮樂。禮云禮云，樂云樂云，敢以質之明達者。祭畢為講經，即在奎文閣下舉行，實則演說也。仲仁、思緘、梓青先生及山西代表趙左垣相繼登臺，多感時語。時已二時三十分，返寓午餐。

三時偕重光、印昆出南門里許，至舞雩壇，一坏土堆，上豎一碑，曰「聖賢樂趣」。洙水環繞於下，於此覩曲阜之形勢焉。時朔風甚緊，重光、印昆驅車先歸，余策馬東行，過魯故城址觀覽一周，破磚甚多，皆破裂不成片段，經山西會館，進東門返寓。晤衢縣南宗奉祀官孔君慶儀。宋室南渡之時，孔族亦隨之南遷，流寓衢縣，現尚保存子貢手刻楷木孔聖像，孔夫人幵官氏像及吳道子畫石刻聖像。慶儀攜有楷木聖像照片，長耳隆準，巨眼豐頰，與世所傳之聖像大異。晚間隨仲仁先生赴孔府，晏席間得嘗醴酒，味頗甘洌。出府逕趨姚村登車北行，為泰山之遊。

泰山遊記 龍洞靈岩附

昨夜在曲阜登車，余甚困倦，解衣即睡，好夢醒來已二十八日五時二十分，專車卸於泰安府站矣。余披衣而起，開門出站，人聲嘈雜，則泰安縣知事曹君光楷已雇轎派夫來候張仲仁先生也。朝曦將上，東望泰山諸峯，如描淡金，山石纍纍，其高度似極平常。入車盥漱，並進乾點，時同車者皆起，預備登山。同行者為張仲仁、姚重光、周印昆、汪孟舒、程仲蕃，共計六人。余換登山襪履，亦從眾乘山轎。轎夫乃四人也。泰安之轎制特異，轎為椅靠式，坐人處絡以繩索，以減重量，二木夾之為轎槓，兩端向下，而中段隆起，以革帶縛槓端，轎夫負帶可直走可橫行，餘二人推挽之，上覆布棚收捲極便，下懸槓木可以踏足，頗舒適。自站東行四里許抵岱宗坊，進坊北折則上泰山之盤道也。道寬闊可丈許，自此至山頂號稱四十五里，實則石磴級數為六千七百餘級，而以平坦處總計之，約共二十餘里也。道旁柏樹森森，蒼秀可愛。《泰山志》云，先後種柏共二萬二千株，至有柏洞之稱。余亦無暇為之計數也。里許至玉皇閣，內有白雀泉，則已涸矣。閣右為仙人洞，疊石結構而成者，內供孫真人肉身，真人為康熙時人，年九十餘坐化，手足筋骨跗胳宛然，非可偽造，惟面部裝金已失真相。余所見肉身並此已四見之，彼以添飾為事者，殊覺煞風景也。出閣北登里許，至關帝廟，牆東一柏伸枝覆路，為漢柏第一。更進為一天門，一坊巍然，榜曰「孔子登臨處」。右一碑曰「盤路起工處」，左碑曰「登高必自」。更進至紅門，門額曰「瞻巖初步」，門內有修理泰山盤路碑。更上澗中石上刊有「小洞天」三字，更半里為萬仙樓，樓內額為「謝恩處」，不知其何義也。東閣為羅漢崖。更上里許抵斗母宮。

斗母宮為龍泉觀古址，房宇錯落，危樓臨澗，極其清敞，盆栽花木頗繁盛，女尼居之。宮左谷中水匯為潭，折而得六，清淨瑩澈。袁寒雲題「流水音」三字於石上，紀實也。潭側一塔，六角，雕刻極精，曰西歸寶塔，上刻《佛頂尊勝神咒》、《佛說涅盤經》、《心經》、《淨土文》、《千手千眼無礙大悲阿羅尼》，下刻十八羅漢像，不知始於何時，而重修於康熙年間也。宮門路西坡上一槐樹，長可二丈餘，倒臥於地，其北端雙枝，挺秀豐致如畫，名臥龍槐。在宮午餐，菜頗精美。飯後即行出斗母宮，過高老橋。橋北山勢突起，拾而登里許，自澗中東趨，更里許澗底大石平廣，斗大八分書縱橫其上，即石經峪也。峪以《金剛經》殘刻得名，石坪方廣約百畝，正當水簾之下，為水流沖激而殘毀者過大半。《泰山志》載宋政和七年國瑞題名，有曰熟視筆畫，非人所能，歷千百年曾不磨滅，豈非神力護持，以遺觀者，書法奇古雄秀，為向來考古家所珍重。或曰北齊武平時梁父令王子椿曾刻經於徂徠山，筆意與此相同，疑亦即子椿手筆云。殘經上端石坡隆起，高可五尺，亘約二十丈，水由此下，即為水簾。摩崖甚多，不及備載。簾前平坡上南昌萬恭刻「暴經石」三字，字大三尺餘，左為「聽泉枕」，亦恭題，石前為高山流水亭，石刻聯語云：「曬經石上傳心訣；無字碑中寫太虛。」西為萬恭石壁記。壁前一石，明人李三才刻詩云：「暴經谷傍水泠泠，[1]鎮日獨來○○聽。此意世人深未解，半天○○萬山青。」所缺四字已埋土中，不可辨。捨峪返盤路北行，經山神廟、水簾洞橋、東西橋、歇馬崖、柏洞，約五里而至四槐樹。樹共七，溪西二樹，溪東五樹。曰四槐樹者，相傳四樹為唐槐也。更上過臺天閣，頗鉅。閣內左柏右槐，亦頗古致。閣北為老君殿，上為玉皇廟，西折北上嶺級漸陡，一坊兀立，曰迴馬嶺，一名瑞仙岩，亦曰石關，應劭謂之天關。過此馬不能登，故以「迴馬」得名。捨輿而經藥王廟，過雪花橋，西折更上里許，至中天門，廟曰伏虎，前有小屋，山中人於此烹茶待沽，乃稍休焉。由廟北望南天門，丹垣聳峙，高插雲霄，危蹬盤盤，若懸天梯，其下萬松羅列，彷彿黃山之天門坎，睇望久之，心怡足健。過伏虎廟坊，石級下降，山勢迴折，半里至增福廟。廟西嶺側一古槐，老幹撐天，視四唐槐為多壽焉。自此北上，摩崖甚多。再里許至酌泉亭。亭西木橋跨澗為三洞，障以朱欄，曰雲步。橋內方石壁高可十丈，為御帳岩。岩端瀑布下瀉，水量極微，有摩崖曰「銀河落九天」，曰「飛泉掛碧峯」，皆諛詞也。自橋之西端北昇，有摩崖曰「七十二君封禪輦道」。更上為一石坊，榜曰五大夫松坊。東側一石昂起，曰飛來石。石上平地有廟曰御帳，坪上有三古松，即五大夫松也。

五大夫松，大者合一抱，高不過丈，枝幹拏屈，間結瘢瘿；其二松較小，合之蔭可畝許。相傳秦始皇登泰山，風雨暴至，休於樹下，因封為五大夫。應劭之《漢官儀》乃指為松，共五株，大夫為秦爵之第九級，沿譌襲謬，遂為松之封大夫者五。唐人詠松詩所以有「不羨五株封」之句也。然此松狀態尚非十分古老，呼為秦松，似亦未當，然無物以證明其非秦松，亦衹得呼松以秦耳。

更半里至朝陽洞，洞亦疊石為之，不足觀也。更約百餘步，一柏獨立。自此更上，則柏絕迹而松漸多矣。澗東崖上，摩崖方廣，為乾隆丙辰春仲御題詩，俗呼為萬丈碑。更上為對松亭。由亭東望，岡上松枝密集，為十三層松，數之得松頂十三也。澗旁摩崖曰「松壑雲深」，可錄也。亭壁有人以石灰書，曰「自此至南天門計九十五盤一千五百五十四級」云。更上經嘯虎洞、寶石洞，皆一石覆之。寶石洞以上松亦絕株，蓋山高氣寒，松亦不能生長矣。過靈官廟，抵昇仙坊，仰望南天門，陡絕，有摩崖題曰「開訣蕩，何危險，仰不愧，履如夷」，至言也。近南天門約十餘丈，旁設護欄，張鐵鍊，粗如兒臂，以便行人攀援。余至南天門，時已三時三十分。門上為摩空閣，閣中供白衣大士像，閣前外方繚以及胸之短垣。余延佇俯視，同行之肩輿皆蟻旋於足下，吟風長嘯，呼吸通帝座矣。

由南天門東折，望岱頂，距離不過二里許，曰五里者，輿夫之讕言也。南天門東北茅舍數十家，是為天衢，相傳為唐蘇源明讀書處。衢中背陽光處已凝冰齒齒。余登高努力，尚不覺其寒冽也。出天衢，一石厂倚崖腰，有摩崖大書曰「日近雲低」，則節取寇準《登華山》詩也。自此山腰東盤，簇擁如蓮花者，為蓮花峯；高於蓮花而壁多白痕者，為五花崖；危峯特起，高出諸岩者，為振衣岡。自魯班洞南拾數十級，抵碧霞宮。

碧霞宮制度宏嚴，殿上皆覆銅瓦，兩旁屋頂則用鐵瓦，殿中封鎖甚固，燒香者皆以錢物自窗隙納入，以為佈施。每屆二年，由泰安縣派人啟封，取出分配於住持之道士云。殿前階上二銅碑屹立，高約一丈二三尺，寬可四尺，厚可尺許，左為萬曆時製，右為天啟時製。東上至東嶽廟，廟後危巖高約四丈，為大觀峯，亦曰彌高岩，唐元宗紀泰山銘即於此，計二十三行，行五十字，字大七寸八分，係元宗親筆撰書者也。峯西為宋真宗述功德銘，明人瞿濤鐫「德星岩」三字於其上以掩之。廟側為青帝宮，西為文廟，東北折上則至玉帝觀，即古太清宮，今呼玉皇頂，泰山極高處也。玉皇頂殿宇五楹，亦覆鐵瓦，旁屋各三楹，則備游客憩息之所。殿右一石碑正書曰「古登封臺」。院中石欄，八角，方可一丈五尺，中大石隆起，形似伏牛之背，高為一二三四尺不等，為岱頂石。

玉皇頂門前舉目四望，滄溟東坼，河流天傾，汶水湯湯，如拖一線，西北萬山伏地，若積米堆，惟徂徠一山，露脊可指耳。

門外登封壇下，一石表屹立，高一丈五尺餘，東西面廣三尺六寸，南北側厚二尺四寸，上端較束，頂如幢蓋，覆石四稜，斜折如簷，石色光潤，蓋花鋼石之極費琢磨者，即秦皇沒字碑也。西南稜之下端刊一「帝」字，筆法秀麗，不知何時所刻。顧亭林《日知錄》：嶽頂無字碑為漢武帝所立，或云下有金泥玉檢，或云鎮山表，年代久遠，亦不能辨其孰是孰非矣。萬曆時人張銓樹一石，刻詩於旁，曰：「莽盪天風萬里吹，玉函金檢至今疑。袖携五色如椽筆，來補秦皇無字碑。」

岱頂之東一峯隆起而稍低者，為日觀峯，其上為乾坤亭，今已圮矣。自岱頂達乾坤亭約半里弱，碑碣纍纍，為數甚夥。一碑曰「孔子小天下處」，讀之失笑。孟子稱「孔子登泰山而小天下」，當時交通不便，遊跡不廣，乃有此說。有此碑，乃見孔子之小，並見泰山之小也。時人若康有為、袁克文，皆有題名。

自日觀峯沿岡東南趨，約半里岩壁塹立，為捨身崖，明巡撫何起鳴以紅牆繚之，上刊「禁止捨身」四大字，而易其名曰「愛身崖」。夫臭皮囊累人甚矣，捨之誠是也，[2]然必碎骨濺血於名山之頂，獨不慮山靈譴責耶？愛身之說為私利之根，余所不敢贊同焉。

捨身崖西一石突起，曰望海石，石上刊「望海」二字，旁又鐫「雙流翼注」四字，則不解所謂矣。望海石與捨身崖之間，三大石接疊成為捲洞橋，其下深谷直臨無地，曰仙人橋，自石上西望，正對對松亭，余之立身處為十三層松之絕頂也。時暮色蒼蒼，罡風凜凜，余猶衣夾，覺寒戰，急返廟服絨衣。仲仁先生等皆已重裘，若度嚴冬然。六時晚餐，預備明晨觀日，急入睡。余以便於觀日計，於殿東之浴日養雲軒下榻焉。

二十九日。五時起床，推窗東望，海濱昏黑如常，漸漸天明。至六時日仍未上，六時二分日輪始出現於極東之山尖，漸漸上升，日光即射，目不可逼視。余素聞日觀峯日出之大觀，不料所見如是，較之天台華頂相去遠甚，殊為失望。余前年登天台，乃小雪節，以五時三十分見日，今在泰山乃霜降節，六時二分見日，其高下早晚相去甚遠也。

早餐既畢，時已七時三十分。往遊山北，自廟門西北趨，過丈人峯，沿北岡而下，至北天門，更折東下嶺，岩石纍纍，如溪畔亂灘，峆岈萬狀，崩坑墜谷，無稍可停留之地段。下嶺里許，一橫石上刻曰「空翠難強名」，鍾惺所題也。至此多古松，其怪異之狀較昨所見尤勝。更進約三里，有摩崖曰「黃花棧」，字大尺五；曰「天空山黃花洞聖母修真神路」，則萬曆時修路完工所記也。曰松巖雲壑，曰亘古丹邱，曰石塢雲間，曰玉女修真處，曰松峯疊翠，皆記實也。塢前一松倚於危崖，高僅丈許，其枝下垂，長可一丈五六尺，是可名之為倒垂松矣。塢之四圍，古松極多，頗似黃山，塢中為碧霞元君廟，廟後石峯高三十丈，如懸巨鐘，下有罅水，極清澈，為黃華洞，洞右上側為呂祖洞，洞東北為聖母宮，宮後石罅曰蓮花洞，洞上石縫中長一小松，形狀奇古，松旁摩崖刊「雪嶽雲凝」四大字，洞東為碧霞元君墓，相傳以玉像葬也。石塢幽靜而軒敞，遊跡罕至，且無僧道居住，日就衰壞，深可悼惜。山間人訛傳「石塢」之音以為「十五」，謂其離岱頂十五里，故有此名。回岱頂午餐，孟舒為余在沒字碑旁攝一影。

飯後下山，肩輿騰走如飛，亦一快也。二時抵斗母宮，重光、印昆提議重往經石谷摩殘碑。余亟贊成之，乃遣輿夫回泰安，置行李於斗母宮，重為經石谷之行。

經石谷石上現在能拓者，共為九百六十字，然余所見已不及此數。【3】總計其大畧如左：

第一行係書佛說金剛經，「金剛經」三字全，「說」字之言旁尚可見，餘缺。

第二行「如是我聞」起，全者三十二字。

第三行「入舍衛大城」起，全者三十二字。

第四行「中即從坐」起，全者二十二字。

第五行「善男子善女人」起，全者四十字。

第六行「來善護念諸菩薩」起，全者四十一字，全行皆完好。

第七行「住如是」起，全者二十五字。

第八行「若卵生」起，全者三十二字。

第九行首五字已缺，第六字「度无量无數無邊眾生」起，全者二十二字。

第十行首六字已缺，第七字「後次須菩提菩薩」起全者十九字。

第十一行首八字缺，第九字「菩提菩薩」起全者二十八字。

第十二行此處石坡漸長，亦從「不可思議」起全者十三字。

第十三行「即身相」起全者十八字。按今經中無「即身相」語，或「即非身相」之誤歟？

第十四行「眾生得聞如是言」起，全者三十五字，中缺五字。

第十五行「知是人不於一佛二佛」起全者四十五字。

第十六行首缺四字，第五字「無量福德」起全者四十一字。

第十七行「壽者若」起全者三十五字。

第十八行「我說法如栰喻者」起全者四十五字。按「栰」，今經文作「筏」字。

第十九行「說義無有」起全者四十九字。

第二十行「以無為法而有差別」起全者五十字。

第二十一行「以非福」起全者四十四字。

第二十二行首一「藐」字可認，按即藐字也。第十字「須菩提所詔佛法者，即非佛法」起全者三十六字。

第二十三行首缺一字，「入色聲香味觸法」起全者三十四字。

第二十四行此處石向上延，上部申長，首「何以」字全，「名斯陀含須菩提」七字、「能作如是念我得」七字、「那含果不須菩提言不也」十字皆全，共二十六字。

第二十五行「不來而實無」起全者十九字。

第二十六行「念我得阿羅漢道」起全者十八字。

第二十七行上下皆缺，中惟「樂阿蘭那行佛告須菩」九字全。

第二十八行上下皆缺，「故須菩提諸菩薩摩訶」九字全。

第二十九行上下皆缺，「是大身須菩提如洹河」九字全，「洹河」今經文作「恒河」。

第三十行僅一「身」字全。以下行欵已亂，不可記詳，以步按之，約得三十八行，與二十九行「大」字相並一「命」字全。

在最上方與水簾接近處，「說其福甚多，人得須菩提聞說」十二字全。

「說」字之右三行一「菩」字全，「須提」二字半可辨，右四行一「非」字全，右六行一「萬」字全。

更下方近水約記為第三十八行，「世忍人眾所世無我」八字全，「我」字已沒於水中。

右第三十九行「菩薩心不應住色佈施提」九字全。

右第四十行「心不而佈施人光明照見種」十一字全，「種」字與前行「我」字並沒水中。

右第四十一行「中日分」三字全。

此外，或更有殘破而可辨詳之字，余未詳記。按《金剛經》全部得五千數百字，第四十一行「中日分」三字，乃係持經分第十五章「中日中分後，以恒河沙數等身佈施」句，語尚為全經之半，以此石狀況按之，已寫去三分之二，則此經當時非全刻也。其地當水流之衝，剝者掩者不可勝記，而現時所存者，亦皆有殘落之象。再歷若干歲月，陵谷變遷，並此字數恐亦不可復見矣。

據萬恭《高山流水亭石記》云，好奇者刻大學聖經於上端以勝之，通索不可得見，暮色蒼蒼，急返宮。

三十日。早飯後仍往經石谷，印昆、重光囑余將谷中形勢按字跡縱橫殘缺處繪一畧圖。【4】十時畢事。時有拓工來拓經，余囑拓無量壽佛多份。

第二十四行「何以」二字之左側，一大石高可四五尺，其上平廣丈餘，北向之石沿上刻「經正」二字，大可二尺，旁書跋六行，曰「孟軻氏云，君子反經而已矣，經正則庶民興，石上之經非經也，今以聖經反之，故曰經正。萬曆六年三月，李邦珍。」萬恭所謂刻大學聖經者，或即李氏，然聖經果刻於何處耶？

余履石而登，見石上摩崖刻正書大字一篇，字之大約四寸，二十餘行，可得八百餘字，其文義乃概論周公、孔子以及董仲舒、楊子雲、韓昌黎、歐陽永叔之文派者，下款「嘉靖壬戌歲仲秋朔，日休居士汪玉著，不肖男坦書，孫孔約摹」。登所謂聖經殆即此文，後人未之目覩，遂致誤以傳誤歟？此石之東北方石坡上，有正書《周頌．般》一章，下跋甚多，述古帝王巡狩之制而無年月姓氏。《泰山志》云汪坦刻《詩．般》一章在焉。按坦字仲安，石上所載玉之子也。是則刻經之說，或當即汪坦之刻《詩．般》與刻文也。夫儒釋耶回各有精粹之義，各有匯通之點，身體力行，是在其人。汪玉之文，並無闢佛之說，可並存以垂不朽。

時已十二時，返宮午餐。孟舒言玉皇閣東有王母宮，內有唐武則天書碑，余不及觀之矣。泰山山北白龍池內產石鱗魚，長可四五寸，鱗黃黑相間，明麗可愛，宮尼特購以享客，肥嫩異常品。酣飽即行，過岱宗坊而南里許，進泰安北門，西折抵岱廟。

廟為漢時所建，前為遙叅門，又有遙參亭，亭後為岱廟坊，北為廟，城堞方三里，高三丈，為門八，亦有東西華門之稱，規模之宏崇，視曲阜孔廟為過之。歷代豐碑林立，最古者為李斯殘碑，在環詠亭前；他如唐顯慶二年謁岱嶽題名殘碑，宋大中祥符二年天賜殿碑銘，又六年東嶽天齊仁聖帝碑銘，建中靖國元年岱廟鐵桶記，宣和元年錢伯言遊覽記碑，又六年重修東嶽廟碑，金大定二十二年重修東嶽廟碑，元中統二年長春觀碑，皆足錄也。明清歷代碑記甚多，不可勝數。西入延禧殿址，中有唐槐一株，大圍四抱，中空如捲螺。東入炳靈殿，殿前漢柏七株，北隅一株，雙株並矗，大均合抱，樹皮盡脫，質類鐵石，上方之嫩枝，屈曲如鹿角；南隅一株，大可六抱，其中空裂，分為三幹，結瘿大如栲栳，古老之狀，莫可形容。廟中住持引余等至西院稍息，觀溫涼圭。圭為乾隆三十六年所賜，白玉製，長一尺二寸，上寬八寸，下寬五寸，中刻波紋，下部六寸餘處，玉質粗黑，以手按摩，較溫，厚二尺四寸。院內有《道藏》，亦殘缺不全。明萬曆時敕諭泰山夫子廟住持及道眾人等，上諭尚供於客廳座上。院內有鳳尾柏一，巨本繁枝，亦異產也。

出院至峻極殿，殿前有石，頗玲瓏，曰扶桑石。殿中供東嶽帝像，高大無倫，額曰「配天作鎮」，聯曰：「帝出乎震；人生於寅。」殿內地皆用大石舖置，光滑之度，非琢磨所能成也。岱廟畫壁聞作於唐代，名著於世，然年久修飾，恐已失其本真矣。着畫處之左右壁各高約一丈，亙約十二丈，左為東嶽帝出巡像，初為宮殿，次為十八學士，送者排立於御河橋上，次為乘馬騎衛，次為東嶽帝乘四輪六馬之車，次二人金冠，一服紅，一服藍，各坐八人之輿，次二青獅，次一大白象，次二駱駝，次二麒麟，次又乘馬騎衛，次鑾儀，三十三人，最前之二人荷椅於肩，若負枷然，次乘馬持旄者、持刀者、鳴號者、執旂者，次神將乘怪獸者，次步卒荷旂擊鑼，次香案供於道中，文武官吏候迎於旁。右壁為返駕像，秩序如前，反行之，惟駱駝背上荷有文書多種，衛士中有荷虎隨行，殿前擊鼓鳴鉦，其不同者也。人馬不計其數，朱綠青藍，塗堊如新，洵鉅觀也。有建中靖國元年鐵桶置於殿西南隅，高廣七八尺，置之他處，珍為古物，在岱廟中直等閒視之，無人過問矣。殿之兩廊舊有地獄像，今並宇舍而圮矣。東院為泰安圖書館，圖書無多，其古物有雕牙笏、大銅鼎各一事，文竹香桶、九江藍磁瓶、翡翠雕磁瓶、五彩磁瓶、沈香獅子、五彩太極磁輪、葫蘆洋磁瓶、宣德藍花磁瓶各一對，皆從岱廟中來者。院中有殘碑一，為宋真宗御書岱廟碑也。廟中多販買攤，余購李斯殘碑及漢柏圖數張。逕至泰安車站，時已五時，轎夫計三日程，每名給價洋兩元。

車站之西小山上聳浮圖七級，為高里山，即《史記・封禪書》所稱之社首山也。余策杖往登之，確犖不可行。其東北酆都廟內供閻羅陰曹七十二司神像及歷代碑甚多，有亭曰對岱亭，以其正對泰山，暮色蒼蒼，畧覽即返。泰安知事曹君光楷招飲於車站。七時登車，酣睡。

九月初一日。六時自泰安開車北行，八時抵濟南，寄寓於山東省公署之西園嘉樹軒中下榻。既畢，偕孟舒及張君翰廷等往觀趵突泉，以久耳其名急欲一觀之也。僱車出南城，抵呂祖廟，泉即在廟前堦下，池水甚清，泉自池中噴出，計三口，其噴漾之度高大可尺許，聞大雨之後噴高可五尺，真奇觀也。濟南為濟水伏流之處，泉自地湧，極其清潔，計城內名泉共得七十二處。余所寓之嘉樹軒前亦有噴泉，名曰玉乳，惟不及趵突之大耳。[5]自趵突泉至廣智院。院係美人所創，儲博物甚多，並有山地蝗蟲模型，黃河全部及黃河大橋各模型，世界人類生活狀況、各國病院養病狀況、工場作工狀況、交通機械種種模型，並有每日路透電報，供眾觀覽。出院返署。二時午餐，餐畢往遊龍洞。

龍洞在歷城東南三十里，今日時已不早，而主人屈君文六決意欲往，[6]張仲仁、莊思緘諸先生皆同行，一行人等乘四人綠呢之轎，益以從者、護衛者及警察之馬巡等，約共百三十餘人。呵殿遊山，誠無風味，余在輿內甚焦悶。五時始抵龍洞。莊問程尚有五里，沿溪彳亍行石灘中，無徑可尋。再約四里，山勢開展，南山灣裏紅葉甚茂，間以松柏，秀麗無倫。余急下輿步行，再半里至龍王廟。廟之南北懸崖壁立，高可六七十丈，崖巔綴以古柏，蒼柏極森茂。時已五時四十分，不暇觀玩。詢寺僧龍洞之所在，從者掌燈，寺僧導出寺西南，過溪東折登嶺，約三百步抵洞門。門口摩崖大書聯語云：「真氣森歛薄；神功接混茫。」字大一尺五六寸，洞口高約八尺，寬半之。拾級而進，內壁多大佛像。行約三十步，洞折而西，則又一洞。口作六角形，上露其半，下為石堵塞，不通進出矣。此二洞相通成為半環形，洞頂圓穹，高可二丈餘，環之中心合為一洞，而東向高闊僅容人。忽歛忽弛，屈曲轉仄，不可思議。出東洞口，下望龍洞寺，已過東南，化工構造，可謂奇矣。文六等即覔逕下山。余以未數其長度，仍由東返西，穿洞而出，數之得四十轉，計一百四十步；而至兩洞會合之處，更出洞口，則一百八十步也。沿嶺而下，已近昏黃，匆匆登輿，返濟南已鐘鳴十下矣。

初二日。八時往遊大明湖。湖在濟南北隅，蘆菰瑟瑟，秋柳蕭蕭。湖面為民人所佔，遍植菰筍以漁利，水道僅能通船，以余來自江浙者，視之實不足觀也。雇舟至歷下亭，亭前懸聯語云：「歷下此亭古；濟南名士多。」則杜工部陪李北海宴歷下亭之句也。亭下有何子貞集褉帖聯云：「山右有古水亭，攬一帶幽齊之盛；大清當今萬歲，為九年己未所修。」西行至鐵公祠，明忠臣鐵鉉之祠宇，欲登其堂，門扃不可入。相傳有門聯云：「事君以忠，見危授命；為臣不易，殺身成仁。」則余未之見也。院中一亭頗占形勢，可以遠眺，中置石棹，叩之作金石聲。時人書一聯云：「行與姓相符，健羨公真成鐵漢；物惟誠可格，靜敲石亦作金聲。」出祠至李公祠，步行歸寓。

午刻濟南鎮守使馬良柬請仲仁先生等飲宴，余亦邀往。余與馬非素識，昨回自龍洞，在省署席上泛泛一面，本屬無味之酬酢，然此行不為哺啜，為觀察其武技也。余前日閱報，觀馬良兵團廣智院，一日殺三人事，意度馬良為一極兇狠之人。[7]晤見之下則殊不類，馬良貌不甚揚而勁氣內鍊，談吐爽直，大布之衣長稍過膝，出必佩劍，此其裝束之特異者。喜臨池，其所書自謂一種楔形文字，得篆籀之精，毀之者固多，然求書者亦不少也。鎮署以內樹一坊，大書曰「不強則亡」，書房客室四壁，皆自撰之格言。彼係回教徒，尚存回教之精神也。壁上懸刀劍多種。有一古刀，背鐫篆書「曹操對鋒利刃」六字，真否操物，不可攷，奸雄行為千古唾罵，其遺物亦何足珍重耶？馬良待士卒能同甘苦，頗得軍心。武術拳技研究二十餘年，所著關於武術之書亦有數種，自喜能融會一切，然於古繩墨多所竄改矣。菜西式，僅五味，潔樸無華，飲酒用魯酒，濟南勝紹公司出品，味如萄萄，[8]似攙有膏粱者。飯畢導觀營中技術，自基本而角門，而刀劍槍棍，而雙槍雙刀，及種種武器之對抗，最後試演粗淺鐵布衫術，動作皆極活潑。余於技擊畧窺皮毛，於北拳則未嘗從事，不能贊一詞，於技術之新混合家數，更為門外漢而莫明其妙。然吾國今日之統兵將官，類皆驕奢淫佚，徵逐嗜好，行間士卒經年累月不獲覩上官之面目，如馬良者，謂非難能而可貴者乎？演技已畢，鐘鳴五下，余抽身先歸。

初三日。八時偕汪君孟舒、秦君稚唐重遊龍洞，雇山轎出南城，過三元宮，下井庄平頂嶺，度龍洞山南崖之巔以達龍洞，與前日所行之路大小異趨也。下嶺西折抵龍洞，寺西右壁上勅龍洞壽聖寺石刻，北壁有摩崖曰「壁立千仞」，曰「錦屏春曉」，曰「白雲無盡」。「錦屏春曉」之東側有一洞嵌於絕壁，洞口置一人造之圓礎，詢之寺中人，云是一水缸也。置於彼處，果何用耶？寺西岩壁斷而復挺立，余撥荊棘登其下，有元豐及政和摩崖數行。下山越溪仍東折上嶺而達龍洞。【9】洞之南側一洞甚狹，側身而進，其右壁刻佛像十，左壁佛像三。更進五丈許，洞漸低不能直立，俯窺其內，深窅尚不可測也。返至洞口，東側壁上刻有小楷數行，約紀其文曰：「大元延祐五年，寺僧普光圓明大師○大元世主○禪皇帝聖旨，欽崇三寶，至元十三年設大金輪聖會，○集大千僧○勅受恩賜，大戒壇牒，每歲概國，看念大藏經，飯僧百億萬。又奉天牟尼皇帝聖旨，今上皇帝聖旨，御印聖無量壽經、四十章經、七佛各經、普賢行願品等經，【10】遣使遍歷，勅詔僧尼披誦，思諸佛慈蔭，碎身難報，世主弘恩，粉骨莫酬，順吉祥發菩提心，捨有限資，命工造釋迦佛龕像，集無窮福，上報諸佛蔭佑之德，天龍雨露，洪恩祝延，皇帝萬歲，國泰民安，金○永固，百官遐齡，佛日增輝，法輪常轉，四生登樂，取六趣越○漢多父母○累○寺住持僧講○洪貴，歷下匠者尹禮韓廷藻造。」是碑高一尺五寸五分，寬七寸，文十行，行四十字，徑五分，正書，勒龍洞後門口側，北向。此則此間刻佛之原始也。穉唐、孟舒已在洞中行，余急追隨，舉燭四探，除洞口內壁數丈佛像外，一無所見。出東洞門，北壁有摩崖曰「天台別境」，曰「白雲無盡」。時已一時，匆匆飯畢，東行詣佛谷。

自龍洞沿溪東走約四里，兩山樹木蔭翳，間以紅葉甚盛，峯迴路轉，殿宇嵌於山腰，即佛谷。度一石橋，一坊曰「佛谷勝境」。過坊北上，拾級而登，壁間嵌一石，玲瓏奇古如經巧匠雕琢者，名太湖石。進門東走，達佛谷之正殿，前山環抱如屏，不見來時路徑，紅樹參差，天然點染，巧不可思。寺東溪畔岩石突起，四無倚傍，登其上俯視，流泉繞於足下，曰釣魚臺。臺東北澗底一潭瑩然，上有折坡下瀉，即瀑布也，現已水涸矣。佛谷寺名般若，寺創自隋文建國之初，今亦衰凌。地位幽深，水木明瑟，石壁環抱，別饒靜趣，宜其與龍洞並稱勝地。此間之紅樹非桕非楓，葉署似桕而薄，剖其樹，近皮處色白，內部深黃若染，頗美觀。至乾燥時則紛裂，故不能取以製器，僅供燃料而已。憑欄四望，偶有所感，題一絕於寺壁：

肩輿彳亍繞溪行，四壁空峯矗化城。秋意滿山紅盡葉，白雲流水自然清。【11】

下寺，返濟南已六時。陳君東生招飲於奎元樓。濟南酒家精烹調，尤擅製清湯菜，奎元樓其最著者也。余檢行李往車站，以備明日登車往萬德，以遊靈岩。十時，張君翰廷送余及孟舒、稚唐出城，寄宿於津浦路工務處。

初四日。早六時，趁徐州車前行。此車無頭二等，僅售三等票。八時六分抵萬德站，長清縣屬也，濟南工務處為余等介紹於養路工程師，託為招待，乃至養路處小坐。雇三小驢，置被鋪驢背而跨乘之，欵欵前行，別有風致。

自萬德至靈岩，計程十餘里，驢夫號稱二十里，驢子價往返一次計銅元四十枚，余等決在山住宿，明日來接，價給銅元六十枚，亦甚便宜。東北行徑皆極小，約六里抵柳里莊，驢夫呼為六里莊，云其離站六里也。莊南一山石屏如幛，高可六十丈，上一岩突起，名雞鳴山，自雞鳴沿岡而東一帶岩石嵯峨，直與湯公山相接，則靈岩之南界也。更約二三里，過一石坊，榜曰「靈岩勝境」，驢夫告余曰，此以內所有山場田地均屬寺產。寺中浮圖矗立，山勢自北折東轉而西拖，漫山植柏，極繁盛，鬱鬱蒼蒼，見柏而不見山也。山胸以上多懸崖壁立，高數十丈，幽秀兀突，逼人眉宇，驢背觀覽已達臨孔山而抵大橫溝。溝上有橋，曰崇真橋，亦曰通靈橋，俗呼大石橋。橋西有嘉靖時重修橋碑在焉。更度一橋，四柏環拱如門，余謂此則泰山之所謂柏洞也。再里許，路旁石坡上一亭翼然，俗呼接官亭。其南為黃茅岡。余等至此舍驢而步，半里又逢一橋，橋北嵌一石，刻曰「十里松」，上款「可泉」二小字。自橋北直東百餘步，即抵靈岩寺之西廊下，至韋陀殿息焉。時已十一時，即進午膳。

靈岩山，古名方山，其山形四面正方，故名。又稱玉符山。寺曰崇善，東晉時竺僧朗降錫說法，有猛獸歸伏，亂石點頭，白鶴翔舞之異，此靈岩所由稱也。後魏正光元年，梵僧法定禪師始建道場，稱為中土四絕之一，歷隋暨唐，殿宇齋寮日新以盛，迄宋太平興國、天禧、景德間，嘗以其號錫宇內寺院，故又號景德寺。寺之五花殿、千佛殿皆構於其時。自元迄明，間出名僧，歷經興廢矣。

寺中共分為八大院四小院，住僧約共四十餘人，分別門戶，各自為政，有一方丈總之，亦徒有其名耳。寺僧皆飲酒食肉，庸劣不堪，言談之下酒氣噴人，間以鴉片臭味。嗚呼，是尚得謂之和尚乎？

天王殿後大佛殿前，有白果樹三株，極為高大，每年產果甚盛，其所收入即以供佛殿香火之資。此外山場、田地，皆寺僧分為酒肉之費。千佛殿前，多明昌、皇統、泰定、致和時碑記。殿西一古柏峙於石壇之上，大約五抱，高可三丈，中空，東南之枝夭矯屈曲，葉細碎如鳳毛。下有一碑曰摩頂松，相傳唐三藏法師元奘譯經於御書閣，【12】曾摩此柏之頂，故以得名。清乾隆有絕句一，刻於其旁，曰：「是柏為松松攘柏，謂松非柏柏成松。是非稱謂誠何定，一笑真教辨莫從。」

柏之東首有石築方臺，闢為四門，後方門外尚立一石柱，中供一石彫佛像，云是五花殿故址。址東牆外一柏參天，為漢柏。柏旁一碑，為萬曆三十六年長清知事王之士立，中書「漢柏紀」三大字，旁跋三行云：「此柏方萌芽時，漢文帝夢靈岩有千柏，命鄧通往觀之。至而惟見一柏方萌芽，回以實報。文帝祭而祝之曰：『當與此山並垂不朽。』余以侯按院，查其地在左上，一枝東北，白葉食之，可以延年，紀之非敢為異談也」云云。姑錄存之，供世人之叅考。柏之西牆石刻甚多，內有東坡書一詩云：「醉中走上黃茅岡，滿岡亂石如羣羊。岡頭醉倒石作床，仰觀白雲天茫茫。歌聲落谷秋風長，路人舉首東南望，拍手大笑使君狂。」柏東一井方可六尺，極清澈，為卓錫泉，又名錫杖泉，相傳法定禪師大啟叢林，愁寺中無水，以語佛圖澄，澄曰：「何處無水？」乃以杖擊地而得此泉，故以名也。

五花殿之北為千佛殿。殿內四周供羅漢四十尊，大逾於人，神態生動，骨脈顯露。前日在濟南晤梅君擷雲，云據德人某博士所述，此像當為世界第一美術品，以其骨幹搆造皆為印度人種之模型也。中供釋迦、文殊、普賢，四壁嵌佛像極多，是否千數，不能悉數之矣。

四十羅漢為寺內最著名之古蹟，現亦間有指落衣殘，不甚完善者。《泰山志》載靈岩寺《五百羅漢記》，碑在十王殿，殿不可尋，碑亦不可考。此四十羅漢或者即五百羅漢之殘餘者，興廢盛衰，不勝慨歎。今錄《志》中碑文於下，備見佈施者之苦心孤詣焉。【13】

施五百羅漢記　承節郎張克卞書

梵語阿羅漢，此云應受世間妙供養，蓋具六神，通得八能，善起諸有，嚴淨毗尼，其可受世間之妙供矣。矧茲五百大阿羅漢者，親受佛法，荷護法輪，拔濟未來，不入滅度，誠苦海之津果，暗塗之燈炬也。惟應真示化，靈跡至多，故貌像莊嚴，崇信愈眾。

濟南，京東大都也。靈岩巨剎，佛事最勝，而五百羅漢之像，未覩其傑，齊古竊有志於是久矣。政和之初，得官閩中。閩俗巧便，甲於諸路，而造像之工，尤為精緻。於是隨月所入，留食用外，盡以付工人。洎乎終更而五百之像成矣。端嚴妙嚴，奇龐古怪，顰笑觀聽，俯仰動靜，無不盡其態。自閩而北，歷水陸程五千里而後至齊之靈岩，齊人作禮，歎未曾有。噫！豈非因相生信，因信生悟者耶？齊古自少遊學，及竊祿仕，蹤跡萍梗，幾半天下，投老倦遊，欲將屏跡閭里，為終焉之計，笻杖芒鞋，一巾一鉢，可以日奉香火，盪滌妄緣，普及覺聞，同超覺路，此予之夙志也。雖然，如是內辨其質，莫非木彫，外覩其飾，盡是明金，然則五百尊者，今在○處？若也迷○○數，顯是徒勞，苟為捨像求真，卻成孤負，離此二途，如何則是不見道。金雞解銜一粒粟，供養十方羅漢僧，奉議印賜緋魚袋。宋齊古謹施。

宣和六年中秋，住持妙空大師淨如上石。

出殿西上，石級數十，即辟支塔院，塔九級，高約八丈，上為鐵製之頂，已向南傾，塔中為堦級，折而向外，旋又向中升，制甚善，視福州之白塔、杭州之六和塔，較為安妥也。余欲登頂，寺僧目灼灼力阻，云不可升。余健步而上，彼咋舌搖首，稱余勇甚。塔內多題名之石，梯級之旁磚光潤無倫，人上下以手摩撫之力為之也。《泰山志》云辟支者，《釋氏要覽》云，梵云辟勒支底迦，唐言獨行也；《翻譯名義集》作畢勒支底迦，「辟」與「畢」聲近而異也。其以辟支名佛者，見《水經注》云[14]：於闐國剎利寺，有石靴，石上有辟支佛靴。此以辟支名塔者，殆塔上供辟支佛也。靈岩寺辟支塔，稽之《長清縣志》，不詳其興建之由，即宋張亮重修寺記亦只云辟支塔從古制而言，建自何年以臆度之，蓋亦魏正光中法定禪師所建也云云，亦非確有所據而云然也。余於御書閣南壁觀一唐碑，凡十八行，錄之如下，其此塔之由來乎？

維大唐垂拱四年歲次戊子，四月朔八日乙未。昔有慧賾禪師，在此山門住持五十餘載，精勤勇猛，志操嚴凝，感應靈奇，通〇異絕，英聲外播，道〇遠聞，禪支與七覺俱清，戒品同六根共淨，研精二誦，覃思一乘，為世福田，信址依怙，抽資什物，謹捨淨財，敬造斯塔一所，奉為皇帝陛下師僧父母普及舍靈，存亡眷屬，盡願超踰，俱登覺道。童子順實、普超、智雲、智〇、同杏、智通、如光崇刊。

下塔而東至般舟殿，址中有銀杏一顆，迎風瑟瑟，頹壁中殘碑纍纍，金軍統元年沙門法雲摩泐之達摩面壁像，及元泰定三年重建般舟殿記，及釋迦宗派圖碑，皆足錄也。址右為御書閣，上有古檀，厥狀臃腫，亦古物也。自此東行，登山里許，至白衣殿。殿門重閉，云一德人之居。更上半里為行宮址，文殊院絕景亭，皆久圮矣。址之西偏有兩松植立，高可丈餘，大及三抱。靈岩皆柏，此松為僅見也。東偏崖下一水涓涓，下注於池，為此山最著名之白鶴泉也。余越池而進，掬泉狂飲，味甚甘美。

余欲北登功德頂，一瞰全山之勝，稚唐、孟舒不能往，寺僧以路極難行阻余。余對此種野和尚恨之切齒，[15]急揮去之。上山遇一樵者，僱為導，鼓勇上登。路亦峻窄，以余視之，固平坦也，況柏樹甚盛，阻人視線，可攀可援，亦何危險之有哉？登山將半，東側一石崖陡起，余試探之，有人以墨筆書於壁，曰「臥虎崖」。更東數十步，北西壁上刻有乾隆御題壬午登玉苻山極頂歌一首，及乾隆丁丑登玉苻山最高處五言歌一首，一豎一橫，佔地方廣，導者謂此為萬丈碑也。詩刻之下，一石高可及胸，平廣如床，題曰「可公床」，欵書「明弟子傳受謹題」。《泰山志》載可公床在靈岩山頂，則大誤矣。可公不識何許人，題十里松之「可泉」，是否即可公歟？床西絕壁有摩崖，大書曰「靈山一脈」，為陶欽臯題。曲阜周公廟之詩刻亦此老所作，其書法流動蒼勁。下為朗公傳摩崖，正書，字大約四寸，計四十行，行十二字，下款「釋如曉書」。按如曉，宋代名僧也。自此折回更上約再二里，東上至向雲洞，導者謂白雲洞也。洞西向，高可八尺，寬可四尺，深可五尺，洞門正映日光，極明亮，內多斧鑿之痕，其人造者歟？洞之左壁鐫乾隆丙申、丁酉、庚戌、甲辰、辛卯五年御題向雲洞詩，右鐫乾隆壬午、乙酉御題向雲洞詩。洞口「向雲洞」三字額，亦乾隆書也。於此可見專制君主盤樂遨遊流而忘反焉。

出洞西行，沿崖如履蜂腰數十步，石上有摩崖，為明萬曆五年盧仁羅等進香植福記。更西有摩崖，曰「日觀近可攀」，曰「壁立萬仞」，皆萬曆時人題也。小立東南，望玉泉頂，隱約可見；俯瞰靈岩，寺宇錯落於谷底，解支塔則藐小無崢嶸態矣。西行折北，峯劈為二，西為鶴巢岩，亦名蹲虎岩，高可十餘丈，東壁方正突立，則為功德頂也。導者語余，北山有飲虎池，余乃從而下百數十步，半壁一凹，深廣不逾二尺，上刊「飲虎池」三字。此可以為池乎？為之一笑。折而東升石級數十步，外障石欄，均已傾圮。北壁有摩崖，字大可三尺，曰「靈岩觀音道場，宋政和丁酉張勸書」也。摩崖之東一石龕，方約二丈，高亦如之，上榜曰「積翠證盟」，下榜曰「重修證盟」。古佛正殿聯曰：「南川大佛頂；東土小靈山。」龕內壁上因石造觀音像，立其盤膝之上，攀其右手，高適余身之度，指之大等於余臂焉。旁刻四侍者像及二虎像，工程亦甚鉅矣。功德頂之東名積翠崖。更東岡上一石，昂首如飛鳥，導者謂是和尚岩也。四時下嶺，至甘露泉，見一歐人，運斤鑿石，以竹引泉，見余即鞠躬為禮。詢是德人王鼐，即居於白衣殿者，邀余入其室，彼自述其歷史，乃川漢鐵路總工程師，自中國對德宣戰即隱居於此，室內一床一桌，書數本，圖幾張，酒瓶數事，於此見德人之簡質焉。彼謂僑居濟南已二十年，甚好山水，為余述濟南之勝處，並甚願到南方一遊諸山也。時已五時，余即辭出，返寺晚餐。七時睡。

初五日。五時三十分起床，寺中人尚居黑甜鄉裏。余取冷水盥洗畢，出山門，循牆而東，約半里越澗而南，至於崖下，一銕鑄之物高可五尺，寬約三四尺不等，上凹如領，下拖如襟，中顯縱橫之紋，宛然一袈裟也，是謂銕袈裟。袈裟不知始於何時，果誰氏能服用之耶？袈裟之後一水北流，不讓甘露之清澈也。行行過寺西北，入柏林而至北塔院，歷代寺僧之骨塔皆在於此，碑碣林立，塔之制方者圓者雕琢精美者製作簡樸者，塔銘及碑記行文書法諸體皆備，誠目不暇給也。塔院之中，一磚築之龕，方一丈餘，高二丈餘，中供一佛而亂石塞其門，惟隱約窺見之耳。龕前有二塔，其制特異於眾，左為僧錄司右街覺義欽依萬壽戒壇宗師兼崇善寺古奇和尚之塔；右為僧錄司右街覺義兼靈岩崇善寺住持悅公喜庵和尚壽塔，高各可一丈七八尺，龕東有海會塔，塔後石刻造塔之記，宣和五年七月監寺比邱祖英題，書法圓勁可玩。塔北一經幢刻《佛頂真勝陀羅尼真言幢子》並序，宋天聖二年製也。余正觀玩間，一人挾紙墨向塔院來，詢之，來自濟南，乃拓工也。余急囑其為余拓《海會塔記》及《垂拱碑》、《東坡詩刻》多份，詢以此間李北海碑藏於何處，云在西廊下魯班洞中，拓之甚不易也。余返寺早餐，以遇拓工事告穉唐、孟舒。飯後出西廊，遇一小僧，叩以魯班洞之所在，小僧為余持燈火出西廊院，北折得一洞，類地窨，其口正在解支塔之南面，下洞十餘步折而南，內疊長石為捲，洞高約九尺，寬約七尺。南行十餘步，地門下窪，深可沒人，李北海靈岩寺碑頌並序即嵌於窪之左壁。窪之廣亦僅容一人耳。碑已中斷，其上方計二十一行，皆全，下方右幅已失去八行，「靈昌郡太」字尚分明，「守」字之寸已殘缺，其年月為「大唐天寶元年歲次壬午壬寅朔十五日景辰建」皆完善，文已殘缺剝落，不可卒讀矣。《泰山志》載李北海碑，謂已失佚，所載文錄自錢唐黃司馬易所藏之拓本，亦不甚全，其紀年「歲次壬」以下即缺而勿錄焉。此碑書法魄力雄偉，過於雲麾，何以嵌藏於此窨內？昏黯潮濕而且迫窄，故拓之頗費力。余命工為余拓數紙。此窨之北面搆石柱若門，石楪之上刻有《一字王咒》碑，係歷城令皇甫詮寫，開元二十年十二月典座僧智海記，此則向少人見者也，「咒」之上方約尺許處刻一圓形之佛頭，其下則嵌一殘碑，字大四寸許，尚賸三行，則自右向左讀之，文曰：「劉補之遊此，見仲平姪留字已十五餘年，不幸未顯而死，深可痛惜。」「惜」字下書「大觀丁亥六月十日姪起同」。咒之東壁亦似門形，塞以亂石。余以燭細瞭，則石中嵌一石像，高可二尺，古怪驚人，不知何用，乃囑工並為余拓《一字王咒》多份。出洞至西廊下院，僧隆信邀余坐，詢余所自來，並出《長清縣志》示余，謂魯班洞即朗公墓，或曰魯班墓，亦在此。相傳東壁之門本深不可測，游人入之往往不得出，故以佛像堵之，即今洞內游人亦少有入之者。然李北海碑何以藏於此處，百思不得其解矣。

明王世貞曰：「遊泰山而不遊靈岩，是與未遊泰山等。」余此行為不虛矣。下午一時，孟舒照羅漢像畢事，午餐，作歸計。余更入塔院督工拓《佛頂尊勝陀羅尼幢子》一份。三時策蹇西行，至萬德站候車。夜十二時到濟南。

初六日。早仲仁、思緘先生自青島回。午餐，屈君伯剛招飲於大明湖畔之酒家。飯後登城南之千佛山。山因岩鑿佛，成於隋開皇初年，非真有千數也。山不甚高，可以眺遠，濟南全城，黃河一帶，華鵲對峙，皆歷歷可數；山之東為大舜廟，或曰是即歷山，又曰舜耕山也。歸途遇陳君哲侯，過其寓居少坐，返署晚餐。

初七日。仲仁先生等返京，余再留五日，遍觀黑虎泉、金綫泉、珍珠泉之勝。黑虎泉在城南一女校內，噴泉之量極大。余謂此泉勝於趵突，以地僻遊者罕至焉。十二日晚間登車南返。

【1】底本作冷冷，當為「泠泠」之形訛，逕改。

【2】底本作舍，當為「捨」，逕改。

【3】此處本有「重光持《金剛經》一部，按字圈出」一句，估計原載《時事新報》字樣而為結集之際略去。《泰山歷代文史粹編》（馬銘初選注，山東友誼書社一九八九年十二月版）以經石峪字跡攷為題節錄，起自「經石谷石上現在能拓者」，終於「並此字數恐亦不可復見矣」。參見《蔣叔南年譜》相關說明。

【4】底本作蹤，當為「縱」字之形訛，逕改。

【5】不及趵突，底本互乙作「不趵及突」，逕改。

【6】屈文六（一八八三—一九七三）名映光，浙江臨海人。光緒卅一年，赴杭就讀於赤城公學，入光復會。卅三年春夏間，回臨海創辦耀梓學堂。後充安徽督練公所書記、台州印山商業學堂監督、安徽陸軍測繪學堂教習。宣統元年赴滬辦報。三年冬，江浙聯軍會攻南京，任浙軍兵站總參議。復以浙軍代表身份援鄂。旋任浙江都督府代表，參與籌組中華民國臨時政府。民國元年起歷任浙江民政司司長、內務司司長，署浙江民政長、浙江巡按使、浙江都督，國務院顧問，國民政府賑濟委員會副委員長等職。一九四九年赴臺。時任山東省長。著有《屈巡按使巡視全浙文稿治河說略》。集資修訂《大藏經》。

【7】底本作凶很，當為「兇狠」之形訛，逕改。

【8】萄萄，疑為「葡萄」之誤植。

【9】底本作領，當為「嶺」之形訛，逕改。

【10】底本作顧，當為「願」字之形訛，逕改。

【11】收入《詩稿》，題《己未季秋遊濟南龍洞遂至佛峪覯紅葉》，參見《蔣叔南集》卷四。

【12】元奘，即「玄奘」，前人避諱所改。

【13】誼，疑為「詣」之音訛。

【14】經，底本作「徑」，逕改。

【15】野和尚，底本脫「尚」字，逕補。

房山遊記

庚申春仲，余來京華漫遊，晤同宗竹莊於教育部。竹莊盛言京西房山之勝，心焉慕之。清明既過，天氣晴暖。十八日上午九時於正陽門京漢站登車，孑身獨行，所攜行李亦甚單簡。九時二十分開車，十二時正抵琉璃河車站下車。站上騾夫麕集，問余何往。余語以房山。羣答曰：房山縣離此二十餘里，需騾，價三弔。余語以平頂山，且告以山上有廟有洞者。索價洋六角，以一元二角雇二騾，一置鋪蓋，一騎人。房山在房山縣之西，舊屬房州，縣固以山得名者。土人僅知其為平頂山，或謂上房山也。

自站西行，經琉璃河鎮、李家莊、東營村、西營村，約三里至天開村，已入房山谷口。時而沿山，時而溯溪，小徑犖确，礙足難行，道旁多杏林，枝頭杏花亦若沾染現代新思潮者，正在講解放時候，含苞如笑，醉色撩人，一色杏花紅十里，不圖今日於騾背上得之。六里至天開，更六里至下中院。此間居民屋頂均以薄岩片代瓦，近山皆岩層，採取極便，省費耐用，誠能因地制宜也。過上中院，居民數十聚集道旁，聆其所語，知有三西人來遊房山，適與余先後經此。村中婦女，多手攜雞蛋及生雞，欲得善價以售於過客也。更六里餘至接待庵，三西人先余而至，止於東廊之下，余另居一室，牕榻尚潔淨，知客僧招待亦頗殷勤。然庵外之風景固甚平平也。余盥沐既畢，方丈僧貫如來晤，云方乘早車從都門來，且有張遵午、王仲清、[1]王吳山三君偕至，行囊甫解，正待進晚餐，再作登山之計；介余與張君等相見。余始知房山之兜率寺尚遠在山中也。匆匆飯畢，已近五時。余命騾夫為余襆被上山，王君等三人先行，余與貫如隨後，自菴後山徑沿谷北登。

房山開始於華嚴祖師，時在隋唐之交，山間以兜率寺為之主，其餘茅菴共得七十餘處，皆苦行清修者所居，統屬於寺，寺產頗豐，現亦衰落。貫如去歲九月以京中多數居士之推委來此住持，奔走佈置，粗具規模，後日為其升座之期也。貫如沿途告余種種。入谷愈深，兩山愈聳，山路愈狹，山勢愈奇，山崖多短屈老柏，間綴桃花，極其美觀。約三里許谷盡途窮，前方疑無去路矣。山之左崖鑿級上升，名曰雲梯，七十步至頭山門。入門石級愈陡，高幾及膝，寬僅容足，外方繚以短欄，繫以鐵鍊，[2]以便攀登，計二百餘步。至雲梯菴小憩。菴倚於厂下，下臨百丈危崖，若在雨水之時，即在瀑布之頂也。久無僧居，貫如來山，而一改舊觀焉。自菴外雲路左盤梯雖告盡，而山境之深奧幽秘，殊出吾人意想之外。屈曲再約二三里，古柏之下時露屋角，皆所謂茅菴也。經欵龍橋，過瓣香菴，更上半里許，抵兜率寺，已昏黑。九時晚餐，入睡。

十九日。五時即早起。兜率寺佛殿前院內一老柏，大逾兩抱，老幹繁枝，極其蒼鬱。殿之後壁刊佛說四十二章全文。自殿側絕壁扶梯而上，則為玉皇殿。殿後高峯為毗盧頂及茶蘿頂。頂東為龍虎峪，頂西為紫金嶺，而摘星砣峙於右，望海峯環於左，岡巒層疊，樹木蔭翳，形勢頗佳。兩山之間倚崖闢地，臨壑建菴，曲徑四通，別有境界，地段雖不宏敞，自有幽奧之致，自不顯迫窄之局也。佛殿西首為方丈所居，藏有舊藏經多架，係明本，惜殘缺矣。八時早餐，與張君遵午、王君吳山、王君仲青結伴往遊雲水洞，寺僧蓬萊為導。

八時三十分出寺門西行，經文殊殿、觀首殿，渡聽梵橋，沿岡上升，約五里而至彌勒殿。俯瞰眾山，皆在眼底，惟摘星硊尚在我輩頭上也。自殿西下降，山徑滿鋪落葉，頗滑足。約再五里至雲水洞，我輩正在休息，昨日所遇之三西人自接待菴踵至，即進洞探覽，約一小時而出，手足衣履皆泥濘污穢，相視大笑。時已十一時四十分，我輩皆整裝攜炬，相率進洞。

雲水洞門正南面向，高可一丈，寬一丈二三尺，洞口之頂甚平。自洞口北行二十步，右壁一佛像。自此更進，不見天光，更四十步，洞漸低，須鞠躬而進。更二三十步，洞更窄，須俯伏蛇行而進。導者在前，遵午、吳山及余隨後，仲清更在余後。余體較大，爬行較緩，遇最小之處即將肚腹著地，用兩手屈伸而前，用力趲進，身幾與洞合矣。如此前行約二十丈，稍可屈膝蹲行，時仲清已退回洞口，膝行十餘步，洞漸高廠，頂上水珠滴點間結水冰者，曰滴水成冰。

洞內黑暗無比，而地上濕滑，全恃火把之力。余並持洋燭四面觀察，洞內鐘乳下垂，皆如海松，幾疑身入海底，珊湖島奇形怪狀，不可勝數。山陰道上所謂應接不暇者，余曾居鑑湖，那得有此種萬一之境界耶？自此觀西方佛手、臥虎岩、人頭岩、老龍潭、痲瘋窩，而至二龍把洞門，已前行二三十丈矣。洞忽又迫窄，復膝行進十餘步，則此洞之二進也。二進之所見者，為上香臺、石葫蘆、接引佛、什錦岩、石棗、石梨、石核桃、石柿餅、獅子望天岩、石肝、石心、石肺、石孩子、石鐺、二龍戲珠池、金水瓶、錫燭臺、蓮花岩、帽盒岩、仙人過橋，此猶不過以其形似者而導者以之告耳。更進為石琴絃，以竹竿拉之，丁令清越，非凡響也。更進至一處，曰鐘鼓樓，導者持火把上升丈餘，吾輩止於其下，彼以預置之木槌挨擊其近旁諸石，初作鼓聲，曰此石鼓也；再作梆聲，曰此石梆也；再作鐘聲，曰此石鐘也；再作鑼聲，曰此石鑼也；再作木魚聲、鐺鐺聲，曰此石木魚、石鐺鐺也。側耳靜聽，拍手呌絕，至此已再進約半里矣。更上坡下行，為洞內之三進，曰麵山、米山、葡萄山、棉花山、牡丹山、白龍潭、猴兒捧桃岩、五供養、攔路虎、大砣岩，皆三進內物也。更進側轉，洞頂極高，約四五十丈，上半分黑白，稱為半陰晴天，其下為象馱寶瓶，為靈芝岩。由此更進，導者謂已到鷂子翻身處矣。適間三西人至此折回，余等多燃火把，細察前方，則洞中已無去路，眼前有穴，大可三尺餘，適如水井上口，僅供水桶提挈進出之度耳。導者騰身先下，遵午繼之，余將所穿夾衣盡行脫去，並將所攜洋燭燃放一根於洞口。下降約八尺許，洞向內斜，如直角之絃線口之大，視洞口之初次蛇行處為小。余又用力雙脚直伸，借臀與肘之力漸漸溜下，幸此處岩光滑濕潤，尚不十分費事。此時腦筋忽發異想，以為到了十九重地獄，昏昏然莫明其妙。約三丈許出此洞，而進洞之第四進矣。內為雞冠花岩、西瓜地、南瓜地、菊花岩、棉花岩、象耳岩，再上一坡為羅漢聚會，立者、坐者、傴僂者、側倚者，蓋無不備焉。其上為石幡石幢，四壁滿掛，若飄飄乎其欲墜焉。自此石坡下降，濕滑難行，傾度甚陡，導者謂由此再進，洞塞而無可觀矣。吳山、遵午止於坡下欲返，余亦意興闌珊，乃燃一火把擲於坡下，察其下有積水，而余立身於羅漢聚會之會場上，時有水滴於余背，陰澈心脾，幾不能忍。乃相將折回，鷂子翻身處之難上，則前此所未遇也。出三進，導者不循舊路引觀觀音說法臺及珍珠塔。余前所述，洞內各物皆記其名，未嘗述其狀態，然余實無此筆法足以描寫形容，且自入洞以後，腦筋昏昏然，莫明其妙，故不得已僅舉其名耳。此珍珠塔大可兩抱，高可一丈五六尺，斑駁晶瑩，不知千萬億珍珠之穿綴也。更前為塔倒二節，則一塔倒為二節之形；塔倒三節，則一塔倒為三節之狀。其基礎既傾，其尖頂碎裂於數步之外，蓋鐘乳凝結亦有崩倒之時也。自此而出二進，過一進，再見天日而履人間世矣。

有是哉，洞之結構乃至於此哉！余無以名之，名之曰希奇古怪而已。余意此洞不知若干萬年前必在海底，海底之珊瑚島想即此類。余不明地質學，不能研究其真相。洞內如此寬大，且有滴水，故通空氣。余輩在洞內觀察近二時，疲勞之度莫可言狀。出洞相視，比煤礦中工人畧為清潔幾分耳。蓋洞中窄狹之處為探洞者火把之烟所薰染，與煤礦中固無甚差別也。以後欲探洞者，須飽餐，須多備柴把，須換預備污糟之衣服：此必要者也。導者火把之烟於經過窄狹處熏眼極難受，洞中泥滑難行，洞中深遠，探索到底極費力。此探洞之難也，而胆怯氣弱者不與焉。

出洞已下午一點三十五分，洗手、食粥，即作歸計。至彌陀殿，余擬登摘星砣之頂，而蓬萊不肯為導。余孑身上升，約已十丈，無徑可攀。余招蓬萊上，彼竭力招余下，余恐迷途，乃下，極掃興。蓬萊言，朝陽洞、西方洞、金剛洞，皆在砣之四周。余不欲觀之矣。遵午等已先行，余與蓬萊緩緩下降，過地藏菴。菴之北園中有白皮松一株，大僅徑尺，不足觀也。院內有牡丹一本，粗逾拱，高逾人，蔭可二丈，含苞一百二十餘個。庵僧云是綠牡丹，視京師崇效之牡丹，古老多多矣。菴門前一古松，老幹紛枝，披垂可以手折，姿態甚佳。回寺已四時半。

進餐既畢，仍覓蓬萊導余往遊一斗泉。出寺東下，越澗過退居寮，沿岡東行約里許，至勝泉菴。自菴側谷底上升，又約里許而至一斗泉。泉在地窖內之井中，余以手杖試之，不能及底。泉上一菴，不知何名。丹崖環拱而缺其南面，崖壁多鐘乳，雲水洞內之碎屑也。離一斗泉，至勝泉，南行過兩岡，約二里而至旱龍潭。所謂潭者，係一極深之坑潭，徑可十餘丈，深約二十丈。相傳古為毒龍所居，華嚴祖師開山，揮而去之，僅餘此潭，然其情狀亦可異也。自此折回，將及寺，貫如偕遵午等將遊華嚴洞，邀余同行，乃折而南行。過十方菴，經華嚴塔院南行，沿岡里許抵華嚴洞。洞之左方有一門，額曰「華嚴祖師洞」。洞內供華嚴像。洞之深廣六七丈許。洞口之右側一石，斑駁光滑，形如古鉢，其口甚整，高下重疊，分為八格，曰八寶功德池。洞底一石甚類鸚鵡，其他形狀亦多似海松，則雲水洞之具體而微者也。其右一門石級上升，築為小臺，曰華嚴樓，頗軒敞可玩。時已昏暮，掌燈歸寺。貫如備素筵頗豐潔。入睡已十一時矣。

二十日。五時三十分起床，檢點行裝畢，上玉皇殿，步入龍虎峪，一菴亦就圮矣。菴前一松，視地藏殿之大松較遜，山間稱之為松王，何所取耶？松下多小竹，曉風拂拂，搖曳有致，菴之左壁為九王洞，一石厂耳。回寺早餐。七時辭貫如下山，八時抵接待寺，遵午等回北京，余策蹇詣雲居。行約五十里，日已向午，抵下莊村。村畔溪畔遍植槐柳白楊，間以正在開花之杏，含苞待放之梨。里許行入柏林，林盡度一石橋，即雲居寺山門矣。

雲居寺局勢之開廠，樹木之森茂，流泉之清澈，建築之壯麗，北方叢林中可首屈一指。視山左長清之靈岩寺，實倍勝焉。門首額曰「西域雲居禪林」，門內為天王殿，殿內院中雙白松對峙，大圍兩抱，松下石澗流泉涓涓，則灌引自水頭者也。白松之西為毗盧殿，更上為彌陀殿，更上為藥師殿。殿前右碑為金剛啟，左碑為藥師琉璃光如來功德頌也。更上為彌勒殿，前為清嘉慶御題雲居寺詩石刻。更上為大悲壇，則寺之盡處，中為大悲殿，右為藏經閣，左為說法臺。禪房之設備，亦頗完備。前年居留德僑管理，於此房舍遂多改易之處，於本來面目尚無所損也。僧徒因是四散，無復前日之盛矣。

余匆匆觀覽，急進午餐，覓一張姓老者為導，往觀小西天，即石經山也。二時，自寺東度溪登山，行約五里，嶺旁一古柏之下一井甚深，水亦清澈。此七名井之第一井也。更上百餘步一佛殿，側轉殿左崖下，一石洞大可八尺，封以石門，門上半為欄干式，可以窺望。洞內滿貯石版，即石經洞也。余以便於記憶之故，名之曰第一洞。洞內經板能窺見者，一石版之首行為「千手千眼觀世音菩薩」，《大圓滿大無礙大悲心陀羅尼》一卷，又一版為《佛說寶雨經》卷。第一洞左數步為第二洞。經板之能見者，一版為《大乘大集地藏大輪經》第七；又一版已殘，識其為《心經》也。東上抵小西天菴，菴東一石井圓形，大可丈許，深約二丈，旁均鑿痕，則當年採取石料之所也。井東十餘步又一井，亦如之。更東十餘步為第三洞，經版之能見者，一版為《菩薩絡纓經》卷第十一。更東念餘步為第四洞，洞內一版為《摩訶薩波羅經》卷十三。洞前崖端一亭矗立，乃於亭中小憩。亭東為龍王洞，現為放牛之所矣。更東數十步沿崖北轉，一井口大可二丈，畜水深黑，導者言是龍井，山間樵者常見有大龍在此來往，姑妄聽之耳。折回由菴西出，層崖上覆，高不過四五丈，又得一洞，為第五洞，則完全閉塞，無可窺也。洞右一碑上方已剝落，玩其語意為元至正元年高麗比邱慧月重修石經山藏經洞石戶碑記。又一碑為金清寧四年進士趙遵仁撰，題為《涿州白帶山雲居寺東峯續鐫四大部經碑記》。茲摘錄其大意，以知石經之所由來也。金太平七年樞密直學士韓紹芳牧知是州，嘗登峯遊覽，見石室經碑，召掌寺者詢問，均忘底細。乃取出檢驗，得《正法念經》一部，全七卷，計石二百一十版；《大涅盤經》一部，全四卷，計石二百二十條；《大花嚴經》一部，全八十卷，計二百四十版；

《大般若經》一部，[3]全五百二十卷，計石一千五百六十條。又於左右得古記云，幽州沙門釋淨琬精於學識，於隋大業中發心造石經一藏，以備法滅，乃於白帶山石室刻經藏之。石室既滿，即塞以石戶，以鐵錮之。至貞觀十三年奄化，其弟子導公繼之，儀公、暹公、法公又繼之，仍未畢事，韓公以此上聞金聖宗皇帝，勅瑜珈大師諱可玄提點修刻，自太平七年至清寧三年成《大般若經》八十卷，計石二百四十，又《大寶積經》全一百二十卷，計三百六十版，以成四大部，合計二千七百三十條，云云。碑旁豎二碑，皆刻《金剛經》。

自此石級西登數步，為第六洞。洞較小，洞門額為「寶藏」二字，董其昌所書也。洞西佛殿已為房山縣公署所封鎖，其兩旁石柵可以內窺，殿不甚廣，兩壁皆嵌石經板，洞中樹八稜石柱四，刻佛像極多，並鐫佛名於像旁，為千佛柱，實刻一千二十四尊佛。更東為第七洞。洞內所見之版，為《佛說恆水流樹經》一卷，則已在第一、二洞之上層矣。更東為唐僧洞，中塑元奘法師取經像，而《西遊記》之孫悟空、猪八戒牽白馬伺於左右。導者謂唐僧取經即在此處，夫乃穿鑿附會之甚歟？更西為第八洞。經版能見者，為《不空羂索神變真言經》卷二十五，又一版為《陀羅集經》卷第二。至此石欄已盡，折回。至菴右拾級登頂，頂上一石浮圖，九層，正方形，高可丈五六尺，南面為門，中供佛像；門旁刻二神將像，形態生動；西側鐫雲居石經山石浮圖記，其文不能辨識矣；北面刻曰「大唐開元十八年，金化長公主為奏明聖主賜新舊譯經四千卷，充幽府范陽縣為石經本，並賜山地多處」云云，下款為「開元念八年歲庚辰朱明八日，前莫州吏部常選王守泰記」。山頂石浮圖記，下為元和四月八日范陽縣丞吉逾《題雲居上寺》五言律詩六首，則此塔之建築當在淨琬著手刻經之日也。南山岡上一小石菴內供佛像，更南岡上一菴亦如之。自此望雲居如指掌紋，柏林之中雜以杏花，蒼老豔麗，誠不易遘之景物也。北山一徑蜿蜒可辨，導者指謂從此達上房山，計程十八里，惟路極難行也。余察雲居形勢乃上房山脈蜿蜒南來，分為中外二幹，中幹至余立足處而盡，外幹而北而南，更由而東，抱迴環於拒馬河之北岸，其支幹蟠屈作勢，拖為寶瓶峯，局勢開展，雲居寺在其下，青烏家言迴龍顧祖處也。山下溪盡處有人家數十，為水頭村，雲居寺前溪水之源頭來自該處。乃從山之西岡下降，巉岩齒齒，小石纍纍，頗難著足，約五里至水頭村。過村西南行不半里，即至水頭溪水發源之所。自溪岸石罅中噴湧而出，源頭活水，清澈可鑑。德僑居此，於石罅之前構一水槽，以為藏水之區，上蓋鉛板，以免污穢。溪東一小廟，為龍王廟，廟前古柏之下有石灰製之棹櫈，則德僑每日來此飲水休息之所。我國之待敵僑可謂優矣。余踞溪邊石上盥面濯足，快愉之至。溪之兩岸垂楊不少，正在舒眼放青之時，不讓西子湖邊也。蔣竹莊謂雲居有西湖九溪十八澗景象，至其地而益信焉，口占一絕以紀吾行：

峯頭行到水源頭，曲曲清溪滾滾流。兩岸垂楊青欲滴，幽州記否似杭州？【4】

導者家在水頭，乃命往村中借一壺來，挈水回寺飲用。時已六時，夕照銜山，催人歸去，乃循溪南行，過琬公塔院。塔院碑記為萬曆時沙門德清所撰，述石經事頗詳，並言當時塔院已賣與巨室，清初達觀可大師贖回之，則此寺亦已歷經興廢矣。塔南為古剎香樹庵。更半里返寺。

二十一日。早起至北塔院觀法舍利。塔高可八丈，餘下二級為六角形，上部為圓形，刻佛像甚多；塔之下層邊沿嵌以特製之磚，中繪塔形，上書「法舍利」，塔下刻偈四句：「諸法因緣生，我說是因緣。因緣盡故滅，我作如是說。」塔院之四周起四小塔，[5]高可七尺，四方形。右前方小塔，其面刻唐石浮圖銘，開元十五年太原王大悅所撰，計十二行，行二十六字不等，書法美茂，文完整如新。左後方之小塔，其東方刻《石浮圖銘並序》，謂此浮屠者唐中興七年歲次辛亥夏月八日，宣義部守幽州都督府法曹參軍上輕車都尉貝○王激，上為聖唐天子，下為法界蒼生，次逮七○○○俯○○○眷○之所建也。景雲二年歲辛亥夏四月八日建，上騎都尉寧思道書，上柱國丁處約鐫文。文多剝缺。按南北朝齊和帝以「中興」紀元，唐初無之，或者「中興」非紀元，係高祖之七年歟？左前方小塔刻《大唐易州新安府北街李公石浮圖銘並序》，開元十年四月八日建，易州前遂城縣書助教樂高望書。塔磚間有剝落，余攜其一以歸，以為紀念。

南塔院之塔十二層，高十餘丈。塔前有石幢三，中幢六角，刻佛；右幢刻何經，余偶忘之矣。左一塔較高大，刻《大遼涿州涿鹿山雲居寺讀秘藏石經塔記》。《記》中大畧謂，我道宗皇帝所辦石經大碑一百八十方，通理大師所辦石經小碑四千方，皆藏地窖之內，上築臺砌建石塔一座，刻文標記，知經所在，云云。其下備載經石卷數，係天慶八年戊午十七日戊戌甲寅建，燕臺沙門惟和書。此塔用意等於小西天之石經室，不可以不記也。北岡上一小塔，不知其名，無暇再觀之矣。

八時三十分，整裝，遄行二十里，出谷。過六家莊，東風撲人，挾塵土旋舞，無孔不入。下午一時十分，抵琉璃河站。三時開車，六時抵京，住弟季哲寓處。

【1】王仲清，下文作王仲青。

【2】鍊，底本作「練」，形近之誤，逕改。

【3】底本作大盤若經，當作大般若經，逕改。

【4】收入《詩稿》，題《自石經山至雲居寺觀水源》，參見《蔣叔南集》卷四。

【5】四小塔，下文僅敘右前方、左後方、左前方三塔，而未及右後方。

湯山遊記明陵八達嶺附

二月二十三日，余偕王君仲珩及弟季哲為湯山、明陵、八達嶺之遊。八時三十分在西直門車站登車，十時餘抵沙河車站。站距湯山二十餘里。湯山旅館派一司役在站招待遊客，備有汽車接送，每次收費八元；人力車僅有四輛，至湯山價每輛計洋八角，然亦可以減折若干。余謂初到之地不如坐人力車慢行，可以觀玩；汽車風馳電掣，烟雲過眼，於遊之性質殊不相宜。乃決定雇人力車行。過百善村，前方有小山突起，頂高三十丈，形如筆架，車夫謂是大湯山也，小湯山尚在其東，大湯山下有泉水，引水貫田，可以種稻。過大湯山里許，即抵湯山旅館。今日為星期，汽車盈門，皆來自都門者。旅館建築皆新式，住宿費每人每日洋六元，余輩至已客滿，不得宿舍。館役引余輩止於湯池近旁之棚下，時已十一時半。乃至飯廳進午餐，餐西式，價每餐一元五角。餐畢，往北首園內一覽，亭園錯落得六七處，間有荷池。此地昔為清室行宮，今則某總理某總長某總裁某局長皆於此營菟裘焉。人詈賣國，彼自興家，無惑乎社會主義之方興未艾也。園北有岩石，高不過丈，橫約十倍之，石上有摩崖，書「九華分翠」四字，中鐫御題之印，已模糊不可辨。即小湯山也。西望大湯山，有二破廟，頹垣尚峙於岩阿，他無可觀也。返棚下畧息，浴於湯池。

此間湯池發現於何年，已無可考。康熙時圈為行宮，甃二池以畜水，池斜方形，方廣可六丈許，右稱沸池，左稱湯池，引泉水於小湯山之下，為池建亭，以備浴身。帝皇專制，固僅知獨樂其樂也。現時浴室式翻新樣，砌以磁磚，引以鐵管，東西兩院為浴室十間，旅舍住宿處各為大浴室一間，備遊客入浴，每人取費一元，此則少數權奸漁利之處也。

余浴畢，遇吳君震修，云此間溫泉中含有燐質，能治皮膚腸胃病，甚佳，尤宜飲。余乃取飲數杯，然視黃山溫泉之氣味相差甚遠。仲珩及季弟浴畢已二時四十分，乃雇旅館汽車赴沙河搭車，抵南口將近五時，宿於南口公司旅館，住宿費每人每日一元五角，被褥亦頗清潔，飯菜另點給價。南口公司飯店又稱為東飯店，宿食費較貴，每人每日五元。

二十四日。五時三十分起床進膳，六時起行，往遊明陵。仲珩與季弟坐四人轎，轎費每乘五元，余騎每天一元之騾，價廉而行速，余又控之使疾走。七時四十分即抵石碑坊。坊白石製，為五門，高可三丈，寬約十丈余，方柱六，大皆三尺餘，鐫刻甚精，為明十三陵之總神道也。右坊一碑，則近人端方《重修明陵石碑坊記》也。自坊直北里許至大紅門，門外居民數十戶，門前左右約百步外兩碑屹立，上書「官員人等至此下馬」八字，此亦帝皇賸蹟矣。自門北望，全陵形勢已可一覽，松柏林中紅牆黃樓各露頭角，後山千峯聳秀，中闢平地數十里，局勢開拓。門內百數十步一亭高矗，中立豐碑，贔屭之長約十二步大，亦稱之碑，為大明長陵神功德碑，洪熙元年四月十七日孝子嗣皇帝高熾述明仁宗語氣，【1】不知為何人手筆也。碑文極長，於永樂得國之由則一味渾混委故，於建文左右之奸臣，可謂能自圓其說矣。碑陰為乾隆五十年御題《哀明陵三十韻》。其起首六韻云：「北過清河橋，遙見天壽山。勝朝十三陵，錯落兆其間。大行龍脈西南來，金堂玉戶中天開。左環右拱實佳域，千峯後護高崔巍。昌平黃土誠福地，永樂曾以親臨視。英雄具眼非尋常，豈待王廖陳其藝。」原注大意：永樂卜陵，羣臣主檀枳寺，永樂決用昌平黃土山。今改名天壽山。又山東王賢、江西廖均卿，皆善風水，或云是二人所擇者。此可見明陵之大勢矣。碑亭以內則石獸石駝石象石馬石人，跪者立者，分峙道旁，巨大逾於真者，皆以獨石為之，姿態生動。南京之孝陵無此壯觀也。更進又為石牌門，更進為御河橋，現已傾圮，尚存三洞。過河則諸陵歷歷可數，自東而西，備記其地名如下：雙鎖峯，為天啟之德陵；揚翠峯，為嘉靖之永陵；黑山嶺，為宣德之景陵；康家山，為永樂之長陵；玉嶺，為洪熙之獻陵；黃山，為泰昌之慶陵；石門山，為正統之裕陵；寶山，為成化之茂陵；筆架山，為弘治之泰陵；八寶山，為正德之康陵；小峪山，為萬曆之定陵；大峪山，為隆慶之昭陵。相距各一二三里不等。余等先謁永陵，次長陵，次獻陵、定陵。門以外樹碑無字。更進為陵門，門內為祾恩殿，中供神主，殿後又立石柱，建為一門，門內則以石或磚砌，為敵樓之形，此間稱為明樓，其下即隧道，前供石案，樓可登，中供豐碑，曰某宗某皇帝之陵。此明陵之大概也。永陵白松甚多，餘松亦古老。長陵之祾恩殿，殿為大內皇極殿制，餘均五間而已。獻陵則祾恩殿不相連屬者，餘均無所區別，陵亦衰壞日甚。當時原有陵監，今則變為陵村，村中之人即為陵戶，受昌平縣知事管理。此陵戶皆牧豕奴，見遊客來，惟知伸手要錢而已。明陵為乾隆時重修，費帑金二十六萬六千餘兩，其支取戶部之顏料，工部之木植不與焉。長陵碑側乾隆御筆所題記諒非虛也。乾隆《哀明陵》又云：「長陵一碑功德記，餘皆有碑而無字。泰山以後唐乾陵，此典何出竟為例。思陵乃就妃園葬，趙一桂曾記開壙。按思陵葬於田貴妃墓。一桂，昌平州吏也。香殿三間復九間，寢牀供案皆雄壯。一妃之費已如此，餘諸帝者可知矣。即今雖為業樵蘇，松柏葱郁屋傾圮。屋圮猶可龕帳無，並其神主全失諸。尺木值幾亦盜去，汝祖獨非厥民乎？」讀之可知明陵之規制及其沿革，今則屋就傾圮，恐去盜去尺木之時亦不遠矣。

出定陵已下午二時。西過裕陵園，約六里抵錦屏山，崇禎帝思陵之所在也。陵前右側松下為司禮太監王承恩墓，順治時特賜壙區，於此並為樹碑以勵死節功臣。思陵制度較諸陵為窄小，惟亡國君主受人愛憐，故謁明陵者，長陵而外必過思陵，若不勝其憑吊欷歔之感。思陵碑有記，係順治十六年大學士金之俊奉勅撰者，於崇禎亦多褒詞。余題一絕云：

破碎河山留死所，愛憐兒女誤生家。龍興英主堪何羨，一樣墓門夕照斜。【2】

時已四時，天陰風緊，余所衣係夾衣，頗覺寒慄，即策蹇歸南口，已五時三十分。今日往返，約計七十餘里。

二十五日。早起預備，一如昨日。旅館中有照相者，囑攜鏡赴八達嶺，為余等照相，雇二驢與之。乘里許過南口故城，兩山漸狹，余乘驢，以枕木橋不能通故，乃下溪沿溪行，即昔日出關之大道，犖确殊甚，在騾背上極悶。凡遊以步行為最宜。自南口往居庸關及八達嶺切不可乘驢，不能行則坐轎較安適。余本絕對的不坐轎者，旅館為自己扣折起見，不顧客人之安適與否，冒昧聳不乘轎之客以乘驢，殊受累也。溪中尚有堅冰，而柳色青翠悅目，約二十里抵居庸關。季弟及仲珩之轎循鐵道行，已先時抵關。關內為收稅局，關上嵌額曰「居庸關」，下臨深澗，上倚峻山，關城繚繞於山巔。關內有洞門，以白石製，高與關等，刻佛像大小無數，又刻有咒語及梵文題記於其中。洞門黏有說帖一紙，係民國八年自稱抱關吏者楊君廷樞所作《居庸關沿革及三塔原始記》，文簡明可誦，抄錄如下：

「居庸關者，居軍都山之中間，故以居庸名。漢時謂之軍都關，唐時又名納欵關。關分南北二口。南口距居庸關十五里，口有城，《魏書》謂之下口，《北齊書》謂之夏口，《元史》謂之南口。自南口以上，兩山壁立，中通一軌，凡四十里，始得平地。而其旁皆重嶺疊嶂，蔽虧天日。《水經注》所謂山岫層深，側道偏狹，曉禽暮獸，寒鳴相和，羈官遊子聆之，莫不傷思者也。《淮南子》云天下九塞，居庸其一，然而今日隸通世界，何險之足云？北口自青龍橋以上至八達嶺，嶺有城，元人所謂北口是也。口外山勢平衍，五里至岔道，自八達嶺下視居庸，若建瓴，若窺井。昔人謂居庸之險不在關城，而在八達嶺，而岔道尤八達嶺之藩籬。元人於北口設兵，其得地勢之便者歟？按居庸關城之中有過街塔，相傳為元武宗時所建。塔臨南北兩路，累石為臺，如譙樓，而竅其下以通車馬，上有寺曰泰安，下竅處刻佛像，極精，有漢字，有番字，《元史》泰定三年遣指揮使兀都蠻鐫兩番咒語於居庸四崖石上，今其刻甚多，非一時筆。其先關北五里有永明寶相寺，宮殿壯麗，三塔跨於通衢，束騎過其下，今亡其二，巋然獨存者惟此一塔座而已。覩古刻之雕鏤，極人間之奇瑋，撫今思昔，雖風景不殊，舉目有江山之異，可慨也夫。鄙人於役斯地，端居多暇，爰彙萃諸家記載，摘要寫出，合錄一通，備觀覽焉。」

余擬登塔座，無可攀升，乃偕仲珩、季弟在塔下攝一影。捨騾而步，沿鐵道行五里至三堡車站，西折越嶺，約十里至二十二號道。夫房鐵道至此屈折，度席更甚於前，道旁岩石矗立，岩上刻有像，俗呼六郎影，云係楊六郎延昭刻像，於此岩高可三十丈。余攀登至其下察視，乃依岩刻成盤坐之佛像，旁多方圓鑿孔，下多瓦碎，不知何時係蓋有佛庵者也。於瓦碎中檢得黃玻璃瓦一方，懷歸前進，不里許即至青龍橋車站。車軌南來至此西折，不有車站，則軌度之半徑無旋轉之餘地也。此路建築工程師為詹君天佑，係完全華人建築之路，想見擘畫之勞焉。車西行穿山洞而北，即至康莊。余越嶺而上三里餘，即達八達嶺頂。頂闢一門，為通口外之咽喉，榜曰「居庸外鎮」，嘉靖時巡按監察御史陳豪書也。北向之門，榜曰「北門鎖鑰」，長城自此東西沿山漫衍，雉堞高插天半，氣象雄峭，無與倫比。長城自戰國時燕趙諸國均有興築，至秦始皇乃聯繫而統一之，西起嘉峪關，東至山海關，長五千餘里，工程之巨為世界著稱。至於今日雖失修理，而此數千年之古蹟，蓋通國婦孺小子，亦莫不知有萬里長城者，可謂偉矣。當時工作艱巨，讀史者類能言之。余則謂其籌畫之先，察勘城線，設備工程，非具有極大之眼光，極精之藝術，與夫極良之圖繪，斷不能冒昧從事。此種工程計畫，世無流傳，於是嘆古之人為不可及也。

嶺外水向北流，地漸平衍。更下五里為岔道，城則八達嶺之外蔽也。回視居庸關，遠極低極，謂之建瓴窺井，信然哉！古者建關時代，八達嶺實具一夫當關萬夫莫入之概，若守在居庸，則敵入八達嶺，形勢險要，彼此均等，雖火器未明，戰術異用，均非計之得也。口外高山一抹，為宣化府之雞鳴山也。時朔風甚緊，刮面如剪，余披厚呢大氅，尚少暖氣，氣候與嶺下相差甚遠。登城高堞一望，朔風撲來，幾欲騰空飛去。急下城，風力仍猛，日光尤強，在北門勉攝一影，回青龍橋休息。適十二時十二分之南行通車已至，即相率登車返京。

【1】明仁宗名朱高熾。

【2】此絕《詩稿》漏收。

嵩山遊記

二月二十九日。八時，余在北京正陽門登車赴鄭州，往遊嵩山。車中人甚擁擠，余乘頭等車，以六元購得鋪券一位，較為安適。翌日二月既晦，抵鄭州，暫住於站旁之第一賓館。問嵩山道，云相距二百里，須由洛陽行，較為近便。

鄭為祝融故墟，於商為近郊，於周為鄶地，鄭武公滅鄶徙封於此，易新號焉。前清為直隸州，今為縣。汴洛、京漢兩鐵道交軌於此，商業繁盛甲於河南全省，誠中原之綰轂也。七時東行，入鄭縣城，訪鄭子產祠。祠在城東，即東里故居，祠門榜曰「惠人祠」，祠宇三楹，甚簡陋，中供子產像。有小學生數十人在像前持書朗誦，鄭縣之第九國民學校也。堦下有碑二三，皆前清時重修祠宇記。祠北為開元寺，為唐開元時建。寺前空場中浮屠高聳，可十丈許，其頂已頹為舍利塔，又曰青雲塔。寺後有一幢，篆書額曰「奠勝」，幢下文多剝落。八時三十分，返賓館，給宿費洋七角。十時二十分，趁汴洛車西行。過滎陽汜水，覽成皋虎牢之險；過鞏縣偃師，觀亳都孟津之勝，皆歷史上素有價值之地。兩旁居民多穴居土壁之下，田中麥苗不甚茂，頗見寒瘠之象焉。自黑石關以西，地漸平衍，鐵道至此過山洞十一處，建築頗艱難。二時二十分抵洛陽東站，下車寓東關之鴻運東客棧，房金每日二百文，飯食自備。

洛陽為中國古都。商時為郟鄏。周武王定鼎於此，欲營居未果，周、召二公如王之意，卜澗水東瀍水西而立王城。北因邙山，南臨洛水，戰國始有洛陽之名。秦漢以降迭置都郡。前清為河南府治，今為河洛道屬，道尹駐此，為洛陽縣。按雍州伊雒，本作雒，曹魏改雒為洛，後遂混用。余下車所見，街市荒涼，道路崎嶇，頹垣觸目，黃塵蔽天，殊出人意料之外者。在客棧問嵩山道，均不知所對，焦急殊甚，偶憶此間住有西北軍，中多相識人，即雇車往西工。【1】

西工在北邙山下之西偏，袁項城稱帝之前，於此建造營房，一師之住所也，被服廠、軍醫院、營市局種種皆完備焉。今則西北軍、奉軍第七師，皆有多數軍隊駐此。自東關往西工，穿洛陽城而往，計程約十里，空曠廣漠，一絕好之練兵場也。至西北軍晤團長萬君伯衡及舊時同學同宗兄蔣君振公，並遇同鄉鄭之初弟於七師陸軍醫院，相見甚歡。余急叩嵩山道，彼等亦皆茫然。伯衡於此搜羅新出土魏墓誌甚多，出其所藏計得九十餘種，可謂大觀矣。營房之後一小村落，為金谷園址，是石崇舊宅也。返寓，詢棧役以少林寺，則彼等皆知之，須自偃師下車前往。余心稍安焉。

三月初一日。移寓至七師軍醫院，伯衡為余備騎，往遊龍門。八時三十分出發，伯衡、振公、之初均伴余行，益以護弁，共七騎，以龍門常有匪不得不戒備也。五里渡洛水，余所乘馬頑強不如意，中途三易之。余向好騎，今乃不能羈勒生馬，有髀肉復生之感焉。今日天無風，黃塵漸斂。洛陽南郊藉伊洛二水之灌溉，田甚良沃，麥苗繁盛，間多桃杏林，殘花尚在枝頭。馬背春光，興致殊佳。馳二十里抵關公林。關雲長之墓在焉。墓廟頗壯麗，古柏稠密。清德宗回鑾時，曾頒帑重修。廟殿為三進，前殿為雲長之文像，二殿為雲長之武像，後殿之中為鞠躬像，左為臥時像，右為觀書像。殿後石坊額曰「漢壽亭侯墓」，坊內為石製之陳設，香爐燭台甚精緻，豐碑書曰「忠義神武靈佑仁勇威顯關聖大帝林」。碑後為墓壙，封以石門，上額曰「鍾靈處」，[2]聯額碑碣甚多，不可勝計。余謂雲長不過劉備帳下一戰將耳，以結義之故倨傲不可制止，孔明之於元德君臣雖曰相得，然無法可制雲長之驕傲，使守荊襄，實則假孫權之手以速其亡。孔明豈無用心乎？即如《衍義》所述，辭曹過關、斬將送嫂，忠勇則誠有之，如即以為「大成至聖」，為千古第一人稱之，曰「允文允武」「乃聖乃神」，余殊不解。今且奉為祀典，與岳鄂王合廟祀奉，民智未開，崇尚淫祠，當國者固何用心耶？

廟內荷槍戎裝者甚眾。今日月朔，為各路民團聚集之期也。此間自白狼亂後，匪患不堪，民多自衛，尚有規模。出墓南望兩山，中斷伊水，北來即伊闕也。馳十里過龍門鎮，抵潛溪寺。寺倚龍門。渡伊水而東，一寺踞於山坡者，為香山寺。白樂天所謂龍門十寺，香山為勝，罷官居此，自號香山，後卒葬焉。其《香山修寺記》為近人書，嵌於寺壁。潛溪寺入門處有坊，題曰「伊闕雲連」「龍門勝概」，陸潤庠書也。門左有池一方，水自岩隙湧出池外，噴為小瀑布無數，東注於伊水，視濟南黑虎泉為更勝。池上西望，岩壁鑿洞大小甚多，然大半已無佛像者。南行數十步，有洞較大，曰賓陽洞。左右又各有二洞，畧小，內刊佛像甚多。洞左一亭倚岩欲頹，下為褚遂良龍門三龕碑，亦殘破甚矣。在寺小憩，向道士購龍門拓五十種及陳摶十字卷等多分。出寺沿溪南行，不半里有泉自石罅湧出，清澈無比，為珍珠泉。其一不知名，俗人呼為鑼鼓洞，以噴水遇石作聲似鑼鼓也。自此更南沿溪約共行五里，石壁連亘，高二三十丈不等，無石不鑿洞，無洞不造像，若鴿房，若蜂窠，目炫神移，數無可數，記無可記矣。記其最著者為萬佛洞，自數小龕之旁攀登而上，洞刻諸小佛甚多，洞頂高可三丈，上刻蓮花下垂形，依花瓣之周輪有題記曰「內道場運禪師一萬五〇尊像龕，大唐永隆九年十一月三十日成，大監姚神表」。字大可六七寸，或二字一行，或三字一行者，左壁佛像之中另刊一佛龕形，題曰「大唐調露二年歲次庚辰七月十五日，奉為真瑩師敬造畢功」。更南一洞曰伊闕，造佛像最工。洞門右壁鐫有「伊闕」二大字，係隆慶時某巡撫所書，其所鐫處即造像之題記，現尚有語意可玩，此巡撫大人，亦太惡作劇矣。

更過為「龍門」二字摩崖，岩石嵌空，可緣而升，迫窄難行。更前為九間雲樓，左壁有八分書碑，為唐貽龍門縣君牛氏像龕，碑龕內佛像較大，多殘落，全者姿勢生動。更前為老君洞，則刻像盡處也。余從牛氏像龕左折，沿崖經萬佛洞頂等處而下，伯衡等已待於路旁，暫止少憩。

伊闕造像，名聞中外，始於北魏景明。《魏書・釋老志》世宗詔大長秋卿白整准代京靈岩寺石窟於洛南伊闕山為太祖文昭皇太後營石窟二所，初建之始，窟頂去地三百一十尺，至正始二年中始出新山二十三丈。至大長秋卿王質，謂新山太高，費功難就，奏求下移，就平去地一百尺，南北一百四十尺。永平中中尹劉騰奏為世宗復造石窟一，凡為三所。熙平初胡太後建石窟寺，極土木之麗。同時並建者十寺。唐武后又踵為之。後人鐫刻佛像大小不可計數，凡刻像處均有題記，或敘其事由，或書年月，或僅題其姓氏，可以摩讀者不下二千種。今世所傳龍門拓本二十種三十種，豈足盡龍門石刻之觀耶？香山寺下岩上亦有石刻，視龍門不及百之一耳。大者如九間雲樓之高大二三丈，小者如萬佛洞之僅及寸許，形形色色，無不齊備。然石像類多殘缺。每年西人之來遊，以重資向土人購小石像以去，此則國民智識淺薄，貪圖微利，不知保存古物之病也。歸途北望潛溪寺，梵宮臨水，風景絕佳。余觀伊闕造像之外，尤愛其噴泉之勝。濟南之趵突、黑虎諸泉，出自土中，非可並論者也。掬飲甘之，不忍捨去，時已二點三十分。行至龍門鎮午餐。三時策騎北返，過洛莽渠、通津渠，取道車站。自南郊北望洛陽，邙山亘綿，形勢如玉帶，洛水前護，城樓人家皆掩映於叢綠之中，形勢亦佳，非若昨日之不宜近觀也。五時三十分抵車站，余偕振公浴於明泉樓盆池，價二百文，亦有毛巾香皂，物質固非簡陋者也。晚餐，伯衡邀飲於豫西酒樓，得嘗洛鯉風味，飲酒幾醉，得二十八字以紀事：

洛陽郊外春三月，伊闕門中佛萬尊。聯轡遊觀多逸興，豫西莊上醉黄昏。[3]

二日。俞君競夷、錢君墨賓來訪。保陽一別，忽逾十年矣。之初導余往觀周公廟，出院東行四里而至。廟西有坊，題曰「九朝都會，十省通衢」。廟為四進，清代迭經修理，大門之柱尚存鐵製，今為河南第四師範學校校所。廟之形式無復存矣。廟東為范文正公祠、二程夫子祠、邵康節祠、朱晦庵祠，均破爛不堪。入自朱子祠，則石主尚新，旁配蔡九峯沈、黄文肅干輔、傳貽廣、陳北溪淳四先生焉。十時返院午餐。十一時之初、墨賓、競夷導余登北邙山，自團部乘馬北行。經金谷園、察哈帖木兒墓，約六里過苗家灣，從窪道中漸漸上升，過白衣庵，庵東一土堆亦頗高大，不知高臥其中者為何人也。北邙為古帝王相臣名人陵墓聚集之處，今則陵谷變遷，盡為邱壟，殘碑斷碣觸目皆是，均不能摹讀矣。山勢平衍，策馬至頂，殊不覺其為山也。更約六七里，至上清宮，曰翠雲山，北邙之最高處也。俯視洛陽，瞭如指掌，宮門正對伊闕，頗佔形勢。相傳此宮為宋徽宗自稱道君時徙居之處。宮中多舊鑄鐵柱鐵梁，刻龍鳳，花草極精，可想見當時之盛也。二時下山東行，路徑紛歧，余等策馬向西上，皆在麥壟中行，極馳騁之樂。振公、墨賓、競夷招余飲於振公寓處，菜都江南風味。罷飲歸來，已鐘鳴十下矣。

初三日。早五時起床，余檢點一切，預備登嵩山。振公、之初同行，各帶護兵一。余來時為孑身，今日登山則共得五人焉。驅車進洛陽西城，城內婦女麕集，萬頭攢動，街巷均滿，無論老幼，均扶杖以行。詢知今日上巳，為洛陽城隍廟會之期，一年中最鬧熱之時也。七時抵車站，三十分車行。之初在車中為余言：洛陽一帶風氣古樸，其習尚男女無有肯為婢僕者，寧窮餓自甘，以其為賤役也。婦女皆衣自製之衣，有雇縫工製衣者，人皆目為異事。婚禮甚節儉，聘定無有用金錢者；喪禮則頗鋪排，蓋以送死為大事也。每日食兩餐，早起即工作，至午早餐，日入即休息。不作事者在家喝湯而已，不乾食也。飲食單簡，正月飲春酒，僅酌酒不用菜，轟飲既醉，即上菜吃飯，皆洛陽之古風也。正談笑間，時已八時二十分，車至偃師站。站上無騾馬可雇，遣護兵至槐廟村喚一車，以兩驢拖之，車無蓬蓋，即上海裝貨之榻車也。五人蹲坐其上，顛簸殊甚，余雖南人，不慣乘車，然曾習騎，腰背之運動尚能應用。時東風甚緊，黃土蔽天，似有雨意。過高莊、施莊，十里至馬峪溝渡河，伊洛二水合流之處也。

河南為楊村，有賣點心者，[4]余以十文購一油炸之粟粉團，內嵌榆葉，殊難下咽。此間飲食品，不能夢見江南風味矣。自此往東南行，六里營防口，五里闊岮。闊岮西南土坡矗立，高大數十丈。坡之四面皆置石獸，車夫云某太史墓。余等以趕道故遙望而已。又五里無梁殿，三里馬屯茶亭，十二里府店鎮。在鎮午餐。自此漸近山道，車不能行。以一元給偃師來車遣回，另雇騾五頭至少林寺，每乘價五百文。時已三時，趕程前行。此種牲口均是馱貨趕集者，其貨鞍上裝二橫木，粗大如椽，正當臀部，局促之度不可言狀。行五里，余即捨騾而步，較為安適。更十里，至參駕店。店為古轘轅關，宋太祖避暑嵩山，百姓朝參於此，因改今名也。自店東行，則步步上升。十里至崿嶺口，登嶺盡已入太室之間，入登封縣境矣。下嶺東南行，為登封道。越澗西南行，為少林道。沿山徑甚迫窄，以其下坡，余行甚捷，而騾夫隨後呼喚，催余騎乘，時作怪聲，殊覺可厭。再五里至少林寺。

少林開創於北魏之拔陀，厥後東土初祖達摩與梁武帝談經，意旨不洽，乃來嵩山，止於少林。暢衍宗風，流通佛法，而少林著稱，由來久矣。余自崿嶺下降時窺見少林，其衰頹之屋頂先映余目，寺位於少室峯之北，正對少室。少室又稱玉寨山，五乳峯繞於右，太室峯峙於左，意態雄傑。自少林望少室，高不及雁蕩之南天門，特較為秀削耳。寺之入口處，有銀杏夾道，其一頗古老，內為天王殿，殿傾，尚存其門，門口四天王抱剎膚之痛焉。

再進為大雄殿，殿高可十餘丈，佛像甚大，柱礎鏤立獅形，高齊人胸。佛前置一燈，銅製，為缸狀，雕刻極精，高大可四尺，貯油數百十斤，懸燈浮而然之，終年不息者也。後為藏經殿，左右貯藏經全部，觀其形狀，亦就散失。佛龕上供一石，高二尺餘，寬厚尺許，頂尖下弛，為狹長之桃子式，係極粗花綱石，似久在溪中被水衝激者，石質雖粗而較光滑，中有一半身人影，敞胸袒臂，虬髯倒捲，畧辨眉目，即所謂達摩面壁石也。達摩面壁乃在五乳峯下，豈面壁之時預知其能脫影入石，先置一溪底之石於面壁之處，則其矯揉造作，色相未空，非佛法所許也。余於此滋惑焉。影色如以淡墨揮寫，惜其高拱佛龕，殿內光線又不甚足，不能取下，任余摩，一求其究竟也。更進為千佛殿，殿亦甚高，壁上繪八百羅漢像，此亦岱廟壁畫歟？殿左供玉佛一尊，則永樂七年唐王為生子造像以報佛恩者也。各殿之前多古柏，夾墀而立，大皆合抱。大雄殿前一柏，結瘿擁腫，大可五抱，希見者也。豐碑甚多，唐太宗御書碑峙於大雄殿左鐘樓之前，最上節為「太尉尚書令陝東道益州道行臺雒州牧左右武侯大將軍使持節涼州總管上柱國秦王告柏各塢少林寺上座寺主」，以下為碑文，下書「四月三十日」而無紀元，下為皇唐嵩山少林寺碑，銀青光祿大夫裴漼撰文並書，開元十六年七月建者。齊武平九年魏天平二年造像。碑則置於殿東之那羅殿中，餘為題記為詩歌為畫像及種種之圖繪等，繁夥不能勝記焉。時近七時，晚餐既備，護兵來耳語余等，言寺內戒葷酒吸烟。餐用鹹菜四碟，薄粥一盂，礳饝一盤。冷硬粗黑，四美均備，余等亦食而甘之焉。

唐太宗以戰功封少林寺僧曇宗為大將軍，以故少林寺以武術著稱，乃為中國拳技出產之地，言拳術者必稱少林宗派，蓋其拳重內功，練神練氣，非僅僅言拳術而已也。余既遠道來此，必欲一觀寺內拳術。餐畢，乃以此意語之知客僧，答謂好功夫的老和尚皆已下世，現寺中住僧二十餘人，用功者甚少，有數人畧精者刻外出，當俟明日再商也。余叩知客僧以所習，彼茫然不知答。

初四日。早起，寺僧妙興為余演大紅拳兩段，其工夫尚淺，然固可謂真正少林派矣。妙興謂其師父恒林工夫頗深，今臥病不能一奏其技也。飯畢，往遊初祖庵，寺僧無肯為導者。余等覓徑西北行，約四里至初祖庵。庵無人居，門一柏頗修偉，碑曰「六祖手植柏」，云從廣東帶來者。庵內荒烟蔓草，碑碣甚多，都係題面壁石之詩刻，黃庭堅亦有面壁讚在焉。左側亭前有正書「達摩之庵」碑，則莆陽蔡卞書也。自庵後北望山胸凹處為初祖洞，即是達摩面壁之洞。余舉步北登，不得其徑，在荊棘亂崖中攀行，衣褲皆被勾破。振公、之初在山下示余方向，攀登里許折而東轉，乃得小徑。再里許，得一石坊，題曰「默玄處」，坊右摩崖曰「面壁洞天」，嘉靖時人書也。坊內崖石高可二丈，洞據壁下，口大可八尺餘，深可二丈，其底尖銳，如橄欖核之半斷也。洞中石內皆岩層折疊，與達磨影石絕

不相類。【5】

洞口石壁有人刻詩云：「西來大意誰能窮，五乳峯頭九載功。若謂真詮塵外了，達磨已自欠圓通。」此面壁石詩中之翻案者。余擬題面壁石二十八字云：「此石既非壁上石，此影如何面壁人？此石此影有此理，荒唐神話盡為真。」【6】自面壁洞南望少室山，已漸低，其上無奇，且無導者，二祖庵在對面之鉢盂峯，亦不過荒涼破屋耳。下洞返寺進午餐。策馬東南行，八里至郭店，十五里至嵩陽書院，皆沿太室峯下東行，太室連亘而不聳，所謂嵩山如臥者也。遍山童童濯濯，不見青草古木。雲曇庵、會善寺、火塔寺、開皇寺，皆在山之南麓。會善寺外有柏樹頗多，寺內有唐碑，亦殘破矣。

嵩陽書院為嵩陽宮故址，今為登封高等小學校。南望登封城，近在四五里也。院門左側豐碑屹立，高可二丈，闊可七尺，厚約四尺，碑頂鐫雙獅捧球之蓋，製作特異，係大唐嵩陽觀記聖德感應之頌，天寶三年二月五日建，裴逈題額，李林甫撰，徐浩八分書，字大三寸許，完整無缺，著名之唐碑也。校長耿君乾甫招待誠懇。院內有白松一株，不甚大；二門左側一老柏，大可三抱，云是漢封二將軍柏也；大將軍柏在北院，本大可五丈圍，中空，分幹八九，上挺者五六枝，一向東南，一向西披垂，下支石柱，霜皮溜雨，老幹拏雲，不足以盡其狀。樹之古老，至此歎觀止焉。泰山岱廟之漢柏，直等兒孫焉耳。此柏在漢武時已封為大將軍，則其植根錯節，當遠在周秦以前矣。詠柏之詩亦甚多。院內石刻多宋人題記，潞國公文彥博亦有記游之刻石，嵌於西廊壁上。東行過崇福觀，宋時又名萬壽宮，為宋宰相提點處，今亦荒垣破壁耳。南行路南有殘石疊峙，署如門形，則是嵩陽闕賸蹟也。更八里過天中街，至中嶽廟。

中嶽廟在黃蓋峯下，規制與泰山相似，而地勢雄闊，局度開展，視岱廟尤為過之。前為三坊，中坊之北為遙參亭，亭旁為兩門坊，坊中為中天閣，其上可登，閣之北為鎮茲中土坊，坊北為化三門，更進為崇聖門。門內東側為神庫，四鐵鑄之神將站立於庫之四周，狀甚威嚴，大倍人身焉。北為峻極門，四岳殿分列左右，北為香亭，又為降神殿，左右兩廡，為屋九十二楹，塑神像八十四司。中為峻極殿，則中嶽神之正殿也。後為寢宮，宮之兩旁置龍榻，中嶽神臥像置於榻上，蓋以繡被，一妃像旁坐，亦極偶像之附會矣。嶽廟始於漢代，歷有增修，自明季李自成之刦，毀破不堪，清世亦加修葺，今日原狀存者絕少矣。廟內道士分派六七，寢宮之住持為太原人吳子明，來此極意經營，故寢宮繪漆重新，宮後御書樓正在建築。余等到時止於祖師殿，旋移寢宮下榻焉。

寢宮之前有兩枯株，曰日月柏。日柏在右，覆以亭，月柏在左，支以石，老死亦多時矣。寢宮之後山坡上有一石，高大可四尺，中有黑影如壽星，曰壽星石，石質影像與達摩影石相類，壽星大準豐髯，頗似真畫，則此山產石中自有此種構造，加意求之，則美人影、天神影亦何不可，偶然遇之耶？觀於此石，則益以證達摩影之不足信也。

初五日。早五時二十分出發，登嵩頂。吳子明為余覓一張姓老者為導，從廟側黃蓋峯北登。此為登頂大道，山徑皆有石屑，極礙足。八里至宋家門，二里至鐵梁溝，已抵萬歲峯下。自此路甚陡峻。更約六七里至青岡坪，坪中有廟曰老中嶽廟。自此西折登山，五里過一峯頂，山之南麓形勢皆在目下，登封城則山城斗大耳。沿岡北上二里，抵一石崖，導者過此似有戒心，余授以杖，而取其所攜之物，約半里餘上崖，登望勝峯之頂。西視少室，其南西巑岏秀削，與此相齊；北瞻嵩頂，尚遠在十里以外，高插雲表，氣象莊嚴；其南向諸峯層崖壁立，亦極雄峭。昨沿山麓行，殊未能窺見其真相也。今日天陰，空氣極清爽，可以遠觀。自此再五里東折而沿石幔峯下行，峯壁立如帳幔，高可數十丈，山勢至此愈形奇特。再三里盤過一岡，曰天門。過天門已抵白鶴觀側，觀之西南一徑達崖頂，由此有石梯可沿壁而下達啟母洞。余囑導者俟於觀，而偕之初、振公趨二仙洞。東南下降約里許，沿崖東折，前無去路，崖石忽啟闢為洞門，由洞曲折穿過，更沿壁行，渡一飛駕之木橋，更百步而達二仙洞。洞壁高拱如環，高可六十丈，奇崖怪壑，奔萃其下，幽僻軒敞，兼而有之，惜為俗僧所居，佛像林立，幢幡遍掛，已失洞之真相矣。洞前杏花正怒放，點綴於丹崖削壁中，極豔麗。出洞過白鶴觀，又曰宗陽宮，有多數工人麕集於此。導者初謂可在觀午餐，至此耳語余等急行，蓋非善類也。自觀後北登三里至嵩頂巔，由巔西上不里許達中峯頂。頂有玉皇閣，已圮。閣北岩下為皇古洞，洞高可丈許，深逾二丈。中峯之北百餘步，一峯較高，曰華蓋峯，上樹一碑，字多殘剝，畧可摩讀。額篆「御寶」二字，清乾隆題華蓋峯詩也。土人謂嵩頂者，即以御碑代之。自碑北行約百步，巉岩突起，矗於峯頂，此則嵩山最高處。嵩頂之峻極峯其在此乎？余等踞峯而坐，望少室已伏於胸下。西出一岡，曰太白峯。余等昨日西來，仰望峯頂，固僅見太白峯，而不識華蓋峯也。峯西有小徑直下谷底，可達開皇寺，徑亦不甚險。余昨從少林東行，謂此山南面必有徑可尋者，理想固非虛也。峯頂眼界甚寬，惟最遠處濛氣茫茫不可辨耳。北洛南潁，固若舉手可掬也。時已十二時。雲隙之中，日色微茫，正臨頭頂。《志》載嵩居天下之中，故日午日在正中。余口占一絕曰：「少讀嵩高峻極詩，嵩雲嶽色繫懷思。春風吹我來峯頂，正是天中日午時。」【7】峯之東北岩下一洞北向，洞頂平方，深廣五六尺，曰白雲洞。自此至嵩頂岔，岔中有廟曰峻極宮。在宮煑米為粥，擘攜來之麥餅食之。出宮沿岡東南走，約二里至三鶴峯之頂。頂上岩石斜覆，有洞，大可三丈餘，洞門掩映，自下望之，不能窺見，曰大仙洞。余察山徑東南下則已至白鶴觀之東，仍與導者以杖，漸漸下降，約三里至石幔峯西，沿徑遇多數老婦，頸掛長袋，手執紅旗，來朝山禱佛者，行走甚艱苦也。

二時三十分至青崗坪，時東風甚緊，間有雨點，另招坪中人為導，東趨盧岩瀑布。七里而達崖壁，忽凹忽凸，高可五丈，水隨而下，現量甚少。徐霞客謂盧岩之勝逾乎武夷之水簾洞，不知何所見而云然也。盧岩山上有舊城址，曰盧岩寨。東南行五里出峽至盧岩寺，寺碑載盧岩為唐逸士盧鴻隱居之處，開元中闢為招提，稱為嵩嶽下院。入寺小憩。嵩山產野雞，狀如鳩而較肥，紅喙，采羽極其美觀。寺中有捕之者，以千錢購雙雞，攜歸。西行八里，返中嶽宮。夜雨。

初六日，晴。余早起，徘徊柏陰之下。中嶽廟之柏亦甚古，修挺遜於少林，而屈盤偃蹇頗呈別致。吳子明來，與余閒談。余問石淙道，子明謂：石淙河離此東南三十餘里，道途不靜。月之三日，張莊村被匪綁去三票，距盧岩寺僅四里耳。中嶽廟每年三、十兩月為廟會，善男信女來者甚多，廟雖大，常無容足地，因此匪徒生覬覦心，然均幸無恙也。余思廟會將屆，喧囂特甚，石淙又不易遊，乃雇驢返偃師。每騎價二千二百文，自廟達偃師計程一百里，此間牲口之價，每驢每里約取值十文，外來之人，則計其往返又加多焉。

五時四十分，自中嶽廟行。余所乘之驢較高大，而頑劣特甚，驢夫之蠢，與驢不相上下，驢仍用馱貨鞍，龐大無似，加以鋪墊兩腿，與驢身成垂線，約成一百六十度之角，而腿與腿之相距其角度亦復相似，騎術上三角之作用完全取消，而且手中無韁，足下無蹬，以驢騎人，非人騎驢，如此代步，腰部臀部之勞瘁甚矣。西行八里過登封縣之北門，五里過薛公橋，已達會善寺前。自此北折，則前日來時路也。又二十五里至崿嶺口。稍憩，至府店午餐。步行出店，繞道往觀閭屹村西南之大墓。華表高二丈許，石像均用石臺，高大無比，墓道一巨碑仆焉。摩讀之，額為飛鳳空篆「孝敬皇帝淑德記」，讀其文，則唐高宗太子弘葬身之所也。碑為武則天撰書，世所傳昇仙太子碑是也。書法龍飛鳳舞，佳妙絕倫。墓之土壟基徑一百六十餘步，頂徑八十步，高五十餘步，遠視直一小山。墓門南向，其東西北三二百步外均置石虎一對，氣象嚴整，明十三陵無此巨觀也。太子弘為武則天所生，以諍諫被鴆而亡，身後墓制如是，則天其有痛悼之心歟？時東風大作，塵土飛揚，天氣驟變。急北行，抵車站已下午五時。七時五十分登車回洛陽。若欲東行往鄭州，則須在站旁客店受一夜，席地而臥，嘗馬糞鄰床之況味焉。

初七日，晴。十一時，偕伯衡、之初乘馬進洛陽城。過馬家園，觀牡丹。洛陽名園甲於天下，今則零落不堪，僅一馬家園，大不過畝許，蒔牡丹多種，黃白紫墨紅綠皆備，正在盛開，然無甚精采。洛陽牡丹名聞於世，相傳武則天都洛時，北邙一帶盛種牡丹，故至今北邙山上間有奇異之牡丹產出焉。之初引余過其友人翁君夢如家，並偕往玉虛觀文峯閣一觀。過南北大街，市街較整飭，頗繁盛，洛陽之精華薈萃於此。市上亦有古玩鋪，出土陶器不少，而索價極昂。晚餐飲於商埸酒樓。驅車返軍醫院。

初八日。早伯衡來晤，余託其轉覓拓工赴偃師拓太子弘墓碑。伯衡謂該處常有匪，拓工多不肯去，余等前日安全過之，亦云幸矣。十時三十分，宋君杏溪偕振公來，邀余飲於豫西飯莊，以餞余與之初西嶽之行。「桃花潭水深千尺，不及汪倫送我情。」愧余不能詩，無以答也。二時三十分，乘醉登車西行。四時過新安城。城關高大，即漢函谷關也。更過澠池，為秦、趙會盟處，聞有豐碑以志其地焉。六時三十分抵觀音堂站下車，詣陝西辦公處晤副官但君魯卿，係瞿君湘蘅在京以書囑其招待者也。魯卿謂，現在奉軍連日開拔，前方情形變幻，西行不靖。余登華之心甚切，既至此，安可中阻耶？夜宿辦公處。

初九日。早魯卿為余雇車往華山廟，計程三百里，車價十元。余與之初兩人乘之尚可容身，惟道路坎坷，顛宕簸動，頭腦欲裂，身如觸電，此與前日策蹇之狀又須換一副骨頭對付矣。坐駕窩較舒適，最好是步行也。西行五里至乾肴村，即石肴，為肴山之北脈也。更二十里峽石山，時奉軍運輸車輛數百乘迎面衝來，似此陝豫通衢似專為彼輩特設，而不容他人越雷池一步者。更西數里，一兵獨行迎來叩余車所往，即云潼關以內過去甚難，我軍開到潼關，即有一大半重又西行，彼處已有戰事也。余之車夫係保定人，在此趕車已二十年，屢云前方斷不可行，彼昨日新從西安來，潼關內外兵隊雲集，沿途住處既不可得，若不幸而為兵隊虜去，則較匪劫為尤烈。今日西行之車甚少，直可謂之曰僅余車一輛耳。又行里許，有客車東來，云是昨日西行者，宿磁鐘，聞潼關內外華陰一帶為奉軍所撫之陝西匪兵所駐紮，多危險，故東返也。車夫力勸，言不可冒險。余亦為之興阻，返宿觀音堂，候車北歸。不知何日昇平，克遂登華之願也。

【1】辛亥革命後，袁世凱在洛陽老城以西大規模興建兵營，當時叫「西工地」，簡稱「西工」。一九五六年，國務院批准設立西工區，兩年後併入洛北區，一九七五年又分設至今，現轄洛陽工業園區、洛陽車站地區管理處、兩個鄉及八個辦事處。

【2】底本作鐘，當係「鍾」之誤植，逕改。

【3】此絕收入《詩稿》，題《偕萬伯衡鄭之初自洛陽西工軍次策馬至龍門觀造像遂至洛城飲於豫西酒樓》，莊，作「樓」。參見《蔣叔南集》卷四。

【4】底本作買，逕改。

【5】底本作磨達，當係「達磨」之互乙，逕改。

【6】收入《詩稿》，題《嵩山少林寺題達磨面壁石》，參見《蔣叔南集》卷四。

【7】收入《詩稿》，題《峻極峯頂口占》，「少」作「幼」，參見《蔣叔南集》卷四。

武州山遊記

余既未遂西嶽之遊，以十二日自洛陽返北京。翌日晤梁伯強先生，[1]詢北嶽恆山途逕。伯強先生將有大同之行，觀武州山雲岡石窟造像之勝，乃結為遊伴。

十七日。上午八時三十九分，在西直門登車北行。下午三時餘，過張家口，車道折而南行。今日途中多雨，天氣清淨，塵土不揚，北方旅行最難得之時機也。三時四十分至西灣堡，以大同來車中途誤點，待至四時四十分始行。自此西行，過永嘉堡，入山西境，地勢漸平，車右山上時見長城繚繞，忽隱忽現，山下曠野，麥苗未青，柳陰殘照，惟見多數羊羣懦懦蠢動，以點綴風景耳。至九時始抵大同站，伯強先生之介弟叔倫及其世兄義喬，早得伯強先生信，候於車站，乘驢車入城，宿於北大街保晉礦務公司。

十八日。早起，余往北門城樓一覽大同形勢，義喬兄為余向晉北鎮守使署借馬備乘，伯強先生乘車。八時三十分出發，出大同西門，十里望雲寺，五里小站。自此道路漸窄，越一山坡，見雲岡河自西而來，沿河行三里觀音堂，一里許佛字灣。路旁石上鐫一「佛」字，大可一丈二三尺，因以名。渡河西行里許清磁窰村，更里許關帝廟，廟後石壁高不過二三丈，而透瘦有致。更里許下河床行。河岸右壁石崖聳立，高三四丈不等。自此迤逶約四五里，見石壁上鑿有長方洞，大約一二尺不等。蓋即昔曰鑿佛龕之遺形也。更進約百步，路北石上刻有「左雲交界」四字。自此大同縣境盡，而入左雲縣界，而石窟造像亦於此開始焉。

交界摩崖之西不數步，岩闢為洞，洞門高可丈許，洞內寬可三丈五尺，洞中一方柱自頂下垂，下方稍斂，畧似浮圖，中刻佛像，半多殘損。洞壁左右各為四像，高大遜人，左壁之下方刻釋迦應化事蹟，為太子乘馬出城圖；後為菩薩乘馬引弓射羣獸圖，後隨兩騎，其一騎頂上戴圓光，一騎則雙手握傘，刻畫完好；後方及右方皆剝落矣。洞門之左右為一較大佛像，其上沿多小佛像。此為西來所見第一石窟也。

洞門之西一洞相連，距離不及一丈，洞門較第一窟高大，洞中製如前而方柱雕刻較為精緻。中覆二簷，簷樹鏤空之小柱，想見結構之巧。洞北壁下蓄有清水一泓，所謂石窟寒泉是也。洞之右旁亦剝落特甚。洞門內向之處則刻象完好，間見朱采。洞門頂上刻有摩崖，尚能見「山水」二大字，方可尺許；其下兩旁刻字跡許多，不可識讀矣。此余見之第二窟也。洞門之右一石突出，北聯於崖，其西南東三面皆曾鑿大像，今則石剝，僅存其痕影。自此西行，崖壁多題刻，皆不能讀，間可辨數字耳。不及百步，則得第三窟。洞上下闢為六門，下為三門較大，上為三牕較小。中門之上刻有「碧霞岡」三字，書法古樸，大一尺餘。窟內深可一丈六七尺，高畧過之，不見佛像。土人所厝棺木三四，縱橫其間，蓋毀骸露矣。更西長垣之內，仰視崖壁，方整如屏，高大可三十丈，其下鑿三洞門，門高丈餘，門內深可二丈，兩旁側通如狹巷，內為複殿式。更進一門，高僅通人，門之上鑿二大牕，內一立佛像，甚巨，高三丈以外也；二佛侍像，大稍遜焉。佛座之左右石壁內轉形如凹字，前方之寬幾及十丈。出洞上升及天牕竇，上壁中見圓形整排之孔，蓋昔日架屋安簷之遺跡，左右尚存方塔，亦依崖鑿成者。是則為第四窟矣。四窟之西另闢一洞，內甚曲折，中垂方塔，多刻小像，則余所見之第五窟也。出窟越洞而西，西山壁上窺見一洞，余急趨之，洞門高可容身，其內陷如坑，高深皆丈許，不能下降，則為此間窟制之最奇異者。洞中亦垂一方塔，刻佛像如前，是余所見之第六窟也。

自第六窟下降南行，循牆而走，西折則抵石佛寺。寺有住僧二，俗不可談。晉北鎮守使派一差遣，監視造像，亦住寺內。入寺小憩，往觀大佛殿，即世人所稱為第一石窟者。若自東而西順序記最，[2]則此為第七窟。今區之於寺門以內，人曰「第一」，余亦「第一」之耳。窟之正面全為建築所掩，下闢洞門，高一丈四五尺，余抵洞門即窺見洞內一金裝之佛，膝極其龐大，入門仰窺，則見一巨佛盤膝而坐，兩手按膝，佛高逾五丈，膝長一丈五尺左右。旁有兩尊者像，頗小，又右兩菩薩，較尊者畧大。佛像之後皆圍火燄。窟之內壁鑿無數之龕，各鐫佛像，大小不可計數，塗飾彩繪，皆後人色澤之，無復古意存焉。自洞門外側登樓，樓之內壁為石窟之天牕，適與佛面平視。更上一層，則下視佛面，見菩薩低眉之狀。再上一重樓，盡東折過一飛構之橋，則可北達窟頂，余折而西趨，通過一連構之重樓，則達如來殿之上層第二窟之外樓。自樓下降，及第二窟，伯強先生正在持火燭視壁刻也。

此窟為正方形式，大遜於第一窟，中央立方石柱，高逾三丈，方可二丈，四週開丈許之通路，當窟之下方，南面為一釋迦盤膝坐像，東面一像交足而坐，北面為釋迦多寶盤膝而坐，西面為彌勒垂足坐像。窟之上方周圍嵌空，中心所餘石質較小，於下方四面各刻佛立像一尊，其四周各立方塔，塔負於白象之背。自洞外樓上構木，可通於方塔之層簷也。

窟中石壁雕刻分為數層。其上楣遍刻精緻花紋及佛像，下各刻佛無數，下方之雕刻則為釋迦應化事蹟。左壁之雕刻，已剝落不可復見。北壁另闢一龕，高深丈餘，龕柱亦嵌空，中鑿一佛兩菩薩像。東壁石刻可見者，先為太子角力彎弓射穿三銅鼓圖；次為宮中娛樂圖，此圖中三見菩薩之像：一為靜坐，一為合臂抱一宮女之腰，一為與宮女坐於地上；更右圖為灰草所塗抹，據住僧云，此處岩石露有崩裂之狀，故以石灰塗塞之，約計掩圖兩方矣。更過為一人端坐寶座，菩薩容貌嚴肅跪於其前，是為釋迦啟其父王，願欲出家之圖也。更次三圖為釋迦逢老病死故事；次及南壁為釋迦路遇沙門圖；為妃女入夢圖，圖中耶輸陀羅覆被臥於床上，太子坐其畔榻凝想冥思，其下有四五宮女手執木器蹲伏假寐。最後一圖為夜半踰城出家圖，太子乘馬車匿持蓋隨後，四大天王捧持馬足慮蹄聲之驚人也。此種應化事蹟，考古者定為中國釋教中最古之美術，謂可見印度貢陀羅之遺風，傳入遠東各地，為美術歷史上重要之資料也。

如來殿之西有彌勒殿，則為第三石窟，門為坭牆所堵，即寺中堆積雜物之所，內方黑暗塵穢，未進觀察。

更西為第四石窟。窟闢三門，中支二石柱，高可二丈餘，下弛上削，左右兩門堵塞，中通出入，上榜曰「佛賴洞」。窟內為複殿式，外門柱上雕刻絕精，未施繪畫。東壁一立像較人身畧高，頭戴一冠，左手高舉過額，執一三齒耙；右手纏一物，說者謂此造像為希臘、羅馬之遺製也。立像之上方刻一臥牛，牛背騎一三頭八臂之天尊，牛背韉鞍俱備，且施羈勒，鼻穿鐵環，天尊服寬闊之衣，僅露首面手足，居中之首周圍均加道冠，旁二首各戴鬼帽，一左手反按其股，一右手當胸持葡萄一串。右三輔手，一執日，二執弓，二執環；[3]左兩輔手，一執月，一執矢。第三副臂不可復見，兩壁刻一五頭天尊，與此為對偶，五頭天尊坐一鷹，鷹口銜巨珠，天尊下體被寬博之衣嚴束於脛，袒股露臍，臂約環釧，面容嬉笑，身有六臂，上兩手執日執月，中兩手一執弓，一所執之物已碎損，應為一矢，下左手當胸捧一牡雞之冠。此種造像極其奇異，各攝一影攜歸。窟之後進經人重修，南壁啟兩天牕以通日光，西壁石刻剝落無餘，東壁石刻尚有數方，可見下方一佛，繞以許多神童，面如滿月，各執弓劍或執鐵耙；上一龕，有四人捧鉢跪於佛前，皆可錄也。

與第四毗連而外視極相類者為第五窟。窟亦覆殿式，窟內門楣上突出一簷，簷上立三鳥，一為正面，兩為側面。下有眾仙女飛騰空際，俯身搴彩帳之帶，簷上天牕兩旁左右刻兩老人像，束髮裹體，筋骼畢現，左方老者以右手加額，左手執一圓形之物，老者之上刻兩怪獸，上楣更刻六鳥，門外東壁一佛交足而坐，旁蹲兩獅。龕畔一像，右手執二齒之叉，左手執一器倚其肩；西壁刻像相同，與之對偶。窟之後進一巨像垂膝而坐，兩足相距丈四五尺，旁有二菩薩，曾經裝修，其後有路可以通行。

更西為第六窟。窟製如前，楣上石壁左右亦刻有天尊像，三頭四臂，兩手一執日，一執月，左像五頭六臂，上兩手一執日，一執月，中兩手執弓矢，然皆無坐騎。楣之中央刻一兩巨蛇，互相纏繞之形，然有角有爪，不識其為何物也。有兩像跪於蛇旁，其上下鳥獸成羣，下方有十二半身像，共執綵帳之帶。帶之屈折空間，一刻樹形，一刻鳥形，其十二為獸形，兔羊猪鹿虎豹皆備焉。後窟深廣三丈餘，中有一佛交足而坐，拱雙手於膝之交叉點，而持一鉢。旁有二菩薩立象。

更西壁上見小佛龕八九，尚完善，下為第七石窟。僅為一進式，廣深約三丈。當中一石壁，下方上銳，四面各有一佛立像。東壁高處佛龕之中，題有佛號，為文殊師利菩薩、大勢至菩薩，下有摩崖一方，為「大和七年」，字大寸許，計二十五行，第一行僅「包師法宗」四字，餘二十四行每行十四五六字不等，大意為太和七年歲在癸亥，八月三十日，包師等信士女五十四人，下云造石厝形像九十五區及諸菩薩，以為皇帝陛下、太皇太後、太子及七世父母、內外親族祈求福德云云。此摩崖始於去年發現，伯強先生自北京僱工至此拓去數十紙，曾以一紙見貽。此間椎拓極費事。上牕之上亦有摩崖，據義喬兄言，云是太和十八年刻也。雲岡石質粗鬆，不宜刻字，故造像之外，文字少見，此刻其最可寶貴者也。

更西為第八石窟，仍作兩進式。內窟一彌勒，兩足踐地坐像。外窟之頂刻蓮花，旁多飛神像。又有六像，自壁頂斜支於天平，各持樂器作舞蹈形。楣上亦有飛神持樂器像，為此間所僅見者也。

更西為第九石窟。窟中一巨佛交足而坐，其足指之背橫一尺二三寸，可想見其碩大無朋之狀矣。南向門上刻大如人之立像七，上下皆小佛像。

以上九窟皆屬於寺內者。出寺西行，又見一洞，為余所見之第十七窟。是為西部第一窟也。洞門高可四丈，深逾丈許，頗破碎。洞稍左一小方柱，刻小佛像甚多，亦呈斷裂之象焉。

西為第二窟，已為民居所佔，下門為牆堵，不能入，由上牕窺見一大佛頭耳。

又西為第三窟，一大佛遍身鑿圓孔，不可計數，蓋欲塞木裝塑而未成者。此佛肩頭下垂之纓絡相對於胸部，為兩蛇頭形，口銜巨珠，此仍魏代原製，雖曰剝喪，尚未盡脫真相也。左右石龕相對，中刻坐像各一，高可二丈也。

更過為第四窟。佛為立像，高可六丈，余定為雲岡最大之佛像也。其衣摺之中密刻小佛像，不可計數。窟前亦為民居矣。窟之左右各一大佛立像，像上撐一傘，雕縷甚精也。

更過為第五窟。窟大如前，佛為立像，右手作接引狀形，其手下立四臂之小佛，高亦齊人。窟外左右有兩龕斜對，亦開上下兩洞門，其西南壁上羣小佛像之中，一立像，右手下垂，摩一小像之頂，小像合掌而跪左膝。

更過為第六窟。一大坐像倚於石壁，高約五丈，像自手以下皆剝損，上方岩石亦都傾圮，不能稱之為窟矣。以其顯露，與伯強先生等共據佛膝攝一影。

更西過小窟三十餘處。內有刻三佛、五佛、七佛、九佛，以至無數佛者。更得一大窟，是為西部第七窟。門高可八尺，上方左壁開八個三尺之天牕，中豎七級方柱，第一級近地者已毀，每級刻五像，南面之第二級龕中為五像，一三五為盤坐，二四為垂膝坐；第三級之二四像交足坐，一五垂膝；第四級則一三五交足坐，二四垂足坐，各像皆舉右手；五六級像皆盤膝兩手垂拱坐，惟中像天頂刻有三首天神，其上方為一蛇，東首頂上為五瓣之花，則舉右手。又此窟之旁有小龕十餘處，余察一小龕刻小像甚多，其石凌空，乃取一石，得五像攜歸以為紀念。自此崖石漸盡而造像亦終事焉。自此折回，在寺前攝影。時已下午六時，相率東行，三里至晉華煤礦公司宿焉。

雲岡造像在伊闕石窟之前，然世人或知龍門造像而罕知雲岡者，以其地處塞北，交通不便，遊跡鮮至。惜其岩多沙質，地處高寒，霜雪剝之，易呈零落，雖山勢石質不及龍門甚遠，然其製作之精，費工之鉅，由來之久，誠可為中國美術上歷史上宗教上之絕好材料。德人某博士曾遊雲岡，著有考證，福建劉君譯之，茲摘錄其大意，以資參證焉。

雲岡，一小鎮也，在山西北部大同府之西二十里，河之旁層岩特起，麓有平原，村落聚焉，是即史志所載有名之武州山也。岩上鑿洞，為數極夥。洞中石壁遍佛龕及佛像，為中國釋教中古代最著名之美術，但非純粹中國派。因是處佛像乃在北魏時開始工作，起於西曆五世紀，中間迄於西曆五百二十年左右。北魏乃鮮卑種族，其文化與中國不同，中國美術實大受其陶冶。當西曆三百八十六年至四百九十四年，北魏建都於大同府，尚能視之與外夷等。至四百九十四年遷都洛陽時，北魏之文物制度遂與中國混而為一，不能不視之為中國矣。然其在洛陽、龍門各地，仍本其在武州山工作之法開山鑿石，結構佛龕，於是鮮卑美術傳入中國中央各部，竟可稱之為中國美術，成後來遠東各國釋教中營造之模範也。

雲岡崖窟所造佛像，因屬中國釋教中最先之興建，雖時過境遷，不當僅視為古代陳迹，因其所造佛像，法相尊嚴，技藝巧密，含有尊信釋教之精誠，遂能創此未有之壯觀，立後代效仿之法則，彼東蒙或滿洲種族之深思妙法輸入中國，後此中國所有搆寺造象諸術，實不能超乎其上也。

開山鑿象，供養諸佛，固屬印度之遺法，如西尊達磨洞及其他著名石窟，【4】至今尚留陳迹以供遊覽。佛象狀態及楣楹四周繢飾，亦屬印度安竺河之遺風，流入中國北方各部。但北魏造象妙法，既非習染中國之舊俗，亦非摹仿印度及亞洲中部相傳之迹象。蓋以在中國所學工作之靈巧，遂能別出心裁，獨成一格。至於今日中國與日本恆追摹其製，而終不能及之也。

評議歷史所載雲岡造像，蓋非無因而為之。當四百四十六年，司徒崔浩深惡佛法行前此未有之舉動，誅沙門，毀佛寺。至四百五十年，浩死，事佛之禁稍弛，然猶俟新帝踐祚後，當四百五十二年時，按即興安元年。禁佛之事始生反響。斯時禮佛之殷勤，等於昔時禁佛之嚴厲，而佛教復大盛，沙門善信鑒於前事，爰思良法以禦仇敵。彼摶土范銅之像固易於銷除，若開山鑿石遍刻佛相，間有一二巨壯逾恆人身之高僅及佛足，則後人縱欲仇教毀像，力不能及，此武州山造像之本意也。四百五十四年，魏收所撰《魏書》中載沙門曇曜鑿武州山事。【5】其文曰「曜白帝，於京城西武州山鑿山石壁，開窟五所，鐫建佛像各一，高者七十尺，次六十尺，雕飾奇偉，冠於一世。」六百四十五年按即貞觀十九年。至六百六十七年之間，道宣所撰《續高僧傳》，足資考證。見日本東京所印《三藏》三十五冊第二二卷八十六頁。其言曰：「曇曜，不知何許人也，自幼出家，操行清潔，道貌嚴謹。元魏和平中為北臺沙門統，譯者按：高宗和平年間魏尚未改姓，應稱「托跋魏」，不當稱「元魏」。且是時未遷都洛陽，亦不當有北臺之名。此段原文，著者稱得之日本東京，不知有無誤謬，姑照譯之。奉教者安謐無礙，眾信賴之。曜居恆安石窟通樂寺，寺亦魏帝所建，又於距恆安西北三十里之武州山，在山陰鑿石窟，建靈巖寺，石窟最高者達二十丈，廣大可容三十人，造巨像，法相尊嚴，龕飾精美，天人讚嘆，其石窟密比如櫛，延長三十餘里，善信來聚及千人，石上題名至今尚在，不勝紀錄」云云。觀此段文字之末，則造像下題名為數至夥，不幸雲岡石質柔脆不牢，弗能保留字迹，至於今日，遂無一字可見矣。

魏代諸帝喜臨幸武州山。寶興元年八月丁酉，顯獻文皇帝行幸武州山石窟寺，四年十有二月甲辰，帝幸鹿野苑石窟寺；延興五年五月丁未，高祖孝文皇帝幸武州山；太和四年、六年、七年，帝屢幸武州山石崖寺，而六年三月辛巳，因車駕之幸臨，且賜貧老者衣服焉。

酈道元所撰《水經注》亦敘及武州山石窟寺云：「武州川水又東南流」。注云：「水側有石，祇洹舍並諸窟寺，比邱尼所居也。」《水經》云：「其水又東轉，逕靈岩南。」注云：「鑿石開山，因崖結構，真容巨壯，世法所稀。山崖水殿，烟寺相望，林淵錦鏡，綴月新眺。」《水經》所稱靈岩即曇曜所建，【6】靈岩寺得名之緣起也。《山西通志》出版於一千七百三十四年，重修於一千八百十年，中載石窟寺古蹟一節云：左雲縣東九十里之雲岡塞武州山右佛寺十所，北魏時所建造也，其工作始於神瑞年間，竣工於正光年間，蓋歷亘百年矣。十寺之名：一同升，二靈光，三鎮國，四護國，五崇福，六童子，七能仁，八華嚴，九天宮，十兜率。魏顯祖漢文皇帝臨幸焉。寺內有元時石佛二十龕，其巖壁高八千尺，遍留斧鑿痕迹。石龕以千計，佛像之數不可勝計。本朝原文稱順治八年總督佟養量重修之，康熙三十五年十二月十一日聖祖仁皇帝有戎事於西方，御駕親征駐蹕於此，賜以御書「法相莊嚴」之額焉。北魏十寺至今日已毀滅無餘，後人就其舊址重建石佛寺一所，頗稱堅固。石窟之囿於寺內者尚完整，餘漸荒蕪，盡供村中流民棲息之所矣。

右為德人某博士所著，考覈頗精，然余觀於雲岡，猶有所見者：雲岡亘可里許，高不過三十丈，前環清流數曲，此類山水若無造像，本無游觀價值者也。《魏書》皇興延興間屢記帝幸石窟寺，則石窟前此已經有此開闢，亦未可知。全山石窟大者得二十二處，小者六七十處，與第十三窟摩崖中所記九十五區之數大畧相符。余察各窟狀況，當以余所見之第四窟為石窟著手最初之一窟，以其前方宏崇，而內部深奧，規制特異，然剝落太甚，巨像僅存。人有疑為似未完工者，不知此即興工最早之證，後人未加修理，故呈是像也。《魏書・釋老志》：「皇興中又構三級石佛圖，榱棟楹楣，上下垂結，大小皆石，高十丈，鎮固巧密，為京華壯觀。」此則余所見第一二窟之結構是也。雖其高度似不相類，然吾國之記載，此類文字，十丈百丈，大率隨意形容，少精確記載，不足異也。此後增鑿石窟，自東向西，至第十三窟乃見「太和七年」之記載，則諸石窟係成功於太和七年，其工程之艱鉅，費時之久遠，當遠在數十年以前而開始工作，可斷定也。《大唐內典錄》稱石窟櫛比相連，東西三十里，不知何據。各石窟制無複見，佛像之外并刻成幢旛飛帶、火燄花紋、鳥獸、神怪各相，則洛陽伊闕無如此之光怪陸離焉。

清順治時佟養量修石窟寺，不知離窟建寺，設法以統諸窟，僅知依窟為樓，掩窟且毀多像，見解既陋，建築尤俗，遂令曾經修理者受盡金碧塗飾之災，而見遺寺外者漸遭野氓佔據之辱，可勝慨乎！而世之遊雲岡者，須先循窟觀像，不必就寺覓窟，於搜索石窟之真相，其較有次第也已。

【1】底本作翼日，逕改。梁伯強，名善濟，山西崞縣(今定襄)人。清光緒進士，翰林院庶起士，省諮議局議長，民國初年歷任山西教育會會長、國會議員、教育部次長、中國大學董事等職。研究系首領。

【2】最，疑為衍文。

【3】二執環，疑為「三執環」之誤。

【4】底本作達崖，當係「達磨」誤植，逕改。

【5】曇曜，底本誤作景曜，據《魏書》卷一一四志第二十改。

【6】底本作量曜，當作「曇曜」，形近而誤，逕改。

恒山遊記

余等昨觀雲岡畢，宿於振華公司。翌日循道觀保晉分公司之煤礦，乘馬返大同，已十九日將晚矣。二十日。早五時起床，伯強先生趁車返北京，大同鎮守使張漢傑君命憲兵備馬來，余即乘之。六時六十分乘馬出大同南門，向東南行，不十里渡玉河，又稱御河，俗呼東十里河。五里寺兒村，八里小南村，五里艾家莊，五里上泉村。村西里許，武州川水至此與東十里河合流。十里周家堡，五里落陳營村。村中有大同第三區警察分所，在此小憩，畧進午餐。五里利仁皂，三里渡桑乾河。河床寬可二里，水不甚深，然色極渾濁，有土人在此導馬渡河，深處已及馬腹。渡河過吉家莊，上坡行六里至甕城口，自甕城口南行入一谷，曲折深邃，間多怪石，當道僅容一騎行，曰王村峪。峪中凝冰甚厚，余下騎碎冰取飲，沁入心脾。谷之左右兩山高聳秀削，曰馬頭山。如此二十里上一嶺，至松樹灣，入渾源縣境。松樹灣並無松樹，實一岡頂，即嶺頂也。何為以灣名耶？東南一山雙峯拱秀，約在五十里外，即恒山也。余名此嶺為「望恒」，似較松樹灣為切當也。下嶺十里泥溝，十里白玉梁，十里交接溝，十五里土橋堡，七里渾源縣城。自西關入，至於東關，投宿於德聚成糧店，已下午七時三十分。

渾源客店隘穢不可居。糧店者係一種普通店舖，另備房屋以供人旅宿者。城內糧店三四，以此為最大，然一室之內，大土坑比席而睡者十餘人，且坑內尚熾煤以煖，余不慣受，頗難安居。憲兵以告掌櫃，乃打掃堆藏雜物之東廂房，以居余一人，將馬背所攜氈褥等物取下，佈置安息，並攜一棹一椅來，優待極矣。

今日天陰無風，行道極佳，惟路上經過地點，絕少可以休息之處，樹林亦難遇。新植樹林正在插種，則山西督軍兼省長閻錫山種樹政策之見端也。

途中皆過村落，牆上及電線桿上均大書晉督閻錫山誥戒人民三十四條條文之語，[1]而以所標「信實愛羣進取」六字主義為最多數。此外所見文字，許多泥牆之上塗有斗大之字，曰「車馬大店」「留人小店」，則客店之市招也；亦有於其下並書「米麵俱全茶水方便」者，又有書「來者通順去者發財」等語，則含有廣告招徠之意。又有書五言詩者，曰：「此處大路口，四方君子走。門內有客店，茶水兩方便。」此種廣告，余知今日新詩家見之，當急引為同調也。

所見男女大都衣特式之半臂，僅圍肚腹及肩背，婦女袒臂露乳，其野蠻不在纏足下。閻錫山之六大政，何不議及之耶？

大同距渾源，或曰一百四十里，或曰一百二十里，實則余所行經一百三十餘里。乘車行須二日或一日半，且過王村峪時顛簸不堪。余乘馬以一日達到，頗自喜。夜餐食炸醬麵及炒菠菜。渾源菠菜甚肥嫩，西關外一帶菜圃皆植之，價每斤五文錢耳。渾源用錢每吊合實錢三百三十文，每百合三十三文，此為特別制度。渾源產酒，為汾酒之亞，余沽飲四兩就寢。

二十一日。六時乘馬出渾源南門，渾源縣城即踞於恒山西麓。自山之西有逕可上，較近，然欲觀金龍口及懸空寺之勝，則非東南行不可。出城行二三里，路極犖确，均係石灘，大者如拳，小者如桃，馬行甚難。余詢導者以前途情形。云盡是如此。余乃下馬，命憲兵牽馬回城內住宿。余策杖步行五里，至湯家莊。莊南兩山夾峙，勢甚雄峻，南山之壁有一洞，構小樓，云是三清殿也。入谷兩崖夾聳，溪流其中，所行之道為渾源通靈邱諸縣大道，即在溪中行，時遇水阻，皆跳躍而過。行數百步，溪左壁上見有「翠屏」二字摩崖，八分書。更進三四轉，溪愈窄而壁愈聳，側看成峯，正看成嶂，目不暇給。行約里許，崖壁忽開，上構樓閣五六重，即懸空寺也。拾級登寺，寺為同治間重修，其碑記云，懸空寺始於何時不可考，惟殘碑中尚見有金大定年號，可知由來已久云。寺倚崖鑿柱，插木成樑，中樓二層為正殿五間，東上更為樓三層，中供神像三，左為純陽宮；西上樓二重，再過一洞外轉，飛橋三丈，下臨無地，過橋得飛閣五層，為太陽宮。憑欄俯視，溪流滾滾，寺之對山丹崖三四重，徐霞客所謂「武夷、九曲，不足擬之者也」，留題一律於寺壁：

策杖恒山下，沿溪路欲窮。兩山皆壁立，一寺忽懸空。
佛閣烟霞裏，禪房縹緲中。憑欄虛久坐，更上最高峯。【2】

下寺行，見兩崖之壁排鑿斗大之方孔甚多，右壁有大字摩崖，曰「雲閣虹橋」，督學艾岡書，蓋昔時鑿孔架橋度人，今則沿溪越行，聞每年大水，千岩萬壑頃刻奔注，車馬被淹沒者時常有之。溪畔更有一大「清」字刻於崖上，「清」字之下尚有字，蓋亦當年摩崖處高岸為谷，深谷為陵，山川固不能無變遷也。再進山勢頓開，約二里見溪左壁上有摩崖，曰「望宗」，下款「洪一極」，與「翠屏」同一手筆也。又里許至下坂堡，西折北行，過神功翌運坊，拾級七十九級，又有一坊曰「屏藩燕晉」，均係近所修理者。坊前蹲二石獅、二鐵獅。坊左右為重修北嶽廟碑，又有一碑曰「塞北第一山」。更進為紅門，上嵌「北嶽恒山」之額，明弘治時人書也。自此屈曲登山，約五里見三大松立於道左，又里許過停旨嶺村。村之東峯上古松蒼翠。又里許崖石突起，有摩崖「恒宗」二字，大可二丈。又里許有坊，曰「虎風口」，坊內一石刻曰「介石」，曰「金龍口」。金龍口固在山半，而不在山上耶？

坊後古松之下石甚平廣，余踞石小憩，濤聲謖謖，薰風襲人，幾欲睡去。又約里許，導者謂東上有一洞，乃攀棘登之。不半里至一洞，高可二丈，深僅數尺，不能稱為洞也。沿崖東北轉百餘步，得石級而登，有摩崖曰「接天衢」，曰「千岩競秀萬壑爭妍」。級盡一亭，北向正對恒廟之南天門。亭後摩崖甚多，可讀者為「一德峯」三大字及「雲中勝蹟」四大字耳。亭東石崖環抱若玦，高可四十丈，下穹為洞。左側壁下一洞，高不過四五尺，窅然深邃，黑暗無所見，曰還元洞，明人婁應坤題曰「還元天巧洞」，其題記大畧謂，據山間道士言，石洞向可通人，相傳先時避虜者匿於此，為虜所襲，遂以石杜之云云。洞之前方為正殿。殿之右築一小臺，明大同知府閻鎮所撰之《渾源古北嶽飛石窟記》樹於臺上，摘其大畧如下：

昔帝舜建都蒲坂，肇十有二州，封十有二山，以恒山在都之北，封為北嶽，即今渾源縣之恒山是也。渾源舊志：舜十有二年北巡狩至於北嶽，駕詣大茂山，值大雪，岩壑寒沍不能進，遂遙祀之。忽飛一石，冉冉墜於帝前，名曰安王石。又五載後，巡狩至於曲陽，其石飛至曲陽，乃建廟祀之。三代而下，歷秦漢隋唐，均祀北嶽於渾源之恒山。五代時失有河北之地。宋有天下，北為契丹所據，後以白溝河為界，宋建都汴梁，真定在北，祀北嶽於真定之曲陽，亦一時之權宜。明仍舊祀，成化丙午鎮以部員來守大同，登恒山拜謁廟下，目此廢壞，心甚惻然。乃與州守董錫請其事於巡撫侯公，新其祠宇，重建廟亭多處。至飛石有窟在廟右，遣道士至曲陽量，彼石高九尺、闊四尺、厚一尺二寸，與此窟廣狹不少差異，因題「飛石窟」三字，識其有徵云。

余按：北嶽所在，明以前均以為曲陽，然曲陽宅於平原，有廟無山，安能稱嶽？今觀閻氏言，則曲陽稱北嶽，直是中國疆土之恥也。《記》中雖未聲言朝廷遣官祀享之典，而恒山復祀於弘治之時，則固閻氏之力也。

由飛石窟下北行，上有白雲洞，壁有「白雲靈穴」四字摩崖，南折不百步，入恒廟進崇靈門。門內左為青龍殿，右為白虎殿，石級寬可丈餘、高一百四級，級盡即抵恒廟正殿。額曰「貞元之殿」，殿四楹，規制視嵩岱相差甚遠矣。自殿西行不百步至會仙府，依岩築室，內供佛像甚多，崖前槭樹四株，高各三丈，極其蒼翠。廟右為玉皇閣，更右為御碑亭。兩壁摩崖曰「天下名山」，曰「絕地通天」，曰「天地大觀」，曰「壁立萬仞」，皆紀實也。更西行數十步，自崖壁裂石縫中躦上攀崖而登，約三十丈一石稍平，曰「琴棋臺」，下有摩崖曰「悟道遺蹟」。在恒廟休息，煮小米湯，和攜來之煎餅食之。自殿東行，向谷峽上升二里餘，至恒頂，渾源縣城八角之形即在足下，彷彿嵩頂之視登封城也。遠處濛氣極濃，導者謂清明之時可見應縣縣城。恒頂西向皆陡壁垂崖，與東南部之下方絕不相類，罡風撲人，不可久留。折回過恒廟，下至醴泉亭，亭覆一井，井水甚清，汲水飲之，寒震齒牙。自此出「永奠冀方」坊，下過純陽宮、凌雲閣、玉皇閣，更西過魁星亭。自亭西崩谷下降，徑皆流石，不能着足，坡度陡絕，稍一滑足，即將飛身谷底，故游踪鮮有至此者。約四里見谷底凝冰甚厚，取而飲之，在一大石上稍憩。自此一逕北折，可達白龍王廟。時一樵者探首叢棘中，問余輩所從來，並詢恒廟距此多遠，可見人少經行者也。更下約四里及於土坡，已出湯家莊北二里，離渾源南關僅及二里許耳。返糧店，已近五時。

二十二日。早四時起床，喚店夥為余造飯。店中房金並馬料、酒菜之費，共錢五弔二百，另計實錢一千六百餘文，僅洋一元另分也。物雖不美，價却廉矣。

五時四十分，策騎西歸。十二時至甕城口打占。既度桑乾，路漸平坦，策馬捷行。六時到大同，仍寓梁君叔倫處。歸途極馳驅之樂，憲兵稱余騎術之嫻，不類南方人也。余即於馬背上口占一絕云：

> 百歲光陰尚六三，一無建樹只偷閑。男兒身手成何用，贏得今朝好看山。[3]

夜餐畢，叔倫導余往劇場觀劇，一覽大同之風尚焉。十二時回寓。二十三日趁車返北京。

[1] 底本作陜督，當為「晉督」之誤，逕改。
[2] 收入《詩稿》，題《恒山懸空寺》，文字有改動，參見《蔣叔南集》卷四。
[3] 此絕《詩稿》漏收。

天台山重遊記

三月既晦，余自恒山返，道經濟南，將歸雁蕩。梁伯強、莊思緘、張仲仁先生預約為雁蕩之遊，邀余為導，游侶臨時加入者為屈伯剛、張雨葵、任味知三君，[1]合余為七人。四月朔日，余自濟南登車，二日過常州天寧寺，謁怡開和尚。四月初八佛生日，自滬起程，航海至海門。十日入雁蕩，於余家及屏霞廬均兩宿，一宿於北斗洞。月半出山為天台之遊，十八日宿天台之國清寺。

十九日。早登山，過金地嶺。十時達高明寺，觀智者大師手書《大方等陀羅尼經》。此經舊藏於山東之慧明寺，共為四卷，分裝四帙，前三卷不知何時散佚，[2]宋時高僧元通仿其筆意補書之，並書第四卷，以備遺失。相傳嘉靖中台守譚某取去智師所書之第四卷，然今所存者一二三卷與第四卷筆法大異，四卷筆意開拓整健而紙墨極古，尤為罕觀。隋人寫經流傳到今，洵是環寶，而況為東土迦文之手蹟耶？余前次來山，未曾瞻及，現天台縣知事胡君味蘭由慧明移至高明，以與袈裟、貝葉經、金鉢並垂不朽，用意至意。[3]余等為合置一處，攝成一影，並往圓通洞及看雲石筆塚一覽。飯後過真覺寺，取道華頂。五時至善興寺，余偕雨葵、味知檢取行李，登拜經臺。六時而至，時正落照在山，味知為攝影四紙。飯後待月，萬籟俱寂，諸慮全消。徐君病无語余云，[4]有人登拜經臺，聞香灰墮地有聲，蓋靜極也。

二十日。早二時，味知已先起床，余與雨葵繼起，出門坐待日出。將及四時，紅日已隱現於雲霧之中。余前年小雪時在此觀日，日出於東南方，今則轉在東北，遠山畧高，故見日較遲。然擬諸泰山日觀峯，所見則倍勝矣。味知對初日攝影六片，旋至降魔塔合攝一影。塔之南面映初日見有文字，摩讀之，文曰：「國清寺治院僧同皇考樓二十一即〇〇八娘子造此塔，以生界〇〇開成四年辛未九月日募緣，高僧文瑗記。」此塔相傳為智師之降魔塔，今證其誤焉。六時思緘先生等由善興寺來。余等先行下山，過藥師菴，趨上方廣寺，午飯。至石梁攝影多片。往游銅壺滴漏，返已五時。思緘先生等皆已至，自下方廣來，踞石縱談極歡。余在石梁潭中沐浴，誠此行第一快事也。

二十一日。上午往萬年寺。午飯。下山過真覺寺，往遊佛龕。余謁傳經塔院，即無盡燈大師塔，遠峯聚拱，近山環遶，信佳穴也。塔於民國六年重修，聞修塔開壙時中發異香，亦可怪也。六時三十分，抵國清寺，天雨。

二十二日。早過天台縣公署，即出南城，下清溪船。船行便利，風景甚佳，不減桐江剡溪也。八時抵臨海，在陳君守庸處晚餐。二時下小輪，趨海門，登舟為普陀之行。

【1】屈伯剛（一八八〇—一九六二）名強，字彈山，浙江平湖人。日本早稻田大學畢業，歷任大中學教員、商務印書館職員、安徽省通志館編纂、浙江省文史研究館館員等。有《彈山詩集》、《平湖屈氏文拾》等。任味知，名傳薪，蘇州吳江人。柳亞子同學。早年就讀於上海震旦學院，留學德國，退思園第二代主人。光緒三十二年，在退思園裏創辦麗則女學，退思草堂和桂花廳均用作教室，坐春望月樓變成寄宿師生的住處，園後還加蓋亦中亦西三層的教育樓。

【2】佚，底本作佚，形近之誤，逕改。

【3】用意至意，原文如此。後一「意」疑為「厚」字之誤。

【4】徐病无（一八六六—一九五〇）名道政，浙江諸暨人。光緒二十九年舉人。早年在家鄉參與發起公立翊忠高等小學堂，歷任浙江兩級師範學堂教習、省立第六師範學校校長等。南社社員。著有《中國文字學》，修纂《諸暨詩英》十一卷、《續編》七卷，《浙江暨陽大成徐氏宗譜》三十九卷首一卷等。

洞庭山遊記

余等以二十四日早晨由天台抵普陀，在法雨寺晤印光和尚，終日聽其淨土宗論，三宿別去。二十九日過四明，余偕思緘、伯強先生詣阿育王寺，觀佛舍利塔。五月一日抵上海，雨葵、味知、伯剛先後回家去，仲仁、伯強先生亦有蘇州之行，余勾留於松社。初三日早晨，大雨如注，驅車至滬寧車站，與思緘先生登車至蘇州，過鐵路飯店，偕仲仁、伯強先生等為虎邱之遊。時大雨淋漓，惟在船中飲啖，登冷香閣一覽雨景耳。

初四日。思緘先生去常州，余與仲仁、伯強先生應任君味知之約往同里鎮參觀麗則女校，返蘇州已夜間十一時。嚴君孟蘩自滬來。孟蘩家住洞庭東山，仲仁先生與之預約，導遊洞庭山者也。

初五日。上午驅車至泰橋讓，下洞庭山輪船，周君仲芬臨時加入，一行共五人。十時船行，過橫涇、浦莊、木林等處。下午三時抵東山，宿於孟蘩之家祠夏荷園中。園為明怡老堂故址，古樹參天，曲溪繞檻，擅園林之勝焉。天雨不能出游，孟蘩以《太湖備考》見贈，並晤其介弟蘊庵及其表弟鄭君叔岐。

洞庭山盛產果木，四季出品甚富，而以枇杷為最。此來正值枇杷大熟之時，終日飽啖荔枝、楊梅，無此佳美也。

初六日，天晴。五時早起，本日預定擬遊東山，以天氣甚佳乃商定改遊西山，以西山在太湖中心，欲渡太湖，非有良好天氣不可也。九時抵渡水橋，孟蘩預借太湖水警巡船一艘乘之，以行船中水兵六人，船不甚大，容五人適如其量。經楊灣、彭灣，港道極狹，左右皆魚池，每池之大約三四畝，沿以桑樹，獲利甚豐，魚池之中間多蘆蕩，雜以荷花，現已錯落開放，萬綠叢中紅花點綴，鮮豔無似。孟蘩謂十餘年前此間至湖口十里皆荷，每值花時，來此賞荷者甚眾，今則逐漸淤塞，幾為魚池佔盡矣。行十餘里入太湖中，汪洋萬頃，水波不興，近嶼浮青，遠山送黛，舟中容與，精神極快。十二時二十分，舟泊於西山之石公山，相率登岸。南行里許，有石特立道旁，題曰「石門」。過門百餘步，石崖漸聳，高四五丈，下凹為洞，洞頂有摩崖，曰「歸雲洞」，洞深二丈餘，高畧遜之，中供觀音像。聞像係天然成形，不知何時被人畧加雕琢，施以金飾，失去真相。天下多煞風景事，此類是也。出洞，過印月廊，至石公禪院。由院東出，一室倚於石屏之下，曰翠屏軒。余由軒右拾級上升，一石方正，曰礪岩，岩右上為斷山亭，亭西石磴側轉數十步，至來鶴亭。由亭左覓徑更登，則出翠屏之頂，雜樹蔽人，前行多阻。余正躑躅間，聞東北有人語聲，尋聲前往，遇二水兵，云適從山下來，得一洞，躦之而上，乃至此間。余急叩洞之所在，往復搜索，得洞穴於矮樹叢中，深可二丈，廣僅容人，其外方向東斜下乃一石壁之縫，余見之喜甚，解衣欲下。二兵謂上來尚易，下去頗難，不如遶道自洞口入，可一覽也。余不聽，束衣於腰，攀壁躍下。此石縫之長可十餘丈，沿壁側身漸漸下降，仰望青天，如拖一綫。余知此即石公山之一綫天也，不圖無意得之。武夷、雁蕩均有一綫天，不若此處之能名稱其實也。洞口北側一石上刊有「石公」二字。沿壁南行不半里，見壁上有「縹緲雲聯」四字摩崖，下款「姚元」。更數十步為雲梯，實非梯也。雲梯西轉，石壁皺摺作魚鱗紋，下有一洞，高廣數尺，曰夕光洞，淺窄不足觀也。循路返禪寺，眾等已待飯於寺西節烈寺之柏舟軒中。匆匆飯畢，已過三時。

急出院，命水兵移舟於一綫天石公之前，余等下船。北行十餘里至鎮夏市，捨舟過市，行里許至林屋洞。洞在一小山之麓，洞門西向，門壁題曰「林屋洞天」，又曰「天下第九洞天」。其上有篆書摩崖，曰「靈威丈人得大禹素書處」，則俞曲園手書也。按《越絕書》吳王命靈威丈人入此洞，七十日而返，其深邃不可限量。余急欲入洞一觀其究竟，乃洞口之高僅能容人，其內皆積水，不可入。余將襪履脫去，一水兵已持燭而至，乃涉水。水深可及膝，寒冽透骨。洞門之內大約十餘丈，高處僅能伸首，洞門周覆皆在水中，無徑可通，甚悵悵。南隅一罅可以容身，躦之而前約丈許，前方更窄，匍匐而入，身在泥塗亦不顧之也。其內沈冥莫知底蘊，燈光到處，數蝙蝠撲面迎來，余素聞此間白蝙蝠之異，凝神細視，亦是尋常蝙蝠。蝠本灰色，黑暗之中驟映燈光，故或誤其為白耳。傴僂持燈正察探間，忽有穢氣觸鼻，頗難忍受。蓋蝠糞之作用也。而蝙蝠之來逐漸加多，余急拉帽沿以護余面，而蝙蝠乃時撲余燈。余思燈若被撲，則出洞甚難，不得已折回。世人以蝙蝠擬搗亂時局之政黨，其信然哉！出洞已五時餘，急返舟。林屋洞旁尚有丙洞及暘谷洞，皆不及觀之矣。舟沿東山之北面行，遠山銜夕照，映湖光作金色，亦大觀也。至渡水橋登岸，已九時矣。

初七日。九時由東山市後登山，約四里至茅峯禪院。更里許至棲雲亭。亭之西谷內有老屋數間，法海寺之殿址也。更約二里至莫釐峯，俗呼為大夫頂。頂有一廟，曰慈雲菴，香火頗盛。自菴後更登丈許之坡，則莫釐絕頂矣。湖之遠處多霧氣，望石公亦不甚明晰，惟東山形勢瞭如指掌。前山居民最盛，屋舍櫛比，綿延不絕，後山村落皆隱現茂林之中。全山方廣約六十里，莫釐一脈南走，立者為峯，臥者為塢，伸者為磯，屈者為灣，依塢成村，沿村通港，魚斷蟹舍錯置湖面。此洞庭東山之大概也。下山由棲雲亭東下，至雨花禪院。亦稱雨花臺，有葉姓者建新閣於院側，結構軒敞，剪取太湖一角，亦佳境也。蘊菴備餐於此。飯後越山而北，約三里至古雪禪院。亦稱古雪居，佔地深幽，為翠峯寺故址。院前為枕流閣，中懸陶恭毅一聯云：「溪頭細雨流花出；樹外閑雲載鶴歸。」彭剛直聯云：「古香自有梅花在；雪色時看野鶴來。」中為彭詩一幅，詩曰：「運甓勤餘墨寶留，原注：步陶恭毅韻。我來憾晚漫尋幽。雨聲山色籠雙屐，烟色湖光吸一樓。黃果甘芳酥病齒，謂枇杷。紫泉清冽沁詩眸。莫釐未許遊踪去，天遣痴雲壓上頭。」足錄也。出院過紫泉洞，南上里許得一亭，亭壁嵌一石，題曰「印心石屋」，清道光賜陶恭毅額，亭固飲月亭故址也。下亭東行，出翠峯寺之山門，寺廢，僅留一門耳。前行抵孟蘩住宅小憩。過唐武衛將軍席溫墓，並觀舊宅數處，皆清初建築物。訪王文恪宅址，桑葉成林，華屋山邱矣。六時返嚴家祠，西風驟起，雷雨交作，天氣極涼。

八日返蘇州，仲仁、伯強先生北行，余旋滬返雁蕩。

南雁蕩山遊記

十月十五日。午前二時，余偕董君平洲、道人族姪宗松，自永嘉抵平陽縣南之古鰲江鎮，宿於鰲江警察分所尚君醒石處。天明，醒石為余假得《南雁山志》一部，費半日之力，翻閱既遍。

午後一時，醒石導余等為前倉之遊。自鰲江鎮西行十里，過南雁第一橋，北折而至。遍山大石凌亂雜沓，與泰山南天門以下之岩岩氣象頗相似。南方山水固少見此種岩石也，岩石倚疊，下多空隙，於石罅中躦行，曲折盤旋，趨入石縫，忽登石背，忽摩石腹，別有趣味。約半里至一處，石縫較大，曰黃石公洞。洞口樹一碑，刊五言詩一首，詠黃石赤松事。黃石公固隱於此耶？自洞之後壁躦出，北上至鳳山寺。自寺後沿岡西南行里許，有大石四五，立於岡頂，北面一石旁有摩崖，曰「動靜隨緣」，是即動石，俗呼謂搖動岩者也。岩之高一丈五六尺，大畧過之，自石縫上升，攀至南面一大石上，向石微撼，石即動搖。余臥於南石之上，以足力縱送之，石相擊作聲隆然。此石重量約計當在二萬斤左右，而能搖動其支點，固極巧也。自動石南下，下有兩寺，一曰東寺，一曰西寺。過西寺入前倉堡，僱舟返鰲江。舟中迴望前倉，山石兀突，奇態更顯。前倉向稱南雁門戶，亦自有別致也。

十六日。早三時起床，天雨。五時下北港舟，望水頭街行二十餘里，天已大明。潮水漲至，舟行頗順，而西風拂拂，涼雨霏霏，兩岸青山紅樹皆籠煙霧中，如展米家畫本也。未十時抵水頭街，已行七十里，船價小洋七角。在街店進膳，雨仍不止。平洲僱一肩輿，至仙姑洞計程十五里，輿價小洋四角，行李一挑，則索價三角。此間人知有仙姑洞，不知所謂南雁山也。余與宗松赤足草屨，短衣油傘，行極輕捷。至蒲潭亭，天雨稍止。挑夫語余，亭上為蒲天峯，下為二仙峯，前溪過渡處離仙姑洞不遠矣。余觀溪南山上畧呈嵯峨之象，亦甚平常，舊耳南雁蕩之名，至此殊為失望。

前行渡溪，溪東山下兩小峯夾峙，中構樓屋，即余公洞之會文書院。其上極高處，則為觀音洞也。渡船之下流岩上，一石架空，為石天牕，前行半里，路旁一岩高廣不及十丈，形如筆架而空，其下為錦屏峯。更約半里，一嶺西上，為登仙姑洞道。平洲乘輿先往仙姑洞，余渡溪而東，不百步即至東洞門口。自此望仙姑洞，層樓傑閣，掩映深篁茂樹中，頗佔形勢。東洞即余公洞，亦稱貞士洞。洞在巨岩之下，岩高可十丈，修約倍之。上倚於岩，下浸於溪，是為五色屏風洞。在屏風之下，門高可丈許，斜延上升，仰見天光，其環玦外削中空，有罅以通行道。結構奇特，故又稱為仙甑岩，以其狀似甑也。甑口之寬約五丈，其上一岩架空而起，如橫短梁；其下為門闕狀。闕之外為棣萼世輝樓，今為國民學校。內為會文書院，皆山中人陳君少文所建。書院為南宋時陳氏書院舊址，今有青年學生在此補習國文，其教師謝賓秋先生，年已六十餘，相見展問姓氏，云與先君子相識，昔年在鹿城時，先君曾為之繪墨蘭扇頁，言下甚感嘆。在此課徒已七年矣。書院南隅一峯，高約六七丈，頗秀削，為華表峯，其東為龍角峯，為仙官峯。東山上亦有雙鸞、玉女、三臺、踞虎諸峯，余以雁蕩之目光視之，是直釘頭木屑耳，惟仰望觀音洞，倚於凌霞峯壁，有神仙樓閣虛無縹緲之觀，急出書院，趨登之。嶺之高可二里，間多峻急處。洞極平常，一淺狹之岩广，可望而不可即者，其此之謂乎？洞中一俗僧、一優婆夷居之，庸劣不可語，雙目灼灼注視余之遠鏡及照相機，口操閩音啾啾不已，蓋稱為目未見經之物，且欲研究其作用焉。自觀音洞下，平洲亦由仙姑洞來，趨止勿上。同過會文書院少坐，在門口攝一影。

詢梅雨潭，道出東洞，沿溪而南，不半里越溪西行一小嶺，嶺即採藥徑。徑上為杜鵑林，下為晴虹澗，其命名均頗動聽。里許見嶺下谷底一水懸流，高不三丈，下注圓潭之中，其上一石厥大如拳，上豐下銳，即倒插花岩，絕無遊觀之價值矣。自此折回溪畔，溪西一峯聳峙，所謂最高峯也。其下有石，昂首作勢，當為龜岩，下為龜岩潭，或曰是即觀音岩。更下為釣磯，為照膽潭。渡溪上嶺，登仙姑洞，將及洞下，自嶺右側北折，一石駕空而起，是為雲關。其上為石梁，梁下岩門劈空，直至谷底，寬約丈許，深可五十餘丈，遙望北山，嵐光雲影，均收眼底。此則南雁之絕勝處也。雲關之上為仰天獅、天將、純陽諸峯，亦猶之東山之峯耳。上升至仙姑洞。原名石城洞，宋紹興時有朱氏女避穀於此，因名仙姑。香火極盛，祈夢求籤者不絕。據洞中人云，求子更為靈驗。朱氏處女，而乃干預人家生子事，神仙誠不可測歟？洞高廣可六丈，其內一岩凹，名浸苧盂，云是仙姑浸苧處，無稽之談也。洞之北隅，洞向內伸，其狀如角，深窅內削，名鐵甕洞。洞口別為一洞，高可七八尺，圓整玲瓏，是為月牖。月牖之上，一小洞，上通天光，可緣而升，曰透天洞。仙姑洞結構不弱，惟現為樓閣佛座所掩，真相全失，月牖之前築堵通橋，更為煞風景事。時近黃昏，飢腸展轉，且先盥沐安息焉。

飯後天氣極清，一輪皎月出於東山之上，如在琉璃世界。賓秋先生遣其文孫偕張君仲逸來視余。

仲逸云：去年東登石城，上明王峯，然離此甚遠，約距八十里程，已入里安縣境，無可駐足處，所謂蘆蕩湖未之見，石城大龍湫瀑景亦平常，順溪之藤道雙瀑亦不足觀，且沿途無聯續之風景；惟鬧村雙瀑舊有小龍湫之名，今《南雁山志》未之載，頗可觀，且路近也。余乃出所攜雁蕩山照片示之，仲逸等嘆為觀止，非此間山水之所能及也。八時仲逸等別去，余攜短笛步月至雲關踞石弄笛，平洲旁坐聽之，謂即此便是神仙也。

十七日，天晴。早起盥沐已畢，余登透天洞而上，有一徑可緣升，惟朝露未晞，着履即濕，乃折回。早餐畢，覓一導者往觀鬧村之瀑。下嶺沿溪東行，兩山多白茶，正在花時。五里過黃嶺，嶺亭中粘貼封禁，粉麵、飴糖、角黍之類，均不准製造。今年歲歉米貴，平陽向為產米之區，亦同一景況也。又約八里至鬧村之南陽村，瀑即在村後，俗稱之為臼水漈，高約八丈餘，岩胸中凸，水自岩際懸流，較昨日所見之梅雨瀑較勝；又一瀑在村西，岩極平衍，無飛流態。還至東洞之下，向仙姑洞各處攝數影，返用午餐。

午後一時，余偕平洲上透天洞，一草徑自壁端上延，欲覓洞中人為導，云有事隨後即至。上行僅一道，余等頂足相接，漸漸上攀，有數步極陡，百餘步將達岡頂，一石橫駕如梁，是為小石梁。自下穿過，外望近峯皆伏，潘次耕所謂「一林春筍皆伏足下」者也。余欲履大石梁之顛，自岡北下而東折，得一洞，高可丈餘，寬僅數尺。攀洞而上，洞之東口又為兩洞，一大可容人，一小僅如竇，洞外岩坡頗平整，俯視石梁尚在七八丈以下，窺見雲關，狀更深削。《南雁山志》載明月洞「在月牖上」，連環洞「在西洞左上」，虎穴洞「在雲關虎踞岩上」，此洞為明月為連環為虎穴，[1]余不得而辨之矣。在岩上小憩，呼洞中導者速上。返至小石梁之北，導者已至，詢以前洞之名，則云不知，惟向南行可至連環洞。乃循仙姑洞頂仄徑前行數百步，向巉岩之頂下降，狀極峻，岩沿北轉，一洞嵌空，洞口之高不能容人。余乃坐下，匍匐而前，洞陡向下垂，乃用手背降數步，一躍而下，止於岩上。回視平洲等，如在雲罅中降下。此境絕佳也。其下又為兩洞，東南穿出，僅可探首一窺耳。南行數百步，一洞為担水洞。返仙姑洞。天陰風緊，又有雨意，預備明日返鰲江北歸。

南雁之名實依附雁蕩山者，然其山中形勝絕少類似雁蕩之處，仙姑洞左近玲瓏透剔，纖巧可玩，於雁蕩玲瓏岩、七星岩之外，又具一種結構，南雁精華悉萃於是。

余此遊未登明王峯，未至順溪路，於南雁之游固甚草草，然詢之曾遊之人，皆謂風景尋常，不如仙姑洞，是無仙姑洞即無南雁也。余謂仙姑洞之勝尚不如中雁山遠甚，乃依附雁蕩山以得名，是亦有幸有不幸歟？嗚呼，天下名實不相副之事多矣，山固其小焉者也。

【1】底本作虎踞，當為「虎穴」之誤植，逕改。參見周喟《南雁蕩山志》卷二山水，明月洞連環洞虎穴洞條（六葉）。

續雁蕩十記

雁湖記

雁蕩以鳥名山，緣其西支高峯頂上有湖，其實蕩也，秋雁宿之，因以得名。今滿目荒蕪，湖址將泯，連霄嶺又高峻過甚，人畏登陟，再延歲月，其將鞠為茂草乎？然雁湖者，雁蕩之所由名也，不到雁湖，即與未遊雁蕩等。蕩頂平衍，縱橫約二里，依其坡度向區湖為三，曰上中下，實則可以為湖者，共得五六處。雁頂情勢與黃山之平天矼絕相似，彼則覓飲水而不可得，此有湖蕩，所以異也。頂之最高處，一石重疊，形長方，高逾人身，曰饜餮岩，余以其太俗，改呼為雁頂石。登石四望，萬山皆伏，惟百岡尖矗立東方，尚高插雲表，故不登雁湖，不知雁蕩之高，並不知雁蕩之大焉。

雁頂石之北半里餘有一石屋，今土人呼為道人洞，為光緒壬寅年間道人王永志所築。時余年少，侍先父兄讀書於淨名寺，常見道人來往，蓬頭跣足，鶉衣百結，未見其更換者。詢所居，則在雁湖石屋中。後道人遷去，云雁湖多怪異。余近屢登之，其言怪異，蓋遁詞也。此石屋尚巍然山阿，有人稱為賓秋洞，余意即以賓秋石屋呼之可也。

石屋之西北，山勢畧窪，平疇數十畝，涉足濺泥，皆湖址也。今稱中湖。其東半里餘有牆址，細竹叢生，年代荒遠，無可稽考。惟宋薛嵎《登雁湖》詩云：「道者了經課，慰余登陟勞。」則昔年固為道者居也。湖旁山徑四通，平常登雁湖者皆由連霄嶺而上，現路徑寬闊，較十餘年前之荊棘撩人，已有天淵之別。西徑由梯雲谷經雙坑而上，稍為峻險；北徑則達湖南潭而下；東徑趨湖南坳，經石門田廠或觀石岩洞，經梯頭觀黑龍潭而返石門，亦甚便。總之，上下勿由原路，為遊覽者所必要也。

斤竹澗記

「猿鳴誠知曙，谷幽光未顯。岩下雲方合，花上露猶泫。逶迤傍隈隩，迢遞陟陘峴。過澗既厲急，登棧亦陵緬。」此謝靈運《從斤竹澗越嶺溪行》詩也。雁蕩開闢即在其時，當日險阻初通，故僅至澗口，未深入耳。然後之遊雁蕩者鮮至斤竹澗，《山志》所載亦甚簡畧。山間人相傳澗中多怪異，往往有人失踪；或者天日晴朗，倏忽陰暗，且路極險峻，自澗口入者經下培潭之右壁，壁高徑陡，下臨深淵，常有樵夫失足隕墜者。年來米貴，斧斤羣入，荊棘芟夷，頓然開朗。雖崎嶇犖确，然已較可涉足矣。

全澗之中總稱十八潭，然命名甚俚，亦多不足觀者，皆老樵之所品題者也。今以余之所見，自能仁寺前行，春橋下沿谷東南行半里，過化身亭；更下里許，溪傍岩壁稍立，水聲潺潺，登溪畔大石窺之，其下一潭，形長方而淺，謂之頭潭。更前二里山徑盡，下趨於溪，溪右岩石聳峙，為排雲嶂，其下一潭屈窄深碧，俗呼灣潭，此即初月潭也。又半里溪左一潭甚大而淺；更半里又過一潭，亦不足觀。更下溪石漸束如門閾，寬可丈餘，門內溪淺而圓廣，中矗巨石，俗稱蝦蟆潭，即菊英潭。此門則為經行峽。山徑至此，前無去路，越峽而東；水踰峽兩折分叉而下，為湧翠瀑，下為峽門潭，亦稱鏘金潭。更下沿山崖行，不半里又遇一大潭，曰葫蘆潭。更下溪束如前峽，門中一潭甚深，以其形狀呼為眼鏡潭。潭右石壁迫突，攀附而上，不容半足，約三四丈而過潭門，門下崖石寬整，瀑之下垂如懸珠箔，其下潭更深廣，為漱玉潭。更半里右上沿山徑行約三里，谷底愈狹，水聲愈震，自崖沿窺之，下為東龍潭門。門外一潭形極詭異，為連環潭。潭口之瀑下垂十數丈，注於大潭，其色如綠玻璃，方廣可四十丈，兩崖陡削，望而足栗，為下培潭。下培者，澗口之地名，故又稱為下培坑。自此再下三里至斤竹村，東南行里許，越斤竹嶺至白溪，則古驛道也。

湫背潭記

大龍湫懸流灑直下百丈，變態萬狀，觀者稱為奇絕。然大龍湫奇矣，不觀湫背潭，不知大龍湫之更為奇也。自瑞鹿寺西陟嶺而上，經化城門抵道松洞，亦雁蕩勝處。自化城門下南折，沿崖而行，約二里至白雲庵。自庵前沿溪而下百餘步，一石岡橫起，狀如堵牆，其南端緊束，水斜溜而下，旁石聳起，高闊二三尺，蜒蜿三丈餘，達於湫背。一潭仰承如盂，徑不過四尺，潭口尺許，即瀑頂也。自溜口斜崖下降數步，即能俯見湫底，深臨履壁，飄飄欲墜。此處溪水自岡端緊束而注於溜，斜轉而落於潭，衝激而抛為瀑。假使此潭東缺，則瀑態全失矣。夏日大旱，迷信之人有投潭以求雨者，屍沈於潭。曾入潭負屍之人為余言，潭甚深，內凹作螺旋狀。更上里許，至上白雲庵，更進有馬頭岩。旁有馬尾瀑，即上龍湫瀑，其源來自百岡尖。自此登尖，較易行也。

梯雲谷記

西外谷山水，人第知梅雨潭、西石梁之勝，而不知有梯雲谷也。自長巘村北行，渡溪入谷，里許一峯峙於谷口，高可四十丈，為石表峯。經峯下沿崖而上數十步，山徑趲入石縫之中，左緣石壁上一大石覆之，極高廣，縫中石級百餘步，曲屈上升。昔僅容人行，且時碍肩首，後為樵採者鑿去，數處睪高大。自下仰窺谷口，僅覩微光，其狀如穴，故俗呼為梯孔谷。內有潭，一瀑三折而下注之，為梯雲瀑。潭之下流數十步，溪又整束，[1]石表峯當其前，是為梯雲門。自此上升里許，至玉臺徑。《山志》頗稱之，然不足觀也。

【1】整束，鄉著會鈔本作「緊束」。

紫螺岩記

自芙蓉村入雁蕩者，見西北一峯巍然，其色班紫，[1]與諸山骨相絕異者，即紫螺岩。《山志》稱為白岩，俗呼為躋鹿岩；或竟呼為雞籠岩者，音誤也。欲登紫螺岩，須自長巘山頭村西北行，渡溪至白岩村後登嶺，二里至馬尾瀑。自瀑頂旁北行，一徑若長蛇，三里至靈芝岩，再三里嶺盡，東南折沿崖而達岩端。岩頂平廣半里，胡公廟峙其中，香火頗盛。廟前雙檜狀甚古，數百年物也。【2】更前有二池，儲水畜魚。岩四周拔地如削，高五六十丈不等，眼界極寬。西谷為本覺寺坑，雁蕩之西境盡焉。

【1】班紫，鄉著會鈔本作「斑紫」。

【2】底本作數百物，鄉著會鈔本作「數百年物」，是，據補。

石佛洞記

自南閣西行五里至三谷坑村，村東高峯插天，為蓮蕊嶂。自村南行，深入谷底三里，至石壁之下，山盡途窮，壁忽開闢，寬可丈許，高約百丈。舉頭仰望，神奪目眩，是為顯勝門。門垂天直，下底為澄潭，潭大可三丈，水深丈餘，寒澈無比。潭之左方石壁稍傾斜，可着足而盡處須用力跳躍，偶滑足落潭底矣；右方石壁直立，入門者常雇三谷坑村人荷長竹木，倚於壁間，沿木而進，及於潭上之巨石。石上又有三石相疊成穴，自穴中躦上，極費手足之勞。既上升，更登山坳迴望，門之左偏上有一洞，內石髓結成三佛像，為石佛洞。其旁一大平石為禮佛壇，壇之南瀑布飛濺，為飛湫瀑。自此盡力上升，亦可達百岡尖，然而樵採亦罕至焉。

石佛洞，非洞也，其勝處在門，門至高至狹，為雁蕩諸門之冠。不記門而記洞者，仍俗稱，便問津也。

湖南潭記

雁湖山脈北墜十里而至湖南潭，潭上懸瀑，高可五丈，水至此而總匯焉。潭之大，周可三丈，石壁內凹，其狀甚怪，深不可測也。潭之稍外方，一石峙焉，為鄉人求雨拜跪之所。余每至潭，常踞石濯足，景清絕。潭之下流一潭長方，更下之瀑較高，瀑下溪平流百數十步，[1]溪底石忽缺陷，如剖巨螺，曲屈十餘折，水流其中，激越奔騰，是為龍溜。溜口石壁下垂，高三十餘丈，仍灑為瀑。自瀑下沿溪半里，西谷中有一瀑，為寒塞潭。[2]潭亦頗可觀。出塞裏潭，渡硃頭溪西行，至散水岩，計程五里。

【1】平流，鄉著會鈔本作「半流」。
【2】寒塞潭，鄉著會鈔本作「寒裏潭」，可從。

穹明洞記

穹明洞，今俗呼為仙姑洞，以同治時烈女李玉蓮避強暴投崖而死，因以得名。洞開闢甚晚，高嵌峯壁，如明字之反書。無徑可緣，採石斛者用巨綆縋入，始知其內有洞。舊山志及圖均未之載也。洞距北石梁十里，自實相寺往亦不過十里。舊志稱雁蕩外境至於永嘉之寒坑，此洞其何以見遺耶？

自雙峯寺北行十里至大岩頭村，村北里許有五石笋，高插雲表。自五石笋返，仍過大岩頭村，西行至雞登嶴上嶺，五里越岡，見山頂一峯高拱，勢像尊嚴，峯壁有洞，即穹明洞也。徑至洞下，鑿崖插級，橫山腰而抵洞脚，更曲屈上升數十步，洞崖至此緊束，寬僅三四尺許，至此級盡緣而登，即至洞中，是為洞之南門，形如蕉葉之倒懸，構造極奇。洞深約十丈，高半之，其東又闢為門，下臨絕壁，高約五十丈，軒爽宜人，眼界極遠。南望百岡尖，高拱於前，如列屏障，洞之北入黃岩縣境，其下山溪蜒蜿，中有雙瀑，南行至福溪村五里。若自北石梁洞赴之，則自西而東行焉。

餐霞洞記

淨名遊畢，向鐵城嶂西行，[1]經維摩洞下山徑北折，掛於石罅之間，寬僅容人行，是為雞籠峽。峽盡東行，過鐵城橋，橋天然懸於山崖，俗呼水桶梁，狀其形也。漸東山崖漸窄，約二里至鐵城嶂頂，即抵餐霞洞口矣。洞不甚深廣，左右多奇峯，前山一徑為淨名南登蓮花洞道，處境幽僻而兼軒廠，靜修者宜居焉。自洞東行，徑殊險仄，時而陟岡，時而沿壁，二里餘至三折瀑之第二層，高約六十丈，口如剖玦，直立而下，石質光滑，撫摩不碍手，是可玩也。自瀑下南行里許至龍游洞口，南出大道東行，則過女旗峯下，經朝陽洞背而下。

[1] 底本作幛，當係「嶂」形近之訛，逕改。

百岡尖記

百岡尖為雁蕩全山最中最高之處，百二峯未列其名，《山志》屢稱百岡尖而未詳其地。從來遊客惟徐霞客所記已登之，而不知其為百岡尖也。余曾兩登之，皆阻雲雨。第一次至大龍坑背，天雨；第二次至上白雲坳頭，忽為雲霧蒙蔽，均未及尖而止。

二月十九日久雨乍晴，西風瑟瑟，天氣明淨，乃為百岡尖之遊。大兒德燿及葉喆人同行，工人周家鳳肩水瓶、遠鏡、乾糧以從，八時自屏霞廬出發。過上靈岩村，覓村人吳德賢為導。九時半至大龍坑，風甚冽，眾頗氣沮，迴望海面蔚藍如洗，島嶼縈迴，極為悅目，乃稍止仍前升。過石棚坑，此處有徑分赴觀音峯頂，更上至上白雲坳頭，風勢稍靜。時已十一時，登陟既久，足疲而腹餒矣，乃坐而進食，俯視西谷龍湫背及雁湖，皆低遠，觀音峯落足底矣。食畢，自坳頭北上，山徑已不甚分明，然地位高寒，惟產茅草，尚不碍足。約更上三里而至尖頂之中，頂狹而長，坐北面南，東西兩峯岐聳如橫笏，西峯較高，俗呼為大木杓岡，擬其形也。尖長約一里有半，兩旁削如魚脊，北面陡絕而南面較坡，故可攀登其上，寬可五六尺，故可着足，頗平穩。沿尖岡至西峯，中過二大石，迫狹斜峙，當留心着足，稍一不慎，此身滾落於萬仞谷底矣。

登西尖，頂上平大可二丈，俯首環顧，目光所及，已無山可與我比肩者。北望遠處，一派橫山，較諸山畧壯大，其天台乎？東南眺則玉環、溫嶺外大海蒼茫，一白無際，登高望遠，其在斯矣。尖北多崩谷，峯刃上向如排劍戟，深不可計，積氷尚甚厚也。全山自此尖發脈，東支為烏岩尖，東南衍而為靈峯，為淨名，東北衍而為謝公嶺，為五峯山；南支為觀音峯，衍而為馬鞍嶺，為飛泉，為白雲岡而至於白溪，東南衍而為玉屏峯，為靈岩；西南支為龍湫背，起而為常雲峯，南衍而為芙蓉峯，為丹芳嶺；西支為雁湖，西衍為雙坑，入永嘉境，西南衍而為紫螺岩，更起而為白龍山；北支為顯勝門，西北與雁湖北支合衍而為李家山，為甸嶺，為穹明洞。自甸嶺一支東衍為散水岩，為會仙峯，為沓屏峯，而至白岩，東北衍而為仙亭山，而趨於北閤；自穹明洞一支西南衍而為塞嶺，南衍而為雞頭山，為雙峯，東南合於閤口。此全山分支之大概。

登尖瞭望如指諸掌，東趨沿尖至東峯，俯視烏岩尖伏於山腰。過小木杓尖，即在中靈岩村北望最高之一峯，是為百岡尖之第三高峯也。履大黿坑背而下，歸廬已下午四時。

元李五峯、明何丹邱兩先生先後作《雁山十記》，迄今來雁蕩者皆傳誦之。余生也晚，效顰作此，東鱗西爪，遺漏尚多，然於遊記之輯，不可以無雁蕩，乃取茲編及後編以實之，閱者幸恕余草草也。

雁蕩新便覽

自敘[1]

清乾隆時，淨名寺僧道融輯《雁山便覽》，張公月波重刊之。[2]遊雁蕩者資為導師，誠哉其便也。然序次未晰，且缺兩閣，於雁蕩實有未窺全豹之憾。《雁山廣志》卷帙繁重，僅載有遊法，所敘遊程亦欠詳便，且自曾近堂修訂後，殘佚甚多，今則坊本漸見缺頁，不可卒讀矣。去冬在家檢點書篋，偶得先兄仲冕遺墨，有序金玉峯《雁山引勝》文一篇，係作於甲辰之秋者，乃走訪玉峯於南碧霄洞，出其稿讀之，與鄙見尚多出入。夫雁蕩開始於晉，極盛於宋，迄無良圖善本以為遊者導，遊客入山，如瞽無相，烏乎可乎？頃者偕弟季哲，挈二子德燿、德中避暑靈岩，山靜如古，日長如年，課讀之餘，草成《遊程》一卷，以示季弟，並述雁蕩略史，以付綫裝，名曰《新便覽》，以別於道融舊作也。此本雖成於極短時間，然非身歷目覩之處未敢率記，誠以雁蕩地局深廣，景物森羅，千形萬狀，莫能窮究，若必於一水一石一峯一洞悉予題名，是亦近穿鑿矣。昔人謂遊雁蕩，緊絆芒鞋行一月，僅能得其皮膚耳。徐霞客曰欲窮雁蕩之勝，非飛仙不能。則此本之遺漏正多，安得選勝探奇之士為余一糾正之？

民國丁巳年立秋後三日，雁蕩亦澹蕩人叔南蔣希召書於古靈巖寺。

雁蕩之命名

雁蕩山在樂清縣東鄉，其西出支峯頂上有湖，中多葦蘆，其實蕩也，秋雁宿之，境界奇特，故以為全山之名稱，曰雁蕩，所謂以鳥名山也。

樂清西鄉之白石山，曰中雁蕩山；平陽之仙姑洞，曰南雁蕩山，皆依附雁蕩僭竊其名。或者竟稱雁蕩山曰北雁蕩山，則厚誣雁蕩山矣。

簡稱之曰雁山。

雁蕩之開山

阿羅漢諾詎那於晉永和時率其弟子東來，以三百居雁蕩。諾詎那於龍湫觀瀑坐化，故稱諾詎那為開山祖師。唐一行禪師贊曰：「雁蕩經行雲漠漠，龍湫晏坐雨濛濛。」紀實也。厥後謝康樂遊斤竹澗、宿石門寺，均有詩；唐杜審言遊大龍湫，有題名，此最古遊人之可考者也。

至於道場之盛，則莫如宋太平興國元年，僧全了遊方至荊門州，遇一天竺僧，謂之曰：「汝緣在浙東，有一花名村鳥名山者，係諾詎那尊者道場，適當興焉，師宜往從之。」行至芙蓉村，詢知前面高山乃雁蕩，了遂感悟。及至山中，結庵於芙蓉峯下，曰芙蓉庵。二年興淨名寺、天柱寺，四年興靈岩寺、凌雲寺，咸平二年興能仁寺、羅漢寺、華嚴寺，三年重興石門寺、興普明寺，天聖元年興靈峯寺，延平四年興寶冠寺，天禧元年興古塔寺，二年興飛泉寺，淳化二年興瑞鹿寺，慶歷二年重興石梁寺，祥符元年興雙峯寺，二年興真濟寺。由是抗疏請額「山川靈秀」，顯於天下。

雁蕩之境界

雁蕩山高四十里，形體周整，百岡尖居其中心，東至大荊鎮，雁蕩朱《志》：東境至於方岩，即今之羊角洞，且並梅溪之明因寺亦在雁蕩，合為二十二寺，今以隔離較遠，從刪焉。南至斤竹澗，西到本覺寺，北至穹明洞，各距三十餘里，周圍為二百餘里。舊志有外境四至，與本山相去太遠矣。

全山分為四谷兩閤。

曰東外谷，東至大荊鎮，南至白箬嶺，西至謝公嶺，北至五峯山，東西十五里，南北十里，谷曠地平，景錯於中。

曰東內谷，東至謝公嶺，南至白雲岡，西至馬鞍嶺，北至大嶺，東西南北各二十里。谷橫而舒，景偏於西南。

曰西外谷，東至桐嶺，南至長嶴，西至紫螺岩，北至石門，東西南北各二十里，若上雁湖則北登，再距十里，谷曠土燥，景麗於北。

曰西內谷，東至馬鞍嶺，南至斤竹澗，西至桐嶺，北至龍湫背，東西十里，南北二十五里，谷窄而曲，景南北相錯。

曰南閤，東至卓嶼，南至顯勝門，西至莊屋，北至白岩山，南北十里，東西二十里，谷曠地平，景錯於西南北。

曰北閤，東南至閤口溪，西至甸嶺，北至穹明洞，東西二十里，南北十五里，谷深地高，景在谷底。

雁蕩之景目

雁蕩千形萬狀，楊龍友曰：「奇不足言幾於怪，怪不足言幾於誕。」誠哉其言也！諸景之名，相傳為謝惠連所定，未知確否。然亦有前人所未及見而至今始發明者，不動之體亦時有變更歟？峯洞岩石，實亦不止此數，百二峯舊說稍有出入，今亦就鄙見錄之。至年來山間人事日衰，亭臺寺院名存實亡已過大半，仍舊記載，非備牘跡，實望其有重興之日也。

十八寺朱志共為二十二寺，並溫嶺之明因寺及實相、白岩、崇德各寺合計之。今書十八寺，沿俗稱也。

本覺　凌雲　寶冠　能仁　古塔　飛泉　石門
天柱　羅漢　瑞鹿　華嚴　普明　靈岩　淨名
靈峯　真濟　雙峯　石梁

十院

白岩　石佛　普照　碧霄　白雲　龍湫
雲曇　會峯　太白　馬嶼

十八亭

仙亭　藍玉　落屐　仰止　呂祖　觀泉　翠微
翠雲　忘歸　晏坐　會峯　宣公　空翠　觀不足

看不足　石佛　靈峯第一　撥雲

二尖

百岡　烏岩

一百有二峯

吹簫　秀士　美人　石柱　紫霄　蓮蕊　石丈

石筍　仙杖　西屏　沓屏　會仙　石佛　雙峯

大屏　玉霄　石指　玉屏　鷹嘴　天柱　展旂

雙鸞　捲圖　玉女　卓筆　獨秀　茶爐　寶印

重樓　嶢闕　石屏　紺珠　覆鐘　鉢盂　金鼎

蓮花　玉杵　總角　石燕　摩霄　仙掌　雙盒

丹篁　排闥　靈峯　倚天　凌霞　象牙　鳳凰

藥杵　朝陽　礪齒　五老　鬥雞　伏牛　超雲

戲獅　犀角　靈芝　伏虎　橐駝　碧霄　雙筍

小石屏　千佛　香爐　大筆　卓刀　玉笋　芙蓉

雙髻　三賢　臥龍　火燄　落雲　戴辰　剪刀

小卓筆　天樂　晏坐　鏡臺　瑞鹿　削玉　抱兒
立筍　石牌　常雲　參差　石表　連珠　招賢
寶冠　老人　寶簪　含珠　二仙　淩雲　含翠
天冠　玉兔　石笋　雙穴

一澗
斤竹

二峽
經行　雞籠

二嶼
卓嶼　馬嶼

四十六洞
穹明　北石梁　仙遊　石佛　石梁　雲霞　雙連
觀音　奇仙　石樓　碧霄　南碧霄　北碧霄　初月

風洞　伏虎　苦竹　空明　朝陽　龍游　餐霞
龍司　維摩　蓮花　石室　龍鼻　天牕　烏洞
沖霄　梅花　黃岩　錦雲　將軍　長春　鳳凰
東洞　象鼻　道松　紅岩　石城　蕩陽　湧波
華陽　廊庵　西石梁　南山

六十岩　朱《志》方岩山亦列入，今從刪。

七星　蹲虎　白岩　讀書　仙岩　合掌　石佛
隱仙　散水　玉龜　老僧　小童　注金　觀音
板障　靈岩　水月　文會　橐籥　神跡　霹靂
石相　響岩　晏坐　虎口　說法　大夫　馬鼻
佛陀　五牌　幞頭　道士　果盒　侍郎　棲真
石臍　神王　騰波　修道　赤石　聽泉　鐘岩
誦經　文英　將軍　白雨　火燄　寶陀　寶香
千佛　白岩　龜岩　梅雨　天王　天柱　大獅
象岩　廥資

八谷

安禪　藏珠　水簾　新月　掛錫　棲賢　珠簾

梯雲

十四嶂

蓮臺　列仙　屏霞　隱龍　鐵城　翠微　蓼花

連雲　化城　石城　排雲　紫微　石門　垂蓮

十二嶺

謝公　馬鞍　丹芳　羊瑞　華嚴　東嶺　西嶺

北嶺　連霄　飛泉　楓樹　避水

十三溪

仙溪　南閣　松坡　沸頭　蒲溪　九折　臥龍

錦溪　鳴玉　小錦　照膽　斤竹　芙蓉

二十二潭

湖南　散水　石門　龍灘　大龍湫　小龍湫　湫背

照膽　白羽　霞映　初月　峽門　菊英　鏘金

漱玉　連環　下培　梯雲　梅雨　大瀑　塞根

十井

十七瀑

上龍湫　大龍湫　小龍湫　三折　化城　燕尾　湧翠

馬尾　牛尾　梯雲　西瀑　梅雨　寒裏　飛湫

湖南　竈孔　雙瀑

八橋

仙度　西石　仙人　鐵城　吉星　行春　果盒

響嶺

九門

石門　響岩　南天　石柱　化城　顯勝　龍虎

連雲　梯雲

三湖

雁湖　西湖　蔗湖

七坑

淨名　南坑　石井　大黿　石船　下培　三谷

四水

龍鼻　石船　珠簾　金沙

九泉

清涼　珠箔　洗心　漱玉　一縷　合掌　劍鋒

摩訶　甘乳

二十五石【3】

雁頂　孔雀　棋枰　行廊　伏虎　珊瑚　雙鳧

明堂　屏風　居士　門樓　羅漢　頂珠　一拳

覆盂　競臨　觀瀾　蹲虎　天牕　浮圖　鶯哥

石梁三　石魚　石船　石棺

其他不入門類者

聽詩叟【4】　鼇匏卵　犀牛望月　背面觀音　倒插鳳凰　將軍抱印　黿孔

仙人疊塔　僧禮塔　仰天斗　伉月凹　白鹿影　龍溜　一綫天

雪花天　初月天　葫蘆天　朝天鯉　美人影　上山猫　落山獅

仰天獅

雁蕩之景該舉如右，實則不止此數，亦或舊有其名而今無可考者、未能識者，概錄之以備遊者之搜索。舊志於諸景中別為三絕六勝八大觀二十景，牽強割裂，余無取焉。

【1】收入《雁蕩山一覽》，題作「初序」。鄉著會鈔本題作「雁蕩指南自序」，內容稍有出入。今據單行本補入。

【2】張月波，名桂萼，樂清大荊人。清咸豐間於大荊創建印山書院。同治戊辰交甌城潘博文堂重刊《雁山便覽》。

【3】單行本作「二十六石」。

【4】叟，底本誤作叏，據單行本改。

雁蕩之遊程

雁蕩入山之路有五：一從大芙蓉村入本覺寺，至西外谷；一從小芙蓉村陟丹芳嶺，俗呼四十九盤嶺。抵能仁寺；一從海道至白溪，入響嶺頭村，分赴靈岩、靈峯；一從大荊鎮入章義樓村，過石梁洞或逕登謝公嶺而至靈峯；今之北來遊雁蕩者，皆取此道。一從大荊鎮北行赴雙峯或西行入兩閣。今之遊雁蕩者僅到二靈或觀大龍湫，意謂遍覽雁蕩矣，不知此僅雁蕩之中部耳。欲徧遊雁蕩者，則須自北而南或自南而北順序而行，可免遺漏及往復之憾。今為依次編列，若處處俱到，需時二旬日，否則，分段選勝，亦無不便焉。

一　大荊鎮至穹明洞

雁蕩以鳥名山，以花名村，西之芙蓉，東之大荊，皆以花名村者也。自東北入山者必自大荊鎮始。自大荊鎮西北行三里，過蔗湖，【1】七里度松坡溪，今俗稱龍皮嶴溪。十里至雙峯寺，寺側雙峯並峙，遠望若列炬然，寺旁舊有藍玉亭、資深堂址，宋時寺僧後可善講經，是為雙峯寺著稱之時也。自此北行經雙峯村，村西谷內二里為三峯寺，寺側多奇峯。北上十里至大岩頭村，實相寺址在焉。沿途經雞頭山下，多怪石奇峯。村北里許有五石筍，極高聳，回過雞屯嶴上嶺或壁石佛洞，約七里達穹明洞，是為雁蕩北境盡處。

穹明洞，又呼仙姑洞，清同治時烈女李玉蓮殉身投崖而死，因以得名。洞分二門，極高敞，其東門南對百岡尖，如列屏然，前有老鴉岩，頗肖。洞門結構之奇，當以此洞首稱。嶺下溪中有雙瀑，南至福溪村，五里西行至仙人洞，十里自福溪村東行，沿溪出塞嶺，十里至塞根潭，潭水澄碧，上有懸瀑。潭內產金香魚，為雁蕩五珍之一也。

二 北閤至仙亭山

仙亭山，俗稱之曰仙人洞，即北石梁洞也。北閤之景薈萃於此。自塞嶺下至北閤村五里，西行經高唐石壁岩村，十里至蔡家嶺，遠望北面，一峯高插雲表，狀如削玉，色若沃丹，為吹簫峯，俗稱紅岩。相傳王子晉吹簫於此，因以得名。[2]岩西為仙人橋，至此已約見之。峯之東山有岩突起，高畧次之，玲瓏透剔，五色十光，為七星岩。再進半里路，南有蹲虎岩，北有龍頭岩，兩岩相對，是為龍虎門。進門抵仙亭。自此折北，登山三千餘級至北石梁洞，由洞之東門沿山經行二里，可至仙人橋下。橋如兩石板合成，自下望之，形跡宛然，好遊者可攀登而上，半里即達。自橋下回仙亭向西，約二里至甸嶺下村。村旁有秀士、美人二峯，俗呼新郎新婦岩。自此折回，東行十五里度九折溪，過北閤村南行，西有白岩院址，宋王梅溪為之記。[3]

三 南閤至散水岩

自北閤南行，度南閤溪，五里至南閤村，明恭毅公章大經先生之故里也。《溫州府志》載南閤八景，曰雁湖古剎、馬嶼書堂、仙岩落月、石柱擎天、北薩春耕、西湖晚釣、桃林牧笛、柳港魚燈，亦勝處也。南閤村北有讀書岩，為大經先生讀書處；南有大獅岩，岩之上為仙地，產茶頗佳；西有石柱峯、紫霄峯，更西有蓮蕊峯。西北行過北薩溪，二里至北垟村。西北上有玉塵庵，庵下有龍溜，四旁多奇石，西行至水上龜，為大經先生墓。墓北為仙游洞，洞西為沓屏峯，又里許渡溪南行，入三谷坑村。村東有釣船岩、垂蓮嶂。出村南行，共約三里抵顯勝門。門下潭上可揉木而進，由一石隙中躦上前升，迴望門之左壁，壁上有洞，中列三像，是為石佛洞。更前一大方石為禮佛壇，壇左為飛湫瀑。自此折回，度溪西行，至龍王廟。廟西為會仙峯，亦稱仙岩。南有仙岩洞。再西里許迴視會仙峯側，一峯拔地特立，為仙杖峯。自此東望沓屏峯更勝。又里許至砩頭村，南行度砩頭溪，[4]里許折西至塞裏潭，觀塞裏瀑。折南約二里至湖南潭，潭水自雁湖頂上來，垂而為瀑，渟而為潭，裂而為溜，凡四五折，水石之奇嘆觀止矣。其西一岩高聳，為隱仙岩。自此南登可至雁湖，[5]約十里程。自此回砩頭村，更西行三里北折入谷，為散水岩瀑布，下為散水潭。更西三里至章屋村，村西有獅子洞，雁蕩西境盡此。折回南閣村，或由村後越北嶺，亦曰馬家山嶺，即抵東內谷之真濟寺，然不如經卓嶼東行為順道也。

四五峯山至謝公嶺

自南閣東行，經卓嶼過避水嶺，嶺東南有龍灘潭，十里至五峯山下，下有溵畧村，元名儒李孝光五峯先生之故里也。村東為溵川，下流為石門潭，潭下為蒲溪，亦稱新溪。[6]

潭南為久防村，村西有大獅岩、獼猴石，又西里許為楓樹嶺，嶺東北側五峯先生之墓在焉。再西二里上五峯山，登五峯洞，亦曰雲霞洞。更上為七星洞，洞南有月牙岩。自洞折回東南行，出濫岩龜觀濫岩，又東半里至石佛院。院東半里為章義樓村。昔南閣章氏在此置田三十畝，建屋十間，以供遊客，今已廢矣。村北有玉龜峯院，南半里有石佛亭，亭南為石佛峯，亦曰老僧岩，又曰接客僧，以其形似也。

岩南為金鐘岩，北為百丈岩，上為蟹眼峯，又稱連珠峯。峯西半里至冷水窟橋，南岡有迴獅峯，橋西為冷水窟村。村前有泉水甚清冽，此冷水窟之所以名也。更西行北折里許登石梁洞。[7]洞下為石梁寺址，今尚存七塔。洞左為普照院。自洞南行西折上謝公嶺，康樂游山曾至此，故名。自半嶺望北山腰有捲螺岩，東望老僧岩更勝，一僧向南而拱，一僧向北而睡，惟妙惟肖。三里至嶺頂，有亭曰落屐，為東內谷、東外谷分界處。

五靈峯

雁蕩風景首稱二靈，即靈峯靈岩，以其景物聚集故也。下謝公嶺即入靈峯道上矣，嶺路直下南行，為去響嶺頭村路。自半嶺橫路西折百餘步至坦蕩岩，岩北為雲板洞，亦呼響板洞，上為天冠峯，旁有托硯峯，西為超雲峯，峯下為果盒岩。岩北為半月洞，岩下為果盒橋，橋下為鳴玉溪，溪南為連雲嶂，嶂上有犀牛望月、門雞二峯，峯下有貓兒眼，旁有淩霞峯，下有朝天鯉，最高聳者為朝陽峯，皆可於果盒岩上望之。橋之西側為船岩，岩上為塔頭嶺，嶺上為靈峯第一亭。亭南為雙笋峯，俗呼蠟燭岩。下為照胆潭，潭上有騰波岩，潭北有風洞，洞上為靈芝峯。峯北為金雞峯。出亭嶺十數步，望雙笋峯，頂有朝天龜。下嶺抵靈峯寺，寺右有侍郎岩，東望有手爐、礪齒、象牙、藥杵諸峯及伉月凹。寺後為靈異亭址，其上高峯即靈峯，亦名合掌峯。從峯拾級而登，入靈峯洞，亦名羅漢洞，又曰觀音洞。唐咸通中高僧孜善獨處其中，至宋崇甯五年士人劉允升開闢之，洞中有漱玉、一縷、洗心諸泉。自洞外望，稱一綫天，亦曰碧玉天。

下洞行數百步，登南碧霄洞，舊名雪洞，開闢甚早，洞壁尚有「唐開元二年太守夏啟伯到山建寺發揚」之摩崖及宋人題名甚多也。洞上為倚天峯，亦曰倚天嶂。對山有北碧霄洞，洞南高峯一抹，中劃為五，稱五老峯。自此再上，陟百步峻西升，至苦竹洞。洞東南為鳳凰峯，峯壁有鳳凰洞，昔有人居，架木以通來往。更上至長春洞，前有雙獅岩，側有水鴨石，東望方岩，甚低遠也。其上更升可抵仰天斗，折回靈峯，計程八里。

自寺向西經白羽潭、鋸板岩、聽泉岩，南折登北斗洞。舊名伏虎洞，以洞門正對伏虎峯也。洞頂有石龍，又有大蝠岩，自洞口東望超雲峯，上有蟾蜍石，下有金童玉女峯。由此下洞西行半里，溪北有碧霄峯。峯後有仰天鼇，旁有仙人洞，下為碧霄院址。南登上嶺百餘步，嶺西有孔雀石。自此北望碧霄峯，則為大小戲獅峯。南岡上有千佛峯，再上登將軍洞，原名碧霄洞。洞內有將軍岩、土地菴，洞口有朝天鯉。自此折回嶺下，迴望靈峯，有背面觀音。向西里許有卓刀峯、大筆峯、玉笋峯三峯，總稱三賢峯。

又里許入真濟寺。再西入北坑，登北嶺，可至南閤。南行入南坑，有五馬回槽，[8]更進有石門、石樓、石明堂，再進有香菇洞。洞上有仙人疊塔，亦曰石浮圖。又上登南坑頭，觀烏岩尖，尖下有黑虎洞。自真濟至此計程十里強，而靈峯之遊畢。

六連雲嶂至淨名寺

自連雲嶂下東行，折南為五牌岩，下為玲瓏岩，旁有馬鼻岩，又稱綺閣，上有猪頭岩、寶印峯，下為朝陽洞。洞頂有珠簾水，又名水簾。崖西南為帽盒峯，【9】下為戲蟾峯，俗呼為仙人趕羊岩。自朝陽洞度溪，西過響嶺頭村，東行出谷，達白溪街，五里西行過響嶺橋，里許至佛陀岩。路北有石棺，西望有睡猴峯，北望岡上有將軍抱印岩，亦曰大夫岩，旁有童子峯、仙人影，下有落山象倒插鳳凰影，東為女旗峯，下為蝦蟆岩。北行入谷，西有鐘岩，東有龍尾岩，更進為游龍洞、三折瀑。

洞前為葫蘆天，此處向少人遊。光緒癸卯，余侍讀淨名寺，偶登雞籠峽，沿崖東行，窮三折瀑之流至此，稟諸先君子，喜其幽僻，遂築室焉，先兄仲冕額之曰「求志山房」。旋因奔走四方，雇工看管，云中有妖異，不可居，乃拆去，賸留遺址焉。谷口之東山岡上，有石曰望海岩，岩不高，可望海，故名之也。自谷口度溪南行，入谷約三里，可窮十井坑之勝。西行不數十步抵睡猴峯下。峯至此立如屏嶂，名響泉屏，亦呼石屏風。東側有鶯哥石、一拳石。自此度碧玉溪折西，過吉星橋，橋上望睡猴峯，又為老猴披衣峯，南有臥蠶峯，【10】北為伏牛峯，峯頂有金鼎峯，峯壁又稱蓼花嶂。下為掛錫谷，即淨名寺也。蓼花嶂壁有影倒入寺內池中，若塑像之魁星，故寺之東廂有魁池焉。

伏牛峯之後有馬尾瀑，可在吉星橋外望之。瀑之西北為蓮蕊峯，下為蝙蝠峯，【11】西為龍頭岩，南為鷹嘴峯，亦稱靈鷲峯。龍頭岩西高峯為參差峯。自寺前西行入谷，兩岩壁立，北為鐵城嶂，嶂下有水簾谷，谷內有甘乳泉，亦稱水簾洞，更進為梅椿岩，岩上仰望有白玉烟。從岩側登維摩洞，南望有玉杵峯，峯下為遊絲嶂，嶂東望有回頭猫，谷口曰初月谷，洞西有朝天鯉、仰天獅。自此再上登淨名坑，里許至雞龍峽，峽下西望有紺珠峯。登峽上鐵城橋，俗呼為水桶梁，東行抵餐霞洞，亦稱開源洞。東有摩霄峯、妙高峯，西北有雙盒峯、丹筆峯，北有嶢闕峯、水月岩，西有居士峯，亦稱一枝香，又曰寶杵峯，狀其形也。西登至坑頂，與南坑頂毗連。自此折回淨名寺。【12】

七翠微嶂至靈岩

出淨名寺南行，西為翠微嶂。嶂下舊有翠微亭，里許至響岩門，門下為響岩潭，潭東岩上舉石擊之隆隆然，故名。潭上有晏坐岩，岩上為雲霞嶂，中有雲霞洞，洞頂有雪花天，南為三星洞，亦曰虎口岩。更南為龍王洞，洞上有珠箔泉。行數百步至門裏村，回望雲霞嶂，頂有聽詩叟，叟北有雙鯉峯，西南有二仙談詩。更前行里許達龍王廟，路亭即靈岩谷口矣。東山有牛尾瀑，谷口左為鐘岩石，右為鼓岩，百餘步度臥龍溪。在溪口西望，有一石突立山岡，為僧拜石，亦名僧禮塔，北岡一石圓融，為頂珠峯。峯下為東庵址，今存乾道九年之普同塔。其內為鍋洞，洞上大雨後有瀑，極似大龍湫瀑也。頂珠之南為上山虎及象鼻峯，峯下溪南為木魚峯，峯西有七塔址。【13】

西行入靈岩寺。昔人稱之為雁蕩之明堂，近甚零落，無僧居，田產盡為人有。余與弟季哲及潘君耀庭贖購之，稍為整理，得托足焉。【14】寺之前望為白雲岡，亦稱南天門；寺後為靈岩，亦曰屏霞嶂，又稱錦屏峯。峯東側有金烏玉兔峯、方盤峯，更東為小錦屏峯，旁為伉月凹，下為展旂峯。峯中有天牕洞，旁有小展旗峯，此迴環於寺之左者也。寺前稍右為大獅岩，上為天柱峯，西為雙鸞峯、捲圖峯，峯壁為奇仙洞，旁有捲螺寶印峯，更西為臥龍峯，亦稱隱龍嶂。上為重樓峯，下為小龍湫瀑、小龍湫潭。潭畔有文會岩、霹靂岩，更右為藏珠谷，即棲賢谷；上有獨秀峯，外為卓筆峯。此羅列於寺之右者也。屏霞嶂下為安禪谷，高僧行亮、神昭居此，內有摩訶泉。余與季弟築廬谷口，曰屏霞廬，則全山最勝處也。谷右為龍鼻洞，洞頂為插龍峯。相傳龍鼻形狀逼真，同治時為人傷毀，今僅存一爪，遊人尚有忍心敲毀之者。民國六年余曾設檻護之，十年春日又加堅焉。何我國民之太無智識耶？

洞之南山有犀牛望月、駱駝諸峯。[15]自洞下側入谷底，上有石室洞，前有仙人橋。自此更升可登蓮花洞。然今之登蓮花洞，皆自淨名龍頭岩下西南上嶺，或自屏霞廬側經小錦屏峯下大道行也。仙人橋之西南有錦雲洞、猪頭岩、玉女影，皆可在寺外望見之。[16]遊蓮花洞者自洞西行可達石船坑，觀石船、劍峯泉、螺絲洞等勝，折回靈岩，若登天柱峯，頂上有棋枰石。峯之西南谷為西庵故址，內有和尚岩、三折岩、雙髩石、珊瑚石。靈岩舊有看不足亭、呂祖亭、仰止亭、讀書堂，今已圮矣。《志》載靈岩有溫泉，則余未之見也。

八　靈岩村至馬鞍嶺

出靈岩折南行約二里，抵下靈岩村。村西為紫微嶂。[17]嶂西有烏洞，洞頂有珠簾水，西有小剪刀峯；北為玉屏峯，亦名巾子峯，又名鐵板嶂；下為列仙嶂；旁為履雲闕。闕下有龍司洞，西有鷹嘴岩，岩上有關刀洞。洞東有沖霄洞；西有黃岩洞，以其形方又名方洞；右為注金岩，又名仙人榜。由方洞下折北入大黿坑，約四里至黿孔下，為黿孔瀑，西有文英岩。自此更上，過紅岩坑、下石棚坑、上石棚坑、上白雲坳，約二十里達百岡尖，是為雁蕩山之絕頂也。方洞之西高峯為玉霄峯，亦名觀音峯，下為蓮臺嶂，皆可於中靈岩村俗呼三官堂。望見之。峯南為上靈岩村，西南抵馬鞍嶺腳，南上登飛泉嶺，達飛泉寺，三里達馬鞍嶺頭，二里嶺側有五指峯，上有撥雲亭，為東內谷、西內谷分界處。

九　馬鞍嶺至大龍湫

下馬鞍嶺，望北高峯與玉霄峯相連者曰石城嶂，下有灶門岩、頂珠峯、丈人峯。峯有石城洞，亦曰斗室洞，又名連環洞，可於大錦溪畔見之也。[18]南行里許為普明寺，更里許抵大錦溪。溪中有鼈毱卵石，東有普同塔，俗誤為建文帝墓。由此東南達能仁寺，約二里西行，沿溪經寶陀岩，折北入天柱寺址。旁有七賢祠，祀王十朋、胡彥卿、李孝光、朱希晦、章綸、謝鐸、謝省七賢，即昔日雁山書院址也。出祠西行半里抵龍湫菴，菴西為瑞鹿寺，寺西高峯為常雲峯，旁為千佛岩，寺前為瑞鹿峯。西南行入谷里許至連雲嶂，嶂壁有兩穴，俗呼為閻王鼻。鼻南為剪刀峯。自內外望為一帆峯，為天柱峯，峯西有天樂峯，峯北為連雲門。門之北即大龍湫瀑布也。[19]

瀑下潭中有翠被石，旁有詎那亭，亭上為晏坐峯，峯下有金沙水，東為觀瀑亭址。[20]潭畔有「杜審言來此」摩崖，《東甌金石志》載之甚詳。庚申大水，此石被水沖去。余今春來遊，沿溪遍索不可得見，誠憾事也。由瑞鹿寺西行上嶺，東北為石碑峯，二里至化城門，亦曰化城嶂。更上右有淨瓶峯，亦曰削玉峯，左有抱兒峯，上有鏡臺峯，三里至道松洞。洞頂有化城瀑。自化城門下南行，沿崖而登二里抵大龍湫背，亦稱上龍湫。沿溪南行百數十步至溪口觀湫背潭，潭下垂為瀑布，上有龍溜，溪西有白雲菴。北行半里至上白雲菴，更進有馬頭岩，下有馬尾瀑，即上龍湫瀑布也。自此登百岡尖較易行，折回至龍湫菴，度溪南行為華嚴寺址，越華嚴嶺至羅漢寺。

十羅漢寺至斤竹澗

羅漢寺前一峯為鳳凰峯，東為芙蓉峯，北為朝陽峯。寺前為宋橋，淳祐戊申時建也。東行經缽盂峯渡小錦溪抵雙溪口，下為西龍潭門，下為燕尾瀑，下為霞映潭，潭下為照膽溪。雙溪口東上至翠雲亭址，上為雲曇院。自此東北亦可登飛泉寺，沿照膽溪南行，度行春橋西至能仁寺，寺側田中尚存宋元祐時大鑊，故俗稱為大鑊寺。寺前東為戴辰峯，南為火焰峯，沿溪東南行二里至初月潭、排雲嶂，更下有經行峽、峽門潭、湧翠瀑、鏘金潭、菊英潭、漱玉潭，更下為東龍潭，門下有連還潭，又為下培潭，下為斤竹澗，更下為斤竹溪，計程約十里，路極崎嶇，景最奇特。雁蕩之南境盡於此焉。

十一東嶺至西石梁

自能仁寺北側西南行，里許至東嶺下，亦曰桐嶺，又稱芙蓉嶺。此嶺為西谷分內外處。嶺西有童子誦經岩，上有雙髻峯，亦曰總角峯，下為太白院址。度嶺不二里折北抵石門村。村西有天冠峯，亦名雙穴峯，又稱雷洞岩，以峯壁有洞，入其中常有聲隆然，故名。村後有玉兔峯，亦名望天貓，東望芙蓉峯側有石天牕，下有石門寺址。西北行登連霄嶺，為上升雁湖之大道，約十里登其巔。湖分上中下三處，實則不止此數。今惟中湖較大，尚存湖蕩形跡，[21]廣約三十畝，叢草生之，故呼為蕩，雁每宿之，此雁蕩之所以名也。湖旁有賓秋石，屋上有雁頂石，舊名饕餮岩。自雁湖東下過湖南坳經梯頭可觀黑龍潭，北下則至湖南潭，西下可至雙坑而達梯雲谷，若不由原路往返，則可多一路之觀覽焉。折回石門南行西折里許至紅岩洞，又名石行廊，洞下越溪至凌雲寺址，前為凌雲峯，亦名朝陽峯，更里許為寶冠峯，北為寶冠寺址。自此折北有蹲虎峯，西為含珠峯，北為天柱門，門內為梅雨潭瀑布；折回更西行，北有雙角峯，南有駱駝洞、大王峯，再前里許抵西石梁洞，亦名芭蕉洞。洞側為大瀑，下有潭，西岡有童子峯，上有寶簪峯，折回五里過上垟村、上馬石村、長嶴村，二里達梯雲谷。

十二梯雲谷至本覺寺

谷口有石表峯。峯側路轉，登梯雲谷，內有梯雲潭，上有梯雲瀑，三折而下，潭之下流為梯雲門，正對石表峯，上有石天牕，更上至玉臺徑，折回南行里許抵古塔寺址，旁有立戟峯，北有龜岩、紅岩，可在長嶴觀之。再西南四里抵白岩村，旁登嶺里至馬尾瀑，更三里過靈芝峯，又三里至紫螺峯，峯上有胡公廟。折回白岩村，南行四里抵本覺寺，寺為唐乾甯時建，寺側有臨競石、觀瀾石、木杓潭，前有鷹岩、合掌岩，旁有宣公亭、空翠亭故址。復西北緣溪深入谷底，約七里，兩邊多峭壁，盡處有龍潭，其上曰雁門，又有山井潭。[22]折回本覺寺，東行五里至大芙蓉村。雁蕩之遊告終。從西南來者以此為起點而逆遊焉。[23]

【1】《雁蕩山一覽》（二四頁）「蕉湖」後加：「五里越千嶺。嶺鑿石為棧道，南碧霄道人孫邦蘭費七年之功成之，舍弟季哲為之植鐵欄，行者便之。右圖為開路時確犖難行之狀，下圖為落成後周道平坦之象。」

【2】名，據《雁蕩山一覽》（二六頁）補。

【3】見《梅溪文集》卷二二「雁蕩山壽聖白岩院記」。

【4】砩頭村，底本作沸頭村，今從《雁蕩山一覽》（三四頁），下文一處逕改；砩頭溪，底本脫「砩」字，今據《一覽》（三四頁）補。

【5】《雁蕩山一覽》於「雁湖」下加：「需鑿路之費兩千元，則當俟諸他日也。」（三四頁）

【6】《雁蕩山一覽（三六頁）「新溪」後增加「潭上兩山開闢，深不見底，淵渟聚匯，積為奇觀，常州錢名山深嘆之。」

【7】里，據《雁蕩山一覽》（三七頁）補。

【8】底本作糟，當作「槽」，逕改。

【9】峯，據《雁蕩山一覽》（四四頁）補。

【10】峯，據《雁蕩山一覽》（四五頁）補。

【11】為，據《雁蕩山一覽》（四五頁）補。

【12】《雁蕩山一覽》（四六頁）「淨名寺」後增「約五里程」四字。

【13】此處《雁蕩山一覽》（四七頁）作：「峯西有七塔遺跡，亦宋時物也。」

【14】「明堂」之後《雁蕩山一覽》（四七頁）作：「舊甚寥落，余與弟季哲於民國二年為之贖回，稍稍整理，廣栽杉柏，延僧主持，遊客始得托足焉。」

【15】百二峰無「駱駝」，有「囊駝」。

【16】此句以下《雁蕩山一覽》省略。

【17】紫微嶂，《雁蕩山一覽》（五三頁）作「紫霄嶂」；以下增加：「嶂西為龍王洞，越龍天嶺二里至嶂頂，為仰天窩，著者避世讀書於此已八年矣。矮屋三間，奇峯環拱，清靜為全山冠。前為仰天湖，方可三畝，西曰瓢飲谷。谷旁有觀音送子岩、人頭岩。」

【18】《雁蕩山一覽》（五七頁）於「連環洞」下添加：「產茶曰斗窟，茶味奇苦，道者金頤三居之，真欲隔斷紅塵矣。」

【19】《雁蕩新便覽》於此處增「昔人稱之曰，『萬泉惟一』『天下第一瀑』，不親臨其境，不知其妙也」。（三八頁）

【20】《雁蕩新便覽》於此處增：「此亭重建於宣統二年，毀於民國四年五月五日午前九時，余時在其下正玩瀑神往，忽焉

棟傾柱折，幸而出險。」（二八至二九頁）

【21】《雁蕩山一覽》（六九頁）此句後加「我弟季哲生時有開濬雁湖之議，尚未成事也」一句。

【22】《雁蕩山一覽》「有」作「曰」（七二頁）；「潭」下增加：「兩山岐而為二。今冬水涸，深亦沒腹，岩凸下凹，無可着足。行約三四丈，岩門轉為東向，狹甚，僅由岩沿再蛇行而進，其下水深而極窄，難窮其究。再十餘丈履石跨過，斜坡不可履。前有瀑布，由石際下垂此處。惟求雨時有人至此，餘無人行。以冬日乾旱，予命石匠鑿石通道，勉至其處。上有潭，正生瀑下，形圓而光滑，口徑如釜，其深不可測。惜不可於鏡中攝取之耳。」（七四頁）

【23】《雁蕩山一覽》（七四頁）此下有句自成一段：「若上海海道至清江渡，十里即過丹芳嶺入山，亦甚便也。」

遊雁日程概記[1]

第一日：自大荊鎮發，至穹明洞宿。
第二日：自穹明洞至北石梁洞宿。
第三日：自北石梁洞發，在南閣村或三谷坑村及仙遊洞皆可宿。
第四日：遊湖南潭、散水岩，在砩頭或南閣村宿。
第五日：至靈峯或石梁洞宿。今之遊山者，均由大荊直至靈峯宿。
第六日：遊靈峯各處，仍宿靈峯。
第七日：遊靈峯、淨名各處，在淨名寺宿。
第八日：靈岩宿。
第九日：靈岩宿。
第十日：登百岡尖。仍宿靈岩。
第十一日：遊大龍湫，至能仁寺。今後則大龍湫之龍壑軒可以住宿矣。
第十二日：遊上龍湫。仍宿能仁寺。若由此登百岡尖，則宿上白雲庵。
第十三日：遊斤竹澗。仍宿能仁寺。
第十四日：能仁寺發，登雁湖，下至石門村宿。
第十五日：遊梅雨潭、西石梁，在西石梁或至上馬石村宿。
第十六日：遊梯雲谷，至紫螺岩宿。

第十七日：至本覺寺宿。

右列日程，按照前紀之導遊者每日行三十里至五十里為度，便於步行。以一二人為限，若多數人，則無此種預暇也。

今之遊雁山者，二靈或至大龍湫即足矣。其有連留多日者，則更至雁湖，或遊湖南潭、散水岩、顯勝門各處，盡五六日程。盡趕盡走，是直趕山耳，非遊山也！

【1】錄自《雁蕩山一覽》七六至七七頁。《蔣叔南遊記第一集》二二頁，題作「遊雁旅程大概」，與此大同小異，但不如《日程概記》，故依《一覽》編入。

遊雁須知

遊雁蕩以春秋及初冬為宜，嚴寒酷暑或雨雪風月之夕，山中自有特殊風景，非可一概論也，初夏為梅雨期，多雨霧，較他時為差。

以一年論，遊則以秋冬之交為最宜；以一月論，遊則以中旬有月之時為最宜；以一日論，遊則以早晚之頃有斜陽曉日時為最宜。然則遊他山，亦同此理也。

遊山不可多結侶伴，遊雁蕩為尤甚，最宜是獨遊。若結伴，一二人足矣，至多不可過三四人，蓋伴少則心志相合，可以隨處流連，山中供給不繁，宿食便利。若成羣結隊而來，是鬧山也，豈遊山耶？

遊山以步行為宜，探奇攬勝，端賴足健，若二靈等處，則乘輿、策馬，亦無不可。

前載之住宿旅程，或在寺洞，或在民家借宿，應用物品以自己攜帶為便，如米菜雞蛋，到處可買，在二靈各處則購海味亦甚便。

遊山引導人則須在山間尋僱，然熟悉風景者亦甚鮮，能託相識人轉覓則較易。山間轎担夫大都莫名其妙者。

雁蕩舊志均稱雁湖在雁蕩絕頂，此大謬也。雁蕩最高處為百岡尖，近山之人知有百岡尖，而不知其即為雁蕩絕頂也。向來撰志之人，未必能登高行遠，至有此誤歟？

遊雁蕩不可不登百岡尖。百岡尖非惟至高，而且至中。天下名山多矣，在一山頂能總覽全山形勢者，此雁蕩百岡尖之所獨也；況其高聳雄傑，遠出嵩岱諸嶽之上哉！

雁蕩山勝水勝。觀水之勝，不可不登雁湖，不可不觀湖南潭，不可不自大龍湫而下探斤竹澗。

其他諸事，則遊他山之所同，雁蕩舊志亦載遊法，不再贅焉。

黃跋

叔南生長吾鄉雁蕩，讀書學劍外，好為山水遊，笠屐所經半天下。嘗以天台、方城、武夷、普陀、黃山、曲阜、泰山、房山、湯山、嵩山、恒山、武州山、東西洞庭山、雁蕩山諸記，都為《遊記第一集》，命予序之。

予惟古之好遊者，首稱徐霞客。霞客生明之季，天下已亂，足跡所至，半屬東南，北未登泰岱諸山。叔南欲遍遊五嶽，於華於衡皆阻兵不克至，西亦未及滇池桂林，是其身世所遇，與霞客同；然霞客遊記文筆簡潔，叔南則下筆千言，洋洋灑灑，不能自休。是則運會所趨，文章體變，不足為叔南詬病也。叔南盛年負奇才，世亂不仕，乃日以浪遊山水自放，行將遍探宇內奇勝，吾知其賡續為記，正未有已，他日裒集成書，蔚為巨觀，必將有軼霞客而上之者！而予以饑驅故，飄泊瘴海，不獲携兩屐追隨其後，風塵俗吏，無山水勝情，殊自媿耳。

辛酉正月，同邑黃式蘇跋於蕉城官舍。

蔣叔南遊記台版附記

去年深秋赴成都出席第八屆讀書年會，見到甘肅黃岳年先生，暢敘為快。會後岳年兄熱心張羅，將拙校蔣叔南遊記第一集電子文本發給秀威公司。蔡登山先生打來越洋電話兩次，商洽出版事宜。

今年溫州文獻叢刊工作接近收尾，區區以主要精力投入溫州市圖書館館藏日記叢刊與籀園書系的策劃編輯，蔣叔南遊記的校讀工作不得不延擱下來。幸虧復旦大學博士生潘德寶先生放棄暑假與休息時間，不厭其煩，認真推敲，兩次通讀校樣，工作得以了結。德寶兄曾祖父潘耀庭前輩，與遊記作者生前致力於雁蕩山的開發保護，志同道合，傳為佳話。而今德寶兄慷慨援手，同樣令人感動。

岳年兄之外，子張兄亦主動作文推介蔣叔南的遊記與山志，於區區的編校工作嘉勉有加，然而限於體例，兩篇書評均割愛不錄。還有方韶毅先生，對封面出過好主意，已請美編先生考慮，儘管只是部分採納，亦當附記以志謝忱。

各方朋友的無私幫助，必將成為人生旅程中的美好記憶。

二〇一一年九月二十八日，盧禮陽謹記于甌江之畔。

生活風格類　PE0011

蔣叔南遊記

作　　者／蔣叔南
編　　校／盧禮陽
校　　對／潘德寶
主　　編／蔡登山
責任編輯／蔡曉雯
圖文排版／陳宛鈴
封面設計／王嵩賀

發 行 人／宋政坤
法律顧問／毛國樑　律師
印製出版／秀威資訊科技股份有限公司
114台北市內湖區瑞光路76巷65號1樓
電話：+886-2-2796-3638　傳真：+886-2-2796-1377
http://www.showwe.com.tw
劃撥帳號／19563868　戶名：秀威資訊科技股份有限公司
讀者服務信箱：service@showwe.com.tw
展售門市／國家書店（松江門市）
104台北市中山區松江路209號1樓
電話：+886-2-2518-0207　傳真：+886-2-2518-0778
網路訂購／秀威網路書店：http://www.bodbooks.com.tw
國家網路書店：http://www.govbooks.com.tw
圖書經銷／紅螞蟻圖書有限公司
114台北市內湖區舊宗路二段121巷28、32號4樓
電話：+886-2-2795-3656　傳真：+886-2-2795-4100

2011年11月BOD一版
定價：360元

國家圖書館出版品預行編目

蔣叔南遊記 / 蔣叔南著. -- 一版. -- 臺北市 :
秀威資訊科技, 2011.11
面； 公分. -- (生活風格類 ; PE0011)
BOD版
ISBN 978-986-221-775-7(平裝)

1. 遊記 2. 中國

690 100014129

讀者回函卡

感謝您購買本書，為提升服務品質，請填妥以下資料，將讀者回函卡直接寄回或傳真本公司，收到您的寶貴意見後，我們會收藏記錄及檢討，謝謝！

如您需要了解本公司最新出版書目、購書優惠或企劃活動，歡迎您上網查詢或下載相關資料：http:// www.showwe.com.tw

您購買的書名：______________________________

出生日期：________年________月________日

學歷：□高中（含）以下　□大專　□研究所（含）以上

職業：□製造業　□金融業　□資訊業　□軍警　□傳播業　□自由業
　　　□服務業　□公務員　□教職　□學生　□家管　□其它____

購書地點：□網路書店　□實體書店　□書展　□郵購　□贈閱　□其他

您從何得知本書的消息？

□網路書店　□實體書店　□網路搜尋　□電子報　□書訊　□雜誌
□傳播媒體　□親友推薦　□網站推薦　□部落格　□其他________

您對本書的評價：（請填代號　1.非常滿意　2.滿意　3.尚可　4.再改進）

封面設計____　版面編排____　內容____　文／譯筆____　價格____

讀完書後您覺得：

□很有收穫　□有收穫　□收穫不多　□沒收穫

對我們的建議：______________________________

____

____

____

請貼
郵票

11466
台北市內湖區瑞光路 76 巷 65 號 1 樓
秀威資訊科技股份有限公司 收
BOD 數位出版事業部

（請沿線對折寄回，謝謝！）

姓　　名：＿＿＿＿＿＿＿＿ 年齡：＿＿＿＿ 性別：□女　□男

郵遞區號：□□□□□

地　　址：＿＿＿＿＿＿＿＿＿＿＿＿＿＿＿＿

聯絡電話：(日)＿＿＿＿＿＿＿＿ (夜)＿＿＿＿＿＿＿＿

E-mail：＿＿＿＿＿＿＿＿＿＿＿＿＿＿＿＿